コロナ時代の
経済復興

―専門家 40 人から明日への緊急提案―

明治大学教授
博士（商学）
水野勝之［編著］

創成社

はじめに

本書を、経済の希望の書として位置付けたい。2020年初頭より新型コロナ禍に世界中が巻き込まれた。日本だけではなく世界中、新型コロナウイルスの感染が広がると同時に経済が大きな打撃を受けた。経済とは、人が金銭的に活動した結果を指す。人が動かなくなれば経済は動かない。当たり前のことである。自宅待機を基本とした感染拡大防止の行動は、経済行動を抑え込んでしまった。新型コロナ禍で経済が大きく落ち込んだわけである。1929年に始まった世界大恐慌以来というIMFの言い方も決して言い過ぎではない。1990年のバブル崩壊、2000年ごろのアメリカITバブル崩壊、2008年のリーマンショックなどは経済問題が引き起こした不況であった。しかし、今回は病気が引き起こした不況であり、第2次大戦後経験したことのないような要因によるものである。やっかいなのは、新型コロナ禍が解決しても、そして経済が少し良くなっても、またコロナウイルス感染の第2波が来るかもしれないということである。これでは砂の上に建物を建てる気持ちになってしまう。

だが、前述のように、経済は人の行動の結果である。人が活発に行動すれば経済は良くなる、人がそのように行動しなければ経済は良くならない。ここにトンネルの先の光が見えてくる。経済には必ず出口がある。過去を見れば明らかである。つまり、希望があるということである。

本書は40人の経済関係の専門家に声がけをし、新型コロナウイルスで落ち込んだ経済の立て直しについての方策を書いていただいた。つまり、日本経済の希望を書いていただいた。経済の中のさまざまな専門分野・立場から、さまざまな考え方の方向から、落ち込んだ経済をどのように建て直せばよいかの見解をいただいた。前述のように、ウイルスの感染が原因での経済の落ち込み、それも世界中の経済の落ち込みの経験はない。したがって、1年後、2年後、数年後の経済の姿を明確に言える人はいない。しかし、経済の明るい姿を求めてそこに走っていこうと努力することはできる。政府だけが頑張っても空回りする。日本の1億2千万の人たち、世界の77億の人たちが頑張って初めて経済は良くなる。その皆が希望を持たなければ経済は良くならない。だめだ、だめだと皆が思ったら本当に経済はダメになる。本書を、その希望へのヒントとしたい。エッセイ、論文形式のさまざまな書き方がなされている。執筆者たちは、読者の皆さんに希望を持ってほしい、率先して経済をよくしてほしいという期待を持っている。

今回の編集には土居拓務氏が尽力してくれた。多忙にもかかわらず本書の執筆に協力いただいた40名の著名な方々、そして本書の出版にご協力くださった創成社社長の塚田尚寛氏にここで謝意を表したい。また、文責については各著者が負うものとする。本書が、日本経済、世界経済の復興の一翼を担えることを願っている。

令和2年5月

執筆者代表　水野勝之

目次

《著者紹介》（執筆順）

水野　勝之　明治大学教授
石田　　聖　長崎県立大学講師
河合　芳樹　国土交通省土地鑑定委員会前委員（不動産鑑定士）／一般財団法人日本不動産研究所元常務理事
清水　久樹　会計経理コラムニスト
南部　和香　青山学院大学准教授
芳賀　普隆　長崎県立大学講師
渡辺　秀明　日本安全保障宇宙研究所理事／多摩大学客員教授
藤井　　聡　京都大学教授
島倉　　原　株式会社クレディセゾン主任研究員
望月　　慎　一般社団法人『経済学101』所属翻訳者／経済研究家
池戸　万作　日本経済復活の会幹事
髙橋　未来　Pictet Asset Management (Japan) Ltd
三宅　隆介　川崎市議会議員
山道　雅範　金融評論家（元金融機関支店長）
鈴木　　均　明治大学客員研究員
安藤　詩緒　常葉大学講師
赤石　秀之　明治大学兼任講師
伊東　政徳　ライター
臼井　悦規　明治大学客員研究員
森永　康平　株式会社マネネ CEO／経済アナリスト
谷山　弘行　学校法人酪農学園理事長
土居　拓務　明治大学兼任講師
市川　虎彦　松山大学教授
本田　知之　明治大学客員研究員／一般社団法人 Pine Grace 事務局長
小川　　健　専修大学准教授
川合　宏之　流通科学大学准教授
後藤　正之　長崎県立大学教授
中浜　慶和　特定非営利活動法人国際協力アカデミー代表理事
南谷　雄司　大阪経済大学非常勤講師
施　　光恒　九州大学教授
知久　哲也　放送作家／PR コンサルタント
井草　　健　会計事務所所属
庵原　幸恵　明治大学客員研究員
竹田　英司　長崎県立大学准教授
水野　英雄　椙山女学園大学准教授
八木紀一郎　京都大学名誉教授／摂南大学元学長
井草　　剛　松山大学准教授
久井田直之　日本大学准教授
金子　幹夫　三浦初声高等学校総括教諭
鈴木　雅典　スポーツジャーナリスト／元日本柔道連盟強化選手

序　景気循環力で乗り切ろう！

明治大学教授　水野勝之

1　はじめに

皆さんがご存知の通り、経済の状況を表す景気は、良くなったり悪くなったりする。政府や日銀などから経済成長率などの景気の指標が発表され、景気は改善、景気は悪化、景気は足踏みなどのコメントがつく。この景気というのは、回復した後、悪くなり、また回復し、また悪化するという動きを繰り返す。山を登って頂上に着いたらその山を下り、下りきって谷に着いたら次の山を登りはじめるというイメージである。これは繰り返す波のようである。この現象を景気循環という。

一言で景気循環といっても、半年ほどで一巡する循環、そして10年、20年、50年で一巡する循環などがある。半年の循環をキチン循環、10年のそれをジュグラー循環、20年のそれをクズネッツ循環、そして50年のそれをコンドラチェフ循環という。これらが別々にやってくるというわけではなく、実際は複合されている。景気の動きを分解するとこのような循環に分かれるということである。期間の短いキチンの波の要因は在庫変動といわれている。そしてもっとも我々の生活に影響する主循環といわれるジュグラーの波は設備投資の大きさに影響を受けている。20年周期のクズネッツの波は建設需要に左右され、50年周期のコンドラチェフの波は技術革新つまりイノベーションが原因とされている。

2　景気循環

ここで、設備投資、建物建設、イノベーションといった、我々がニュースや新聞記事でよく耳にする言葉が出てきた。これらの調子が良ければ、当然、景気循環の波で山の坂を登り続けるので経済も調子よいはずだ。第2次安倍政権のアベノミクスで、この3者が好調だったことは皆さんもおわかりであろう。後述のインバウンドのような大きな要因と相まって、これらがアベノミクスを支えてきたといえよう。これらが好調になるように、異次元緩和などの金融政策でお金が市中に回るようにし、経済を動かしてきた。それが成功につながっていた。

さて、そんな最中に新型コロナウイルス禍となり、経済が大きな打撃を受けた。日本だけでなく世界的に需要が落ち込んだ。サプライチェーンといって他国で部品を生産して日本で組み立てたり売ったりする国際分業の体制も機能しなくなり、供給すらもストップした。経済学の範疇を逸脱した状況になってしまった。

3　景気循環の現状

金利の低いアベノミクス経済の好調下で、ジュグラー循環の力となる設備投資が新型コロナウイルスの大きな影響を受けた。2020年3月期には輸出も前年同月比11%も下がった。世界全体での経済の苦境が影響している。アメリカでも、威勢の良いトランプ大統領の勢いとは裏腹に、経済は落ち込んでいるどころか、失業者が大量に発生してしまった。これでは日本から自動車を輸入するどころではない。海外での需要の落ち込みに加えて、日本国内の需要も大きく落ち込んだため、設備投資についてはその動きが鈍くなった。

東京オリンピックがきっかけともなり、ホテルなどの宿泊施設が多く建てられた。また、都心の再開発が進み、大型商業ビル、タワーマンションなども次々に建てられた。建築ラッシュであった。そこにも新型コロナ禍が影響した。おかげで東京オリンピックは1年間延期。1年たったところで東京オリンピックが開催できるかどうかは、その時の新型コロナの状況にかかってしまっている。かつ、世界的な渡航規制で海外から訪日客が来なくなってしまった。年間3，000万人以上もいた訪日客の日本訪問がほぼなくなってしまった。宿泊施設も空室ばかりになってしまっている。民泊用へのリフォームを含めて宿泊施設はただただ過剰になってしまった。

このように肝心なジュグラー循環とクズネッツ循環の原動力が働かない状態になってし

まった。設備投資も過剰、建築物も過剰。景気循環の山の上から転がり落ちている状態である。これが谷についてまた坂を上がるようにするには需要が増えなければならない。

だが、需要が回復したからといって、設備投資や建設投資が直ちに促進されるというわけではない。稼働率という言葉をご存知であろうか。車を2台お持ちの家庭で、1台は出勤用、もう1台は1日にちょっと使う買い物用として使っているとしたら、車の稼働率は50%ちょっとということになる。子どもの塾の送り迎えが増えた、病院に行くことが増えたといっても、新たに3台目を買うほどではなく、2台目の車の活用を増やせばよい。稼働率が上がるという結果になる。ホテルにしても、宿泊客が増えたといっても、空室だった部屋に泊まってもらえばよい。わざわざ増設する必要はない。空室の稼働率を上げさえすればよい。かくして、設備投資にしても建築物にしても、需要が増えた時に稼働率を上げれば済むわけで新規投資にはつながらない。景気を良くしようとするときにはこの点が一番厄介なところである。新規投資が起こらないと景気は本格的には回復していかない。

4　公共投資

景気回復の原動力は、民間設備投資や民間の建設投資だけではない。心強い1つが公共投資である。公共投資とは、政府が道路、空港、港湾、ダムなどのインフラを造ることである。しかし、それも心もとない。

実は日本はバブル崩壊後、公共投資を行おうとしても、飽和状態（＝新たに造っても利用者が少なく維持費ばかり膨大にかかる）で役立つ公共事業が少なくなってしまった。道路を造ろうにも人の住んでいないところ、空港を造ろうにも需要の当てもない地方空港、港湾を造ろうにもそこに寄る船は年間数隻しか期待できない。四国と本州に橋を3つも作ってしまって大赤字。しかしながら、景気をよくするためには公共事業を行わなければならないというので政府はいたるところに高速道路を造り、いたるところに空港を造り、地方都市に港湾を整備してきた。もちろん財政は空前の赤字になり、日本経済の足を引っ張ってきた。

だが、ここに救世主が登場した。アベノミクスであった。インバウンドの成功である。インバウンドとは訪日外国客が日本で消費活動などをして経済が盛り上がることである。訪日外国人は、アベノミクスの始まる直前の2012年には830万人だったが、2019年には3,188万人にもなった。当初は中国からの訪日客の爆買いなどが話題になっていたが、その後SNSなどを通じて日本全体に訪日客が分散していった。第1次経済効果（直接買った額）だけで、年間5兆円弱となっていた（2019年）。このインバウンドこそ、筆者はアベノミクスの最大の成果とみている。こうした第1次的な経済効果以外に、前述のこれまで無駄扱いされてきたインフラに命が吹き込まれよみがえったからである。静岡空港（富士山静岡空港）、茨城空港、佐賀空港（九州佐賀国際空港）など、造っても無駄な空港と批判されてきた。例えば静岡空港の場合、静岡の人は東京か名古屋に行けば大きな空港がある。羽田空港や中部国際空港には静岡から飛行機を飛ばしても近すぎて飛べない。そのように批判されていた地方空港だが、インバウンドで訪日客が増えたらどうだったであろうか。地方空港が、多くの海外客を受け入れる、LCCの発着基地となった。地方空港に到着した訪日客は観光バスなどで地方の高速道路を使って、または地方の鉄道を使って移動した。クルーズ船ブームとなり、日本の地方の大型の港湾にも海外からの観光客が押し寄せた。当然、地域をめぐるのに彼らも地方の高速道路や一般道路を使った。かくして、税金の無駄遣いといわれてきた高額のインフラがよみがえったのである。地方の高速道路、トンネル、橋、空港、港湾が大いに役立った。「造っておいてよかった」の一言であった。先人たちが非難を浴びる中造り上げてきたものをアベノミクスが十二分に活用したのである。これこそがアベノミクスの最大の功績の1つであると筆者は考えている。

しかし、新型コロナウイルス禍でインバウンドが落ち込み、インフラも余剰になっている。世界に名だたる成田空港でさえ、滑走路が1本閉じられた。地方空港はもっと苦しいであろう。クルーズ船もやってきたら困るという存在になり、せっかく活用されてきた地方の港湾に閑古鳥が鳴いてしまっている。お金を使って公共事業を行おうとしても、まずは使われなくなったインフラの稼働率を上げることが先決で、国民の利益にかない、かつ採算のとれる新たな公共事業がなかなか見当たらないのが実際のところである。

付け加えれば、もう1つの需要の大きな柱である輸出についても、アメリカやヨーロッパをはじめ全世界が新型コロナ禍で経済が疲弊しているのであまり望みがないといえよう。

5　頼るはイノベーション

以上、経済学の景気刺激の最大のポイントの設備投資、建設投資、公共事業、輸出などの景気刺激のトップスターたちが落ち込み、需要の増大については既存設備の稼働率の引き上げで応じられてしまうという状態で、危機的な状況である。だが、ジュグラー、クズネッツ以外にもう1つ景気循環をあげたはずだ。そう、コンドラチェフの循環である。前述のようにコンドラチェフ循環は技術進歩のイノベーションによって50年周期で動いている。50年前といえばまさに日本の経済成長期であった。その時が山だったならば、苦境に陥った日本経済の、それどころか世界経済の救世主はまさにこの循環である。一度それが落ち込んでいない。1990年代のインターネットでの社会発展でまた上昇に転じ、まだ25年しかたっていない。つまり、現在は山を登り続けている最中であり、まだ中腹にすぎない。今後もその山を登り続けられる。

いまやAIやICTの時代。AIやICTを使ってのイノベーションで生活を向上させることが目的となっている。そのために、次から次にAIやICTを活用した新技術が生まれている。自動車においては、すべてが自動となる日は近い。高齢者ドライバー事故が多発し、高齢者に向けられる視線は厳しい。晩節を汚したくない、他の人に迷惑をかけたくないと思えば免許を返納して車無しの不便な生活を我慢するしかない。これでは、高齢者の金融資産が動かないから経済がよくならないと批判していても仕方ない。しかし、すべて自動で安全に運転できる車ができれば、高齢者も運転可能になる。他人に迷惑をかけたくない日本人の高齢者にとって財布のひもが緩むところである。ここでは自動車の例を挙げたが、ドローンによる荷物の運搬や宅配、リニアモーターカーの開通などイノベーションの可能性が目白押しである。生活のハード面、ソフト面でいま我々が思いつかないようなイノベーションが今後、それも次々に起こりうる。まさにコンドラチェフの山を駆け上がれる状況である。ジュグラーとクズネッツに頼れないならば、このコンドラチェフに頼ればよい。直ちに経済が上向かなくても、このイノベーションの準備を着実に続けていけば大きな波となりうる。

アベノミクスの成功の1つが訪日客の消費である（ただし、統計上は消費支出扱いではない）。訪日客が爆買いをする、観光をする、飲食をする、宿泊をする。それによって、無駄な公共事業と呼ばれていたインフラが息を吹き返した。訪日客の多くの割合を占める中国で、新型コロナウイルスの感染が落ち着いたら世界遺産の国内観光地に人が殺到したという記事を見た。それだけ、中国の人たちは、観光に意欲的である。韓国との政治問題も解決できると、観光のために多くの韓国の人たちが訪日する可能性がある。もし海外の人たちがかつてのように観光意欲旺盛で日本に来てくれる状況となれば、日本国内のイノベーションと相まって、日本の過剰施設の稼働率引き上げにつながり、日本の経済の循環を本格的に動かす礎となろう。日本の消費意欲も元気づけられる。これればかりは外国の人の気持ちなのでどの程度の復活になるかわからないが、訪日客の復活が日本の復活につながることは確かである。

経済復活のためにコンドラチェフの波の山登り部分の山の大きさをより大きくし、どんどん経済が成長するよう、イノベーションを活発化させる。今はその絶好機にある。目の前に見える経済の状況は懸念されることばかりに見えるが、決して悲観するべきことばかりではない。我々にはコンドラチェフの波という心強い味方が付いている。

参考文献

観光庁（２０２０）https://www.mlit.go.jp/（閲覧日：２０２０年5月13日）
水野勝之（２００５）『マクロ経済学&日本経済』１５１－１６６頁、創成社。

第1章　技術進歩・イノベーション

第1節　コロナ時代におけるテクノロジーの活用と市民参加

長崎県立大学講師　石田　聖

1　はじめに

新型コロナウイルスにより、既存の社会システムの抜本的な改革が急がれる中、世界規模での企業や社会活動の停滞は、経済にも深刻な影響を与えており、すでにリーマンショック以上のダメージが予測されている。地方でも、近年インバウンドを中心に国際的な観光振興による経済効果も期待されていただけに、グローバルな人の移動、経済的交流が制約される影響は計り知れない。一刻も早く状況が収束し経済が回復することを願うばかりであるが、コロナ後の地域を考えるとき、楽観的な将来像を描くことは容易ではないだろう。本稿では、こうした状況を乗り越える1つの糸口としてテクノロジーを通じた市民参加を検討する。

2　シビックテックの成長

筆者自身は、医療、疫学、公衆衛生、経済等の専門家ではないため、進行中の個別の新型コロナウイルス感染症関連の事象について直接論じることは差し控えたい。そのうえで、事態が収束した後、当時の現場の状況を冷静に分析し、必要な改善を検討することが将来にとって重要だと考える。ただ、こうした分析・検証のためには、医療従事者のみならず、行政、企業、地域社会、研究者等の共同作業によって行われる必要がある。近年、こうした新型コロナウイルス対策に向けた協働作業として、わが国でも各地で、テクノロジーを活用した実践が飛躍的に増えている。

とくに近年、市民がテクノロジーを駆使して、行政や地域社会の課題を解決する動きは「シビックテック」として国際的にも注目を集めており、民間と行政が協働する場づくりの機能も担っている。その先駆けは、２００９年に米国で発足した非営利組織「Code for America」である。この団体は、行政の課題を把握し、解決するためエンジニアなどの技術者を各地方自治体に派遣し、地域課題を分析し、地域の実情に応じた独自のウェブサービスやアプリを開発している。米国の実践を基に、わが国でも２０１３年に「Code for Japan」、さらに地域版として「Code for Kanazawa」「Code for Sapporo」などが結成され、行政、企業、市民、エンジニアが地域課題解決に向けたツールやアプリの開発に取り組んでいる。例え

図表1－1　オープンデータを用いた新型コロナ対策ダッシュボード

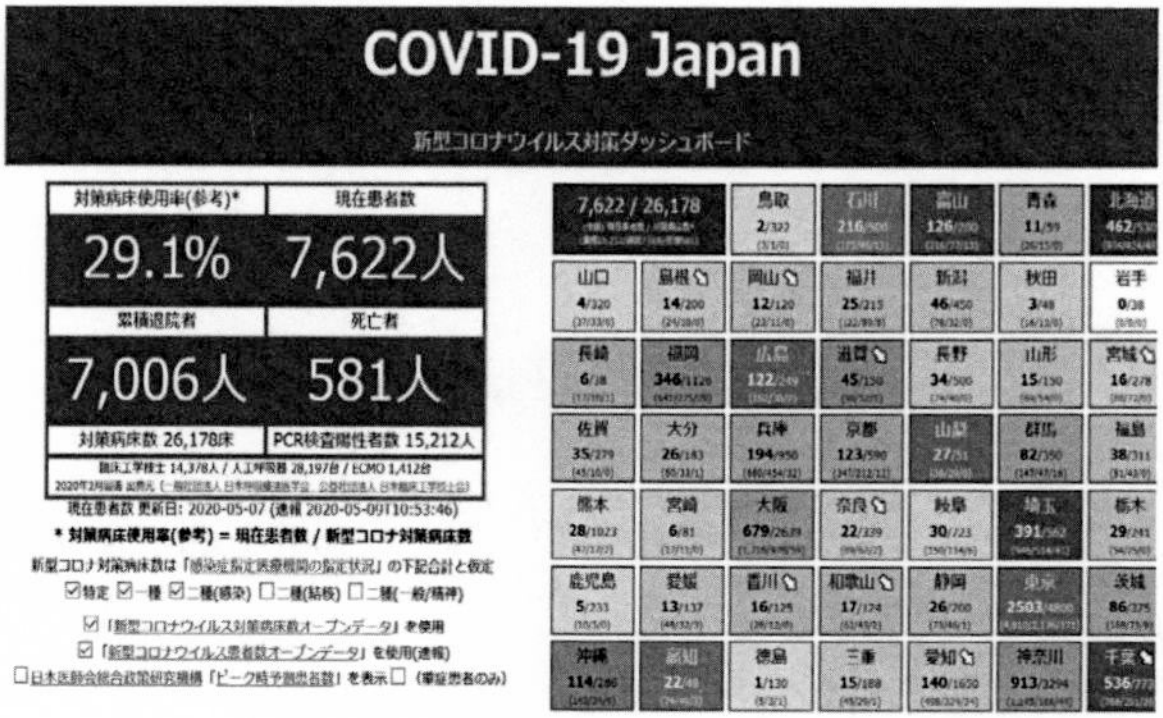

出所：http://www.stopcovid19.jp/（閲覧日2020年5月8日）

ば、金沢では、住所ごとにゴミ収集日や分類方法といった〝ゴミ情報〟を調べる「5374.jp」が開発され、金沢以外の地域でも活用されている。新型コロナ対策との関係では、2020年3月4日に公開された東京都「新型コロナウイルス感染症対策サイト」も注目を集めた。これは感染者の最新情報、検査実施数及び陽性者数の推移、陽性者の属性など一目でわかる作りとなっている。同サイトの設計図は全国の自治体へ無償提供され、これを基に北海道、神奈川県、愛知県など各地で展開されている感染症対策サイトも外部のエンジニアや情報提供を行う市民の協力を得て構築されている（図表1－1）。

シビックテックは、市民が活動の主体であり、解決策の開発や提供に積極的に関与できるという特徴がある。まず、地域の課題が市民から要望され、自治体に持ち込まれる。その後、解決策について、自治体、企業、NPO、市民が協働するのをエンジニアやデザイナーが翻訳して可視化し、簡単な施策モデルを開発することで解決策のイメージを住民に示す。イメージに合った試作モデルが完成すれば、住民に利用してもらうための本格的な実装に至る。シビックテックのもう1つ重要な特徴として、政府や地方自治体、公共機関が持つ「オープンデータ」であるという点がある。誰もがインターネット等を通じて容易に利用（加工、編集、再配布等）できるオープンデータの積極的な公開を推進することで、市民や企業などに利活用しやすい形で二次利用を可能にする。これは、行政が民間企業へアウトソーシングするという一方通行ではなく、市民と行政が対等な立場で地域の課題や資源を共有し、課題解決に取り組むという新たな動きを加速させている。

3　パンデミック下でのシビックテックの展開

新型コロナ対策における市民参加を見ていくと、世界各地で市民がロックダウンや外出自粛を経験したこともあって、これまで以上にオンライン技術の利用が促進されている。例えば、新型コロナの影響で一時マスク不足が深刻化した台湾では、政府中央健康保険庁が30秒ごとのマスク在庫状況をCSV形式で提供した。それに対して瞬時にエンジニアや市民が反応し、100件以上のアプリが開発されたことでも話題となった。ニューヨークに拠点を置く非営利組織Civic Hallが主催する「Civic Tech Field Guide」は、世界各地のシビックテック関連プロジェクトを集約したウェブサイトである。現在、世界100か国以上から数千人の技術者がこの共通の資源の開発に貢献している。新型コロナ感染拡大を受け「Coronavirus Projects」という特設サイト（図表1－2）も立ち上がっており、パンデミック対策に貢献するために、市民が官民アクターをどのように巻き込んでいるかについて、①オンラインイベント、②資金調達、③協働型のシビックテックプロジェクトという観点からマップ化している。

好むと好まざるとにかかわらず、コロナ感染拡大後の社会環境の変化により、市民のICTスキルやリテラシーはこれまで以上に高まっているのではないか。同時に、こうした状況では、「市民科学（Citizen Science）」の活用も期待される。市民科学とは、非専門家である一般市民による科学的調査、研究活動を指す。すでに4月末の時点で、厚生労働省とLINE社が連携して新型コロナ対策のための全国調査には、2、

図表1－2　Coronavirus Projects

出所：http://civictech.guide/coronavirus/（閲覧日2020年5月5日）

４００万人以上が回答している。オンラインツールを通じ、市民の協力を得て膨大な科学的なデータが蓄積され、感染リスク特定の精度が改善されていくことが期待される。一般市民の力を借りて、多くのデータを得ることで、一個人の研究者や研究グループだけでは絶対に収集できないような巨大なデータを入手できる可能性がある。また科学コミュニティも大規模な市民のインプットの恩恵を受けることで、他の方法では費用や時間がかかりすぎるような課題の解決を後押しすることも期待される。

4　今後の展望

日本では、社会や地域の課題解決は、国や自治体といった行政で、市民がサービスを受けるという印象がまだ強い面があるが、これまでも地震や豪雨災害など緊急時において、地域、市民が非常に大きな役割を担ってきた。今回の新型コロナ感染拡大を契機として、改めてシビックテックや市民科学にも注目が高まっている。まだ収束の見通しは見えないが、コロナ後の地域活性化を考える場合、これまでのような行政主導型のアプローチでは財政面を考慮しても今後実現は困難と思われる。一方で、民間主導といっても担い手となる市民、地域の企業、ＮＰＯそれぞれ単独の取り組みだけでは限界がある。ウィズコロナの社会では、状況の変化に順応し、持続可能な地域を創りあげていく努力が必要である。そのためには、これまで以上に、行政、企業、市民の境界を越えた横断的な協働の仕組みが求められるだろう。

最近では、地域の活動や情報発信を支援するアプリがシビックテックを通じて開発されるなどビジネス市場も成長しつつある。筆者が拠点を置く長崎県にもCode for Nagasakiが設立され、新型コロナ対策の一環として「長崎COVID-19情報」をサポートし、行政、企業の垣根を超えて地域の諸課題の解決に取り組んでいる。まだ緒に就いたばかりであるが、県内離島地域含め新型コロナ危機を契機に、地域で新たなビジネスアイデアや地域活性化策をオンラインで発掘し、実装する試みも見られ始めている。

将来、パンデミックのリスクに対する備えだけではなく、地域の少子高齢化、貧富の格差拡大、気候変動の影響など、複雑で不確実性は高いものの対応すべき課題は数多く存在する。不確実な状況下では、平時においては気づかれることの少ない社会のさまざまな問題が顕在化することが少なくない。社会のさまざまなセクターが連携し課題解決を図るという点で、新型コロナ対策にとどまらず、テクノロジーを介した市民参加が、新しいコミュニティの形態、課題解決に向けた共通の資源としての集合知の拡大とアップデートに貢献する可能性は高い。

テクノロジーを活用し、人間の認知能力・身体能力を拡大する時代はすでに始まっている。いまだ乗り越えるべき課題は多いが、テクノロジーとうまく付き合っていくことで、市民一人ひとりの参加が解決策の一部になる可能性は、この新型コロナを契機としてさらに高まっていくのではないだろうか。危機の時代にこそ、多様なアクターが改善や課題解決に向けて、どのように知恵を出し合い、協働の仕組み（ガバナンス）を構築していけるのかについて、筆者自身も考え続けていきたい。

参考文献

稲継裕昭編著（２０１８）『シビックテック・ＩＣＴを使って地域課題を自分たちで解決する』勁草書房。

長崎経済研究所（２０１８）「1周年を迎えたCode for Nagasaki」『長崎経済』２０１８年8月、20－23頁。

松崎太裕（２０１７）『シビックテックイノベーション・行動する市民エンジニアが社会を変える』インプレスＲ＆Ｄ。

Civic Tech Field Guide（2020）"Coronavirus Projects" https://civictech.guide/（閲覧日：２０２０年4月30日）

International Association for Public Participation（2020）"COVID-19 Public ParticipationResource" https:// iap2usa.org/（閲覧日：２０２０年5月5日）

第2節

コロナ禍転じて福と為すために

国土交通省土地鑑定委員会前委員（不動産鑑定士）
一般財団法人日本不動産研究所元常務理事　河合芳樹

1　はじめに

穏やかに迎えた東京オリンピックの年、2020年の元旦、感染症がこれほど世界中を震撼させるとは、誰も思わなかった。4月7日、7都府県に出された緊急事態宣言は、16日には全国に拡大され、5月4日には、5月末まで延長された。3月以降、息も絶え絶えの飲食業や小売業は窒息寸前まで追い込まれた。飲食店や小売店は潜伏期間を経て一気に悪化し、鎮静剤を頼んだが手続きが大変で薬が行き渡らない事態となった感がある。

こうした中、学校は休校となり、企業は試行錯誤しながらテレワークを実施し始めたが、インフラ整備の遅れが露呈した。また、シニアは「今日行く」と「今日用」を奪われた。このため、家族が顔を合わす機会が増えた家庭はプライバシー確保の難しさを痛感し、多くの人が今のままでは「新しい生活様式」と言われてもすぐには変えられないと思っている。それでも、携帯電話や家庭のパソコンを使った、オンライン入学式、オンライン食事会、オン

図表１－３　地域別の戸建て住宅持ち家の比較

地　　域	延べ床面積㎡	居室数／戸	敷地面積㎡	敷地価格円／㎡
特別区	109.20	5.03	155.17	525,317
さいたま市	115.86	5.33	174.62	198,170
千葉市	119.65	5.44	181.44	118,313
横浜市	111.93	5.21	171.05	228,369
仙台市	138.29	6.06	235.31	88,412
新潟市	144.67	6.18	278.94	54,609
名古屋市	110.86	5.17	191.17	171,889
大阪市	106.35	5.10	125.89	230,656
岡山市	128.18	5.81	231.14	57,707
福岡市	121.84	5.48	222.86	94,726

出所：2018住宅・土地統計調査，2020.1.1地価公示

ライン飲み会、さらには、オンライン法事などネット上での集まりが彼方此方で行われるようになった。オンライン会議は、対面会議での無駄をなくす。しかし、食事会や飲み会は無駄が故に愉しさを生む。無駄をも取り入れることができれば、新たな可能性と価値観が生まれる。５Ｇは価値観をも変えるといわれ、我々に「新しい生活様式」をもたらすインフラになり得る。

コロナ禍を克服する施策はワクチンの開発はもちろんであるが、必要な経済政策はまったく新しいものではなく、今まで進めてきたが、なかなか進展しなかった多くのことを着実にそして早く実現することであると気付かせた。以下では、地方再生という視点からそれを考えてみたい。

２　通信インフラの整備

外で働くのが当たり前の生活様式には、家庭で

働く空間は用意されていなかった。テレビ会議も内容によっては、家族にも知られてはいけない時期の話があるから、リビングで行うことはできない。ではどこに行けばいいのか。

図表1－3は、三大都市圏と地方圏の政令市における戸建て住宅の建物規模、敷地規模とその価格を一覧にしている。建物は2018年の住宅・土地統計調査から抽出し、土地は2020年1月1日現在の地価公示によって計算した。表から明らかなように、特別区は他に比べて建物も敷地も狭く、殊に、地方圏の政令市よりも建物は2割前後、敷地は3割以上狭い。戸建て住宅は、共同住宅に比べてまだ広いが、分譲マンション（共同住宅）は平均床面積がこれよりも3割程度狭い。

この10年ほど、東京への人口集中は、それまでの郊外型居住から都心型居住に変わった。利便性と空間占有はトレードオフの関係がある。こうした点を改めないと「新しい生活様式」は定着しない。定着させる手段は空間の摩擦費用を下げる仕組みであり、通信インフラとして5Gはそれを支える。家庭で5Gを活用し、生活を愉しむためには、それを満たす空間が必要であり、5Gの普及は、今の生活様式を変え、価値観も変える手段になり得る。

3　スマートシティ、コンパクトシティ、フードバリューチェーンも巻き込んで地方創生

スマートシティ構想が言われて久しい。しかし、進展を見ないまま、人口減少下での東京

図表1－4　東京特別区におけるコーホート法による人口の推移

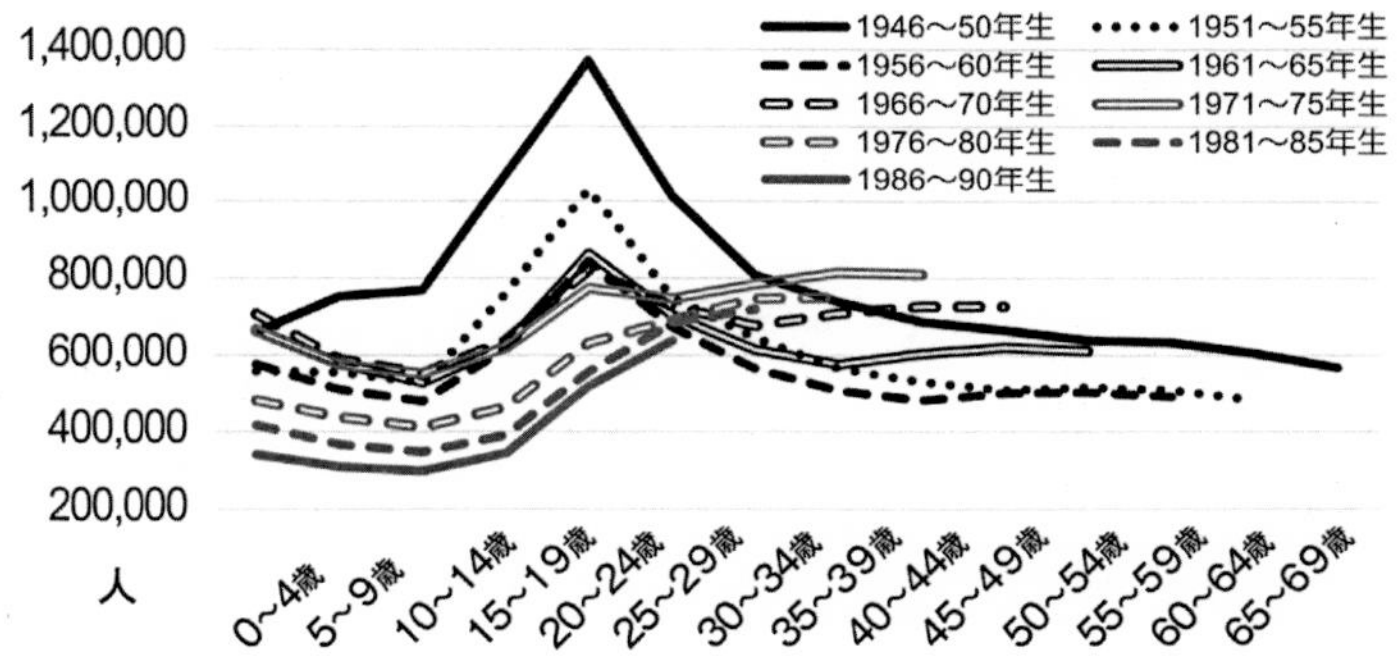

出所：1950年以降の国勢調査。

への人口集中は進み、今回のコロナ禍はその歪みを露呈した。とはいえ、東京への人口集中は今に始まったことではない。大正から昭和に変わる頃、地方農家の二男三男が東京などの都市に移動し、農村の衰退が問題となり、柳田国男は都市と農村の関係や農村の役割について講演し、そこで語っていることは今日にも通じる（注1）。ただ、都市への人口集中の動きは当時も止まらず、経済構造に大きく影響した。例えば、それまで金融機関の担保は農地中心だったが、昭和の初め頃から市街地の宅地を担保として融資するようになった。その後の経済活動の蓄積は土地の担保価値の差を生み、それは、先の表での敷地価格に見て取れる。見方を変えれば、我々が直接享受できるさまざまな機会の効用を積み上げた価値でもある。

図表1－4は、国勢調査に基づいて、団塊の世代から1980年代前半生まれの世代について、5歳ごとに集団化し、東京特別区の同世代の人口の推移

を表している（注2）。図が示すように、団塊の世代は20歳前後で東京に出てきても、大学等を卒業すれば地方に戻るか、住宅を求める場合は特別区ではなく郊外に居を構えた。しかし、その流れは次第に鈍化し、１９７６～80年生まれの人たちは、20歳前後で特別区の住人になった後もそのまま特別区内に住む、さらに、25歳を過ぎても特別区民になる人口が増え、日常生活の中で享受できる機会もますます東京に集中した。１９７６～80年生まれの人たちが20歳を過ぎた頃は、不良債権処理の収束期に重なることを考えると、地方に散在していた不良債権処理は、債権処理だけでなく、地方のさまざまな機会や人をも摘み取ったのではないか。

要は、地方創生と言いつつ、東京へ向かっての流れを変えるような流れは作られていない。そうした中、５Gをはじめとする通信インフラ網を早急に整備し、地方において、その通信インフラ網を活用したスマートシティは、地方で摘み取られた機会を回復させるだろう。地方にいても、浅草演芸ホールや鈴本演芸場での噺や芸をリアルタイムで見聞きできる。渋谷のライブハウスも、今、目の前で演奏している体感が得られる。日生劇場は一番気に入った席で観劇することができる。仕事の仕組みを変えるとともに、文化の共有を図ることを忘れてはならない。効率性という新自由主義は、あまりにも東京にすべてを集中させた。それが故に、東京に人が集まり、ニッチな部分にも人手を求めたが故に、そこでの労働市場が形成された。しかし、こうした労働もＩｏＴにより失われるものも多い。

地方でのスマートシティは、コンパクトシティ化を基盤として形成していくことによって、中長期的な生活圏に生まれ変わっていくことが求められる。そこにおいて、例えば、農水省で進めているフードバリューチェーンの構築と結び付けば、食文化の維持と発展を担うことができる。また、そうした地域でテレワークを行う労働者に対しては、移動手段のコスト軽減の特典を付与することも必要である。

コロナ禍は、我々の日常で抱えていたが、忘れていた、あるいは、忘れようとしていたさまざまな問題を白日の下にさらした。世界の国々と比べて、日本が進んでいる面と遅れている面を国民の多くが広く知り得る機会となった。それらの問題の多くは、根源的な問題でもあり、上辺のことだけの対策で終わらせることなく、将来も見据えた施策を着実に、そして迅速に行うことが必要である。

多大な犠牲を払ったコロナ禍を、東京におけるコーホート法の人口の山の形を変え、日本の将来に光を差すきっかけにしなければならない。

【注】

(1) 柳田国男(1929)「都市と農村」『柳田国男全集第4巻』筑摩書房。

(2) 1950年国勢調査での人口は概数(千人単位)の公表値。

第3節

コロナ禍における経理・会計業務の実態レポート

会計経理コラムニスト　清水久樹

1　はじめに

コロナ禍は、経理業務および監査業務に携わるメンバーにとり、決算業務のスケジュールの再考・業務見直しを進めた契機になったと考えられる。国内で問題が顕在化したのは年明け、とくに3月以降であるが、この時期は会計に携わる業務をする者、とりわけ3月決算業務の会社にとり年度決算を迎える時期であり、もっとも業務負荷のかかる時期となる。そのため、1年のもっとも忙しい時期に多くの人々が業務に忙殺されながら、かつ自身と家族の健康にも気を遣い日々を送ったことであろう。

巷では多くの企業でテレワークが進んだといわれているが、営業のようにフロント系部門の社員が顧客を訪問することを避ける等で自宅勤務の実施率が高かった一方で、相対的にITを利用した業務割合が多い（経理部員も含めた）バックオフィス系の社員が出社を余儀なくされたことに、いくらか矛盾を感じている。

テレワークの導入に賛否が分かれることは承知であるが、私は世論に倣って賛成の立場を取った上で、なぜテレワークが進まない現状なのか、テレワーク推進を妨げる要因について、会計経理の専門家の立場から考察したい。

2 バックオフィス部門でテレワークの進まない要因

(1) テレワーク環境の未整備

経理業務・監査業務というのは、多くの方のイメージ通りPCに向かいながら仕事をするケースが多いが、反面ペーパーを用いたアナログな業務もまだまだ多い。具体的には、伝票その他の確認作業や電子データ(ex.WordやExcelで作成したデータ)であっても複雑かつ膨大な内容のため、パソコンに向き合ったままでは確認作業は困難を極める。そのため、紙で印刷して見返す作業が必須となる。

文書の電子化が騒がれて久しいが、人間の身体の構造(とくに目)は電子文書に慣れていないのであろう。紙で情報を打ち出しての確認が、今なお、もっともスタンダードな方法である。この作業には、印刷機や一定のスペースを必要とするため、安易にテレワークで実施することもできない。とくに、一軒あたりの敷地面積の小さい都心部であれば、なおさらである。

(2) 決算という期限が設定される業務

決算の流れについて説明する。3月決算を例にすると、企業は3月末を迎えてから4月中に決算数値を固めて社長や役員に結果を報告し、5月のGW明けには世の中に公表するといったスケジュールが存在する。かつて私の担当してきた監査業務をする監査人も、クライアントの決算業務を後追いする形で決算数値が社外に公表されるまでには監査を完了する必要がある点で同様である。

一方で、今回の件に対する各社の対応を振り返るに、証券取引所や会計士協会といった団体から各種指針や意見公表があった中で、各社がその指針に記された内容を遵守したとはとても言い難い結果であった。

監査人は、会社が決算を進める限り監査をせざるを得ない状況にある。また、会社ごとにその置かれている状況は異なるであろうが、今回のような状況に対する会社の対応能力の不足（決算に関連するスケジュールの調整力・リモート業務を行う環境の未整備）が露呈する形となったことは各社認めるところであろう。

上記（1）（2）を主たる理由として、例年同様、今年も休日・GWに会社に出勤し期限に間に合わせるため業務に取り組んだ方も多いであろう。テレワークの強要に抗い、感染リスクを許容してまで出勤した社員はどれほどであろう。

一見したところ会計経理はテレワークに馴染むと考えられるが、実際は機能していない。会計経理はテレワークに馴染みやすい業務にもかかわらず、その環境が整っていない。さらに述べると、テレワークは会計経理から導入するのが良い。そのためには、ＩＴ面での投資を追加で実施することは不可避であろう。

3 テレワークを進めるにあたっての提案

まずは、メールのようなコミュニケーションツールの利便性をさらに高めることを提案したい。今回、数百～数千人といった従業員が同時にアクセスしたことで回線が容量オーバーとなった会社も多いであろう。5Gの推進がテレワーク推進の基礎になることは言うまでもない。

ペーパーを利用した業務を削減しつつ、かつペーパーの利点である一覧性を確保した業務資料に変換を進めることの重要性は、今後一層検討すべきである。

実現可能性の話はここでは省略する。例えば、より紙に近づけた画面を持つPCの開発である。今まで以上に大画面かつ薄型のタブレットの開発は、社会の電子化推進に貢献するであろう。また、紙は手などで上から圧をかけても壊れないが、現状のPC画面でそれをやると簡単に壊れてしまう。より丈夫で壊れにくい画面の開発が求められる。

個々の企業によって業務詳細は異なり画一的な対応には困難もあると思われるが、今後強力に進めるべく、少し踏み込んだ提案をするのであればテレワーク減税、企業の通信インフラに関する設備投資（ないし従業員への手当）に税制上の優遇措置等を設けることを提案したい。近年、このような補助金は設定されつつあるが、減税措置には至っていない。補助金と減税措置の両面から力強く推進するべきではないか。

会計・経理に携わる専門家の立場として、決算業務における期限の柔軟化、現状のタイトなスケジュールに余裕をもたせることも提案したい。具体的には、会社法決算と金商法決算という2つの決算関連書類の開示である。煩雑なわが国の法制度を1つにまとめること（一体的開示の在り方）は、実務従事者の働き方とのバランスを取った内容であることを提案したい。今回のコロナ騒動は、国・当局が音頭をとり例えば強制力のある「ルール化」も視野に入れて検討する契機にもなろう。

この時代に決算に携わった者としては、例年以上に諸々の制約がある中で業務を進めたであろう。しかし、社会においては次の課題を見つめられたこと、また、個人においては毎日の通勤ラッシュに体力を削られることなく業務に集中できた等のプラス面もあるのではないか。私自身、心穏やかに業務に取り組むことができたと実感している。

今回のコロナ禍の経験が一過性の対応として乗り切ることができたから終わりという成功モデルではなく、技術進歩を遂げ、労働環境を改善する契機となることを願っている。

第4節

ごみ処理からみる新型コロナウイルスの影響

青山学院大学准教授　南部和香

1　はじめに

まず、神奈川新聞4月7日配信の2つのニュースをご紹介したい。1つは、三浦市が古着と古布の回収を当面中止するというもの（注1）。もう1つは、横浜市の一部で資源の集団回収が停止するというものである（注2）。三浦市のケースは、海外のリサイクル工場が外出禁止令で稼働していないため、集めた古着と古布を輸出することができず、回収を当面停止するというものである。一部は市環境センターでストックするものの、保管場所の確保が難しいため、回収再開までは各家庭で保管するよう呼びかけている。横浜市のケースは、集団回収の回収業者が中国市場の悪化を理由に撤退した上、新型コロナウイルスの影響もあり後継業者を見つけることができずにいるというものである（注3）。こうした事態は神奈川県に限ったことではなく、各地で同じようなニュースが発信されている。これ以外にも、横須賀市が新型コロナウイルスへの感染リスクを考慮しごみの持ち込みを休止するなど、リユース、リサイクル、ごみ処理に関する問題が顕在化している（注4）。

図表1－5　中古衣類の輸出

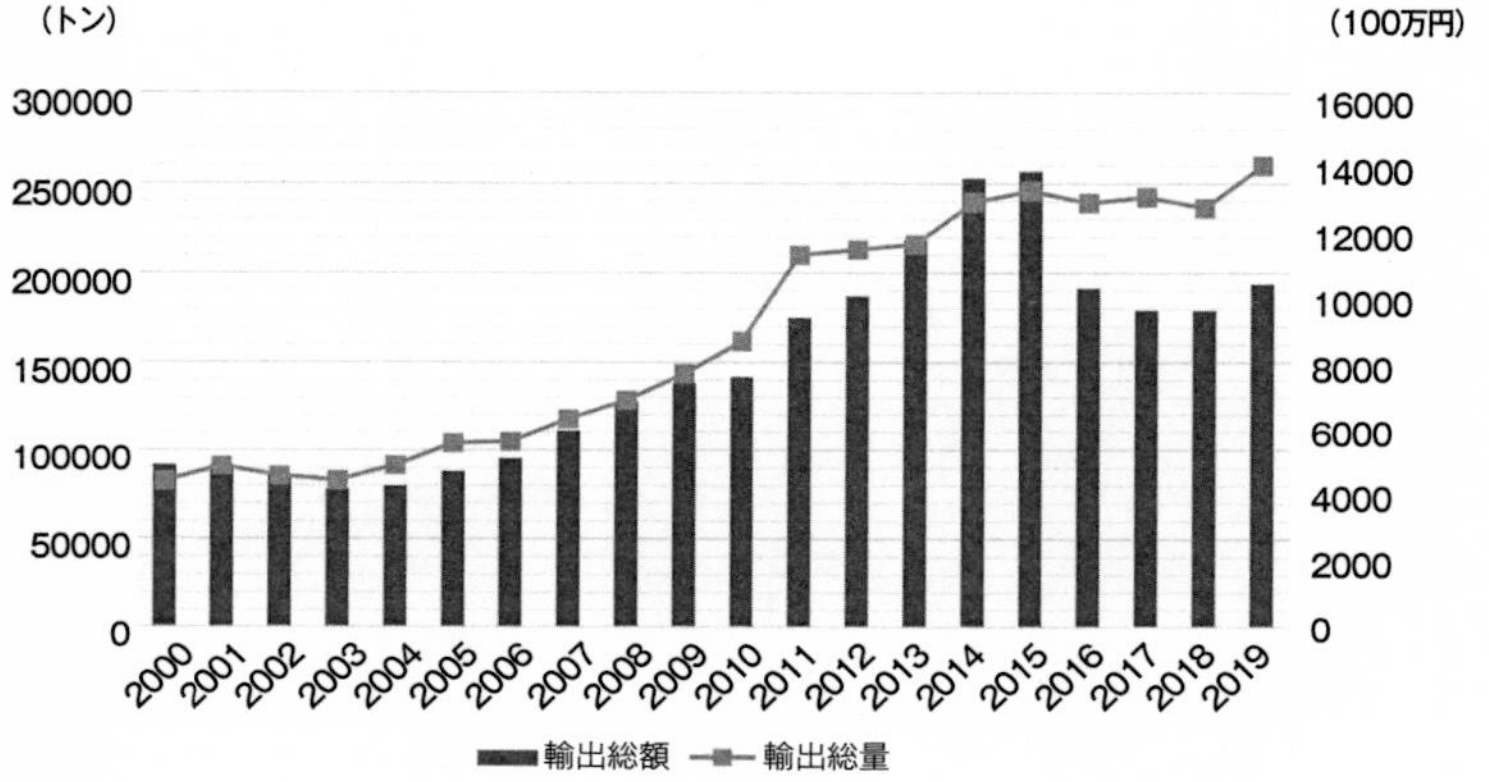

資源として回収された中古衣類が海外に渡っていることに驚いた方もいるのではないだろうか。上記の図表1－5は日本から海外に輸出される中古衣類の輸出量と輸出額の推移を示したものである（注5）。折れ線グラフをみると、2019年の輸出量は2000年の水準と比べて3倍以上に伸びていることがわかる。コロナ禍の中で中古衣類の回収がストップした背景には、海外の需要に大きく影響を受けるほどの輸出の増大があったのである。

先ほどあげたニュースは主に資源の回収にかかわることなので、すぐに公衆衛生上の問題を生じさせるものとはいえないものの、保管には限界がある。リユースやリサイクルに回せなければ、資源となるはずだったものはごみになってしまうかもしれない。これらのニュースが示すのは、新型コロナウイルス問題から派生し、私たちの社会に根づいたリユースやリサイクルの活動を滞らせ、一時的ではあっても資源の循環を止めてしまうような問題なのである。

2 静脈の機能

ごみの回収や処理そしてリサイクルが円滑に進むことはとても大事なことだ。しかし、ごみを出す側からすると、緊急事態が起きたときには資源やごみの問題はつい後回しにされがちな要素だ。不測の事態が生じたとき、真っ先に今週の燃えるごみの回収がなくなったらどうしようと心配する人はいないだろう。多くの人が感じるのは、必要なものが手に入らなくなるのではないか、物流がストップしてしまうのではないかという不安だ。実際、マスク、トイレットペーパー、ティッシュペーパーなどに対する需要が短期間に急激に高まり、一時的に手に入りづらい状況になったように、不測の事態が生じるとモノの流通に意識が向かいがちだ。ごみやリサイクルの世界では、こうしたモノの生産や消費の流れを血管にたとえて動脈という。そして、動脈だけでは私たちの身体が機能しないように、モノの流れにも静脈がある。モノの生産や消費が動脈なのに対して、静脈はモノを消費したあとのごみ処理やリユース、リサイクルを指す。多くの人は動脈の維持を重視するし、確かにそれは大切だ。しかし、私たちのいつも通りの生活を支えているのはじつは静脈なのである。

どんな状況でも私たちが安心してモノを買い、消費して捨てることができるのは、ごみ処理やリサイクルといった静脈のシステムがうまく機能しているからだ。例えば、1ヵ月間、燃えるごみの収集がなかったらどうなってしまうだろうか。きっと家の中はすごく臭くなるし、ベランダにもごみ袋がたまってしまうだろう。そうなったら、私たちは生ごみの排出を少なくするだけでなく、そもそもごみになるようなものを買わないような生活スタイルを徹底する必要性に迫られるだろう。外出自粛が続く中、私たちがごみに囲まれることなく衛生的な生活が送れるのはごみや資源の回収が滞りなく行われているからにほかならない。私たちがいつも通りの生活を送り続けるためには、静脈の機能を維持することがとても大切なのである。

3　ごみ処理事業とその支援策

リユースやリサイクルについては冒頭のようなニュースがあるものの、私たちが出す家庭ごみの処理についてはどうだろうか。ごみの収集は公衆衛生にかかわるため、新型コロナウイルスのためロックダウンしている都市でも公共サービスとして提供されている。我が国においても、「新型コロナウイルス感染症対策の基本的対処方針」で示されたように、廃棄物処理事業者は緊急事態宣言時にも事業の継続が求められる事業と位置づけられている（注6）。これは、廃棄物処理もまた社会の安定の維持や国民の安定的な生活の確保に不可欠な業務を行う事業だからである。

家庭から出るごみ（一般廃棄物）の処理は主に各自治体が担っている。廃棄物処理事業経費に着目すると、自治体ごとにばらつきはあるものの、人件費や処理費などを含む処理及び維持管理費を総人口で割った一人当たりごみ処理経費は年間で約12、125円である（2018年度実績）（注7）。しかしごみ処理にかかわる経費はこれだけではない。安定したごみ処理サービスを供給するために、収集運搬施設、中間処理施設、最終処分場などの工事費や調査費を含む建設改良費が必要である。また、し尿処理の建設改良費と処理及び維持管理費もかかる。これらすべてを合わせた廃棄物処理事業経費の歳出の合計は約2兆3、089億円になる（2018年度実績）。その経費は、使用料および手数料、地方債、国庫支出金、都道府県支出金などからなる特定財源と一般財源で賄われている。

家庭から出るごみ（粗大ごみを除く）に手数料を課している自治体は全市町村の約65％にのぼるので、日頃の生活の中でもごみ処理にお金がかかることは見えるようになってきている。しかしごみ処理などにかかわるさまざまな費用が膨大であることはあまり知られていない。こんなにかかるのかと驚く方もいるかもしれないが、適切な費用をかけずに静脈の機能を維持することは難しい。静脈のメカニズムを維持するために必要な経費に対しては適切な財政支出が求められるのだ。

一方、事業活動に伴って排出されるごみ（産業廃棄物）は、法律によって事業者が自らの責任において処理することとなっている。多くの場合、自ら処理するのではなく許可をとった民間のごみ収集運搬および処理業者に委託するか、家庭ごみと同様に自治体のごみ処理サービスを利用している。昨今の新型コロナウイルスの影響でさまざまな事業活動がストップした結果、ごみの受託量が減ったごみ処理関連事業者もいる。このようなケースに対しては、中小企業者の資金繰りの支援措置が発動されており、ごみ収集運搬業やごみ処分業などもセーフティネット5号の対象として事業の継続のための支援策が講じられている（注8）。このような支援策によって、静脈の機能が維持されているのである。

4　消費と生産の新しいスタイル

リサイクルもごみも出して終わりではない。静脈をうまく機能させ、適正な処理・処分を行い、可能なものは動脈に還していく。この循環を維持することが私たちの衛生的な生活につながっている。私たち消費者がこの資源循環の中で果たす役割は大きい。私たちが何を選択して消費し、どのように廃棄するかは循環型社会のスタイルを決める鍵だからである。記憶に新しいように、外出自粛の中で私たちの生活スタイルや価値観も変わり、消費という経済活動の重要性も再認識された。お店を開いていてもお客さんが来なければ廃れていくように、消費者には社会を動かす力がある。コロナ禍からの復興を目指す今だからこそ、消費と廃棄のメカニズムを広い視野から捉えて循環型社会の形成のために自分ができることを改めて考えることが大事だろう。

私たちの消費行動と廃棄行動の中でできることはなにか。廃棄については3Rが浸透し、リユースやリサイクルの文化が根づいてきている。一方で消費はどうだろうか。例えば、マイボトルの利用はめずらしいことではなくなってきた。マイボトルを使う理由はさまざまで、新しいペットボトルを買わない分、環境によいからという人もいれば、その方がコストがかからないからと思っている人もいる。大切なことは、どのように考えていたとしても結果的に環境にやさしい行動が選択されたのなら、社会的な環境負荷は削減されるということである。しかし、環境問題に関心のある限られた人々のみで社会全体を循環型社会に変えていくことはむずかしい。環境に関心のない層にも環境に配慮した行動を促すことができるような社会システムの形成が求められている。

環境配慮という側面からみると、近年はエシカルな消費や生産という考え方が関心を高めている。エシカル消費は倫理的消費ともいわれ、消費者庁では「消費者それぞれが各自にとっての社会的課題の解決を考慮したり、そうした課題に取り組む事業者を応援しながら消費活動を行うこと」とされている（注9）。エコな商品、リサイクル商品、フェアトレード商品などもこの枠組みに入る。また、エシカルな生産というと、例えば紛争地域の資源を用いないことや環境や人権に配慮した生産体系であることなどが含まれる。

エシカルな財に価値が与えられ、消費者の行動が変われば、生産システムもまた変わっていく。アップサイクルもより注目を集めることになるだろう。ごみとして廃棄された素材を用い、付加価値を高めて新しい商品を創り出すアップサイクルは、原材料に戻すマテリアルリサイクルやそのまま再使用するリユースとは異なる価値を生み出している。広い意味ではリメイクも同じである。商品の価値はいろいろな要因で決まってくるが、環境に配慮することが商品の価値になれば、いずれはエシカルな消費と生産のシステムが確立し、循環型社会形成に寄与するだろう。問題は、どうやってエシカルな商品を手に取ってもらうかだ。

5　環境に配慮した選択的消費に向けて

しばしばリサイクルはバージン資源を使う場合よりもコストがかかるといわれる。たしかにリサイクル素材を用いた商品はけっこう高い。もし環境に配慮していることが価値となり、そのような商品を使用することに価値を見出すことができれば、高い価格も受け入れることができるようになるだろう。でも、同じような商品なのに値段が全然違うものがあったときはどうだろう。環境に配慮してはいるが価格がすごく高いものを消費者は選択するだろうか。一方で、価格はだいたい同じだけれど、1つはリサイクル素材を利用した環境に配慮した商品ですといわれれば、少しは環境にやさしい行動をとってみようかなと思う人も増えるのではないだろうか。

消費者庁の調査によると、エシカルな商品を購入する意思がある対象者への購入金額に関する質問において、通常の商品より割高であってもエシカルな商品を購入すると回答したのは約60％であった（注10）。ただし、価格差が10％までなら購入すると回答したケースが50％ポイントなので、購入する意思があるとはいえ大幅な価格差を受け入れることは難しいことがわかる。しかし逆に言えば、価格差という課題にうまく対処すればエシカルな消費は進みやすくなるということである。

環境問題への関心が高まっているとはいえ、価格が持つ力は大きい。環境に配慮した商品が贅沢品であるうちはマイバッグやマイ箸などのように定着するまで相当な時間と費用が伴う。私たちは、環境にやさしい素材や商品の消費が当たり前になるまでの移行期にいる。日々の消費においても環境に配慮した商品が選択されるためには、エシカルな生産のコストを削減し、手にとりやすい価格にするためのサポートが必要である。そのために政府や行政が担うことができる役割は大きい。もし財政的な支援によってエシカルな商品と通常の商品との価格差が縮まれば、私たちの消費スタイルは今よりずっとエシカルなものになるだろう。新型コロナの復興では元の経済活動水準に戻ることが1つの指標ではあるが、その中身や質が同じである必要はない。より環境に配慮した生産・消費・廃棄システムはまさにわが国の目指すべき成長軌道の延長線上にあるのではないだろうか。復興のその先を目指して、エシカルな生産と消費への支援が望まれる。

【注】

（1）カナロコ（2020）「古着古布の回収を当面、停止　三浦市」神奈川新聞 https://www.kanaloco.jp/（閲覧日：2020年4月18日）

（2）カナロコ（2020）「横浜市内4区で資源集団回収が停止　回収業者、3月で撤退」神奈川新聞 https://www.kanaloco.jp/（閲覧日：2020年4月18日）

（3）資源集団回収とは、町内会、子供会、PTA、集合住宅などで自主的に行われる回収のことで、回収量に応じて奨励金を受け取ることができるしくみである。

（４）カナロコ（２０２０）「ごみ持ち込み休止へ　横須賀の処理施設」神奈川新聞　https://www.kanaloco.jp/（閲覧日：２０２０年４月18日）

（５）財務省「貿易統計」（ＨＳコード：６３０９）より作成。

（６）政策会議「新型コロナウイルス感染症対策の基本的対処方針」首相官邸　https://www.kantei.go.jp/jp/singi/novel_coronavirus/taisaku_honbu.html（閲覧日：２０２０年６月４日）

（７）環境省廃棄物処理技術情報「一般廃棄物処理実態調査結果」環境省　https://www.env.go.jp/（閲覧日：２０２０年５月10日）

（８）「セーフティネット保証制度」中小企業庁　https://www.chusho.meti.go.jp/kinyu/sefu_net_5gou.htm（閲覧日：２０２０年６月５日）

（９）「エシカル消費普及・啓発活動」消費者庁　https://www.caa.go.jp/policies/policy/consumer_education/public_awareness/ethical/（閲覧日：２０２０年６月10日）

（10）「倫理的消費」調査研究会「消費者意識調査結果報告書」消費者庁　https://www.caa.go.jp/policies/policy/consumer_education/consumer_education/ethical_study_group/（閲覧日：２０２０年６月10日）

第5節

グリーンリカバリー（緑の回復）によるレジリエントな社会の構築を

長崎県立大学講師　芳賀普隆

1　はじめに—感染症拡大に伴う環境・経済・社会に及ぼす影響—

新型コロナウイルス感染症（COVID-19）の感染拡大は、WHO（世界保健機関）が2020年3月11日にパンデミック（世界的大流行）を宣言するほど、地球規模の深刻な問題となっている。「文明は感染症のゆりかご」という警句があるが、環境省が2007年に発表したパンフレット「地球温暖化と感染症」によれば、「近年、交通手段の発達に伴う膨大な人と物の移動、土地開発に伴う自然環境の著しい変化など、人間社会の変化と人間の行動の多様化に伴って、動物から人に感染する動物由来感染症や、海外渡航者が熱帯病や寄生虫病に罹患して帰国することで国内に持ち込まれる、いわゆる輸入感染症など、新しい感染症が問題となってきている」と指摘されている。

また、日本においても、「新型コロナウイルス感染症緊急事態宣言」が2020年4月7日に7都府県に、同年4月16日には対象地域が全国47都道府県すべてに拡大され、「コロナ禍」

「コロナ危機」と呼ばれるほど社会経済への影響が多方面に広がっている。同年5月14日に39県において緊急事態宣言が解除されたが、現時点では何よりも感染拡大防止に万全を期さなければならない。一方、地方では休業要請に伴う地域経済への影響が深刻であり、倒産や失業も相次いで生じていることから、コロナ収束後の経済復興に向けては地域経済の活性化が急務である。さらに、気候変動（とりわけ地球温暖化問題）への対応としては、2015年12月のパリ協定採択（2016年11月発効）、2019年6月には日本でも「パリ協定に基づく成長戦略としての長期戦略」が閣議決定された他、2020年4月からは電力システム改革の一環として発送電分離がスタートした状況下で、再生可能エネルギーの普及をどう進めるかが喫緊の課題となっている。

本稿では、今回のCOVID-19の感染拡大というコロナ危機における文明史的位置づけを概観するとともに、コロナ危機と気候危機をリンクした議論である近年のグリーンリカバリーの議論を踏まえ、今後のアフター・コロナに向けた日本の方向性について探っていくことにしたい。

2　文明史的危機に直面する人類

人類は、さまざまな経済危機や生命・環境を脅かす危機に直面してきた。21世紀以降では、2008年のリーマンショック後、金融経済危機と環境危機への統合的対策としてアメリカのオバマ大統領により提起され、経済対策、雇用対策と環境対策とを連携させるという面で一定の効果を上げたのが「グリーン・ニューディール」である。具体的取り組みとしては、送電網の近代化を行い、自然エネルギー用の新たな送電線の建設を含む、スマート・グリッドの研究開発に110億ドル（約1兆1，000億円）、さらに州・地方政府によるエネルギー効率化事業への支援に63億ドル（約6，300億円）。電気自動車の普及や、国産自動車用の燃料電池の開発・製造支援にも予算が当てられた。総額434億ドル（約4兆3，400億円）に上る予算を自然エネルギーの導入支援に注ぎ込んだ、という。

日本でも「日本版グリーン・ニューディール」を2009年4月に環境省を中心に最終案を取りまとめた。だが、その直前に時の首相によって発表された、2020年ごろまでの中長期の新しい経済成長戦略（＝未来開拓戦略）でも、環境分野で新たに市場を50兆円拡大し、140万人の雇用を新たに生み出すという数値目標を掲げており、環境省が発表した太陽光発電の導入拡大、ハイブリッド車などエコカーの購入支援にしても、具体的な事業計画の多くは、同年4月に首相が発表した経済危機対策や経済成長戦略ですでにふれられたもので、独自性が見当たらないと受け止められていた。その一方で、環境省の「日本版グリーン・ニューディール」の最も注目すべき点は、短期的な個別の事業計画ではなく、長期的な社会制度の設計にあった、とも指摘されている。日本における「グリーン・ニューディール」の取り組みは、省庁間の縦割りの弊害、および総合的な政策統合の欠陥を持つものであった。

そのような構造的な課題を克服できないまま直面したのが、2011年3月11日に発生した東日本大震災とそれに伴う原発事故（東京電力福島第一原子力発電所事故）であった。そして、その約9年後に発生したのが、現在も直面している「コロナ危機」である。これらの危機は『感染症の世界史』の著者である石弘之によれば、感染症の流行と大地震はよく似ているという。周期的に発生することはわかっていても、いつどこが狙われるかわからない。地球に住む限り、地震や感染症から完全に逃れるすべはない。地震は地球誕生からつづく地殻変動であり､感染症は生命誕生からつづく生物進化の一環である。14世紀のペストといい、20世紀初期のスペインかぜといい、感染症は人類の歴史に大きくかかわってきた。今後も影響を与え続けるだろう。

これまで述べてきたように、東日本大震災・原発事故にせよ、COVID-19の感染拡大にせよ、現在、人類は文明史的な危機に直面しているのである。ブルントラント委員会の報告書に用いられて以来、世界に広がり大きな影響力を持つこととなった持続可能性の危機は外生的な衝撃やストレスが原因であることも少なくないが、Adger and Hodbod（2014）が指摘しているように、危機の原因を認識して対処・適応し復元を図る経済社会のレジリエンス（resilience、強靭性、復元力）が持続可能な経済社会の要件として注目されている。レジリエンスはもともと生態系が有する物質であったが、それを社会にも適用する試みが行われている。現在、国難とも言われている状況に対し、まさに国、地域ともにレジリエンスが問われているとともに、コロナ以後の社会経済システムの構築に向けて、復元を超えた新たな社会の創造が求められている。

3　コロナ危機と気候危機をリンクした議論
―グリーンリカバリーを中心に―

現況下では収束への道筋が描けない中で、EUなどではコロナ危機からの回復と、気候危機対応を結びつけた議論が進行している。「コロナ後」の復興において、気候変動対策などの環境の側面に配慮をすることは、一般に「グリーンリカバリー」と呼ばれている。2019年12月11日、欧州委員会は「欧州グリーンディール」(The European Green Deal)と題する政策文書を公表した。この位置づけは「新たな成長戦略」である。2020年5月27日、欧州委員会は復興基金Next Generation EUを提案し、7、500億ユーロを市場から調達し、EUを通じて分配するとともに、加盟国に対する支援などを行うとともに、「欧州グリーンディール」はEUの成長戦略」と明記した。

このように、前述の「グリーン・ニューディール」と近年の「グリーンリカバリー」は、人類が直面する危機に対して環境政策と経済対策の両面から打ち出している点では共通であるが、気候変動における現状が厳しさを増している中での今回のコロナ危機は、国家を超えた形で、強力な戦略を打ち出したものであるといえよう。

4　今後の展望―日本への示唆―

日本においては、現政権下では、2019年6月21日に閣議決定された「統合イノベーション戦略2019」における「強化すべき分野での展開」の（応用分野）において「革新的環境イノベーション戦略」の策定が盛り込まれているものの、具体的な形はまだ示されていない。また、2020年4月7日に閣議決定し、同年4月20日に変更された「新型コロナウイルス感染症緊急経済対策」の経済効果を試算した「新型コロナウイルス感染症緊急経済対策の経済効果試算（改訂版）」（2020年4月24日、内閣府）では、本対策の規模では48・4兆円の財政支出、事業規模では117・1兆円を計上し、リーマンショック時の経済危機対策（2009年4月）と比較しても、財政支出で3・14倍、事業規模で約2・06倍に拡大している。その一方で、「総合経済対策のうち今後効果が発現すると見込まれる主な施策」の「Ⅳ．強靭な経済構造の構築」においても「革新的環境イノベーション戦略加速プログラム」が示されている。しかしながら、既存の「科学技術基本計画」や「統合イノベーション戦略」といったイノベーション政策との関係性も明らかでない。その上、パリ協定を念頭に置いた中長期的なグリーン・エコノミーの実現を可能にする観点からすれば、グリーンリカバリーがコロナ後の経済復興策として明確に位置づけられているわけではない。社会経済構造変革にも踏み込んだ形でのグランドデザインを描くには途半ばであるといえよう。

日本において、コロナウイルス感染拡大が収束した後の方向性について数点指摘したい。第1には、現在検討中の「革新的な環境エネルギー戦略」の具体化の重要性である。冒頭でも述べたように、長期戦略が策定され、地球温暖化の防止に向けて国としても舵を切っている所であるが、気候変動・エネルギー政策と経済政策とICT（情報通信技術）を結び付けた政策統合として推進していくとともに、2050年までに温室効果ガスの80％排出削減を達成するため、日本版グリーンリカバリーに相当する政策横断的、総合的かつ強力な国家戦略を打ち出す必要がある。

第2に、地域グリーン・イノベーション創出を促すよう、地域の再生可能エネルギーの導入・普及と地域活性化を支える地域へのローカルグリッドの整備や送電網整備といった所へのさらなる投資が不可欠である。とりわけ長崎県では、経済産業省（2019）でも公表されているように、五島市沖について、再エネ海域利用法に基づく促進区域の指定を2019年に受けているなどポテンシャルは多分にあるものの、今後、そのメリットを活かしていくためのインフラとしくみ、体制づくりが必要である。また、スマートシティ、スマートコミュニティの取り組み事例が各地でみられるものの、社会実装、実証実験の段階からまちづくりに本格移行するには模索が続いている。さらに大都市、地方都市、過疎地、離島地域など、地域の特性に合った形で再生可能エネルギーを普及し、エネルギーの地産地消を進めていくことがレジリエントな社会の実現に向けて必要である。

今回のコロナ禍を機に、グリーンリカバリーによるイノベーションの創発を国、地方ともに可能にするための社会経済システムのあり方や地域独自の取り組み、地域経済循環の構築について今後も引き続き探求していきたい。

参考文献

石弘之（２０１８）『感染症の世界史』角川ソフィア文庫。
植田和弘（２０１３）『緑のエネルギー原論』岩波書店。
植田和弘（２０１５）「持続可能な発展論」亀山康子・森晶寿編『（シリーズ環境政策の新地平1）グローバル社会は持続可能か』11-32頁、岩波書店。
環境省（２００７）「地球温暖化と感染症」（環境省　地球温暖化の感染症に係る影響に関する懇談会）環境省 https://www.env.go.jp/（閲覧日：２０２０年5月16日）
経済産業省（２０１９）「ニュースリリース（２０１９年12月27日発表）」経済産業省 https://www.meti.go.jp/（閲覧日：２０２０年5月10日）
寺島実郎・飯田哲也・NHK取材班（２００９）『グリーン・ニューディール　環境投資は世界経済を救えるか』NHK出版　生活人新書。
内閣官房（２０２０）「新型コロナウイルス感染症対策」内閣官房 https://corona.go.jp/（閲覧日：２０２０年5月10日）
内閣府「統合イノベーション戦略２０１９」内閣府　https://www8.cao.go.jp/（閲覧日：２０２０年5月10日）
内閣府（２０２０）「新型コロナウイルス感染症緊急経済対策」内閣府　https://www5.cao.go.jp/（閲覧日：２０２０年5月10日）

堀尾健太（２０２０）「ＥＵにおける「グリーンリカバリー」の動向―「コロナ後」の復興と欧州グリーンディール―」（電力中央研究所社会経済研究所　SERC Discussion Paper 20001） https://criepi.denken.or.jp/serc/discussion/20001.html（閲覧日：２０２０年６月15日）

吉田文和（２０１１）『グリーン・エコノミー　脱原発と温暖化対策の経済学』中公新書。

Adger, W.N. and J. Hodbod (2014) “Ecological and social resilience”, in G. Atkinson, S. Dietz, E. Neumayer, and M. Agarwala (eds), *Handbook of Sustainable Development*, 2nd ed., Cheltenham ; Edward Elgar, pp.91-101.

第６節　技術が世界を変える　日本発の技術で世界を変えよう

日本安全保障宇宙研究所理事／多摩大学客員教授　渡辺秀明

１　はじめに

現在、コロナウイルスによって我々の生活は様変わりした。とくに、昨年までは一部の進歩的な会社のみが行っていたリモートワークと呼ばれる新しい働き方が急速に普及して、今後もこうした新しい日常というものが当たり前の世の中となっていくものと思われる。また、政府からの給付金の支給等については、オンライン申請の問題点が指摘され、政府、企業をはじめ、日本社会全体のデジタル化の遅れが厳しく指摘されるようになったおかげで、デジタル化の導入が急激に進展するきっかけとなったと思われる。日本社会では言葉だけだったＤＸ（デジタルトランスフォーメーション）が、進むこととなったわけである。５Ｇの導入直前にこうしたＤＸの社会への浸透が進むことは大変意義深いと思われる。こうしたＤＸを支える技術は、インターネット技術である。このインターネットやＧＰＳという技術は、実は米軍の技術として生まれた。これらの技術は米国国防省のDARPA（Defense Advanced Research Projects Agency; 国防高等技術研究院）と呼ばれる組織による発明が起源である。

インターネットは、世界中に展開する米軍のためのネットワークとして開発され、GPSはやはり世界中の洋上を航行する海軍のために正確な位置標定可能なシステムとして開発されたものである。インターネットは1960年代、GPSは1970年代の技術であり、しばらくは軍利用が中心の技術であった。

しかし、1990年代に入ると、IT技術（PC、携帯電話）の発達とともに、民間で爆発的に利用が進み、明らかに我々の市民生活を一変し、いまや、これらの技術なくして我々の生活もビジネスも成り立たない状況となっている。

2 技術の発展は予想より速い

小生も防衛省勤務時代に技術の発展のすさまじさに驚かされた経験がある。防衛省本省（当時はまだ防衛庁だった）が六本木から市ヶ谷へ移転する計画があったとき、小生は計画の初期1990年に情報通信関係の移転プロジェクトを任された。当時は、パソコンはほとんどなく、個人所有のワープロを数人に1人が職場に持ち込んで使用しているに過ぎなかった。したがって、オフィスに要求される通信は電話、FAXのみであった。通信回線といえば、電話回線のことでそれ以外は考慮されていなかった。小生が防衛庁装備局通信課の職員として着任して本件の業務を担当した時、電話・FAXの回線の移転をしっかりやれば良いという気持ちでいたが、当時の通信課長（新貝正勝氏・防衛省退官後、大分県中津市長を務められた）から最新の情報通信技術を導入し、インテリジェントビル（言葉としては、当時使われ始めていた）を実現すべきであるとの高い目標を示された。そこで、小生は当時の防衛省内の通信関係者（陸・海・空自衛隊幹部）と一緒に知恵を絞り、将来の業務スタイルは、1人1台のPCを操作し、電話よりも電子メールという手段で情報交換をするようになると考えた。そのため、通信回線は従来の電話FAX回線ではダメで、LANと呼ばれる情報通信ネットワークを新規に導入する必要があるとし、さらに、オフィスの床はフリーアクセスフロアというものを導入する必要があるとした。当然、予算的には従来の予算（電話機・FAXのみの移転）とは大きく異なり、大幅に通信関係経費が上昇するとしたため、省内の予算サイドから問題視された。その当時の状況からは、1人1台のPCを保有し、電子メールで情報交換し合う業務形態を予測するほうが困難であり、問題視されるのは、ある意味当然であったと思われる。しかし、当時、東京都が丹下健三事務所と契約して、新庁舎の建設計画を進めており、その計画はまさにインテリジェントビルの実現を目指しており、新規の情報通信技術を積極的に取り入れることとしていた。こうした他の役所・会社等の計画を紹介し、どうにか省内もその方向で良いということになった。

紆余曲折はあったが、計画が実施に移され、2001年に移転が開始されるころには、1人1台のパソコンは当たり前になっていた。技術の発展は実に予測しがたいが、発展するときは一挙に発展することを思い知らされたわけである。

このことは、冒頭で述べたように、リモートワークがこれほど一度に普及するとは、昨年だれも予想していなかったことと同じではないかと思われる。リモートワークを行うと通勤地獄から解放されるとともに無駄な行き帰りの通勤時間からも解放され、時間を有効に使うことができるようになり、仕事の能率が上がる面もあることに多くの人たちが気づかされたと思う。コロナウイルスのおかげで日本社会のDX（デジタルトランスフォーメーション）が、やっと始動することとなったが、今後5G時代が到来することで、DXに対応できる組織とそうでない組織の差別化が進展すると思われる。これまでより、新規技術をいかに早く導入するかが重要であることを認識すべきである。

3　民生主体の技術開発と主要国の対応

2000年以前は、GPSとインターネットの2つの技術に代表されるように、技術の発展は、世界的に米国発の軍事技術から民間技術への転用が主体であったが、今世紀に入り、事情が逆転してきた。とくにAI、ビッグデータの進展は、ビジネスや市民生活を大きく変えようとしているが、民生技術が主体である。また、一見、軍用技術と思われがちなドローンやロボット技術も、防衛産業より民間企業が主体的な技術の担い手である。興味深いことではあるが、世界的に民間技術を防衛目的にいかに早く導入するかが、防衛力強化の鍵を握っていると言っても過言ではない。

民間ビジネスもこうしたIT技術を活用したビジネスが主体となっている。金融もついに対面ビジネスからインターネットを主体としたインターネットバンキングが主流になりつつあるが、この方向性（DX）は、コロナウイルスの影響もあり、今後さらに加速されていくものと思われる。

いまや、民生の先端技術がその国のビジネスをリードし、安全保障にも貢献することとなっている。したがって、各国は競って先端技術開発を進めるべく、研究開発投資を大幅に増加させるなど努力を払っている。そのような中、日本はこれまでの技術の着実な蓄積のもと、先端を走っていると認識されるものの、米中のハイテク競争から置いて行かれる傾向にあることが懸念される。

こうした技術は、とくに理化学的に先端的で難解な技術でなくても、在来の技術の利用の仕方を工夫することで、世の中を十分に変革できるものがあることを主張したい。

4　我が国発の技術の例

一例として、GPSを利用した遭難救助システムを紹介する。これは、GPS信号を受信して、自己位置情報を電波に乗せて発信する単純な装置で、携帯程度の大きさの装置であるが、遭難者の周辺少なくとも5㎞に届く電波が、最低3日は発信される仕組みとなっている。したがって、このシステムが実現すれば、遭難者はほとんど全員が救助されると共に、遭難救助のための大掛かりな捜索も必要なくなる。このシステムは、埼玉県のM.S.K.という小さなＩＴベンチャーが開発したものであるが、海難救助システムについてはすでに長崎県や広島県沖の海洋で試験を成功させており、現在、製品化を急いでいるところである。決して難しい技術を使っているわけではないが、人命の救助には確実につながり、同種のシステムは世界中どこにもないことから、海外展開も可能であると思われ、ビジネス的に十分成功する可能性がある。政府としては、準天頂ＧＰＳ衛星（ＱＺＳＳ）の利用法としても、遭難救助は大変推奨すべき分野であるということをご理解いただけたものである。したがって、政府の宇宙基本計画にもこれまで記述のなかった遭難救助という言葉を新たにいただけたものと思っている。国家としては、一民間企業のビジネスの成功というよりも、世界中の海難救助および遭難救助に日本が貢献することが重要であると見ていると思われる。日本発の技術・製品が国内だけでなく、海外にも貢献しながらビジネスを拡張し、日本経済に貢献できるものであれば大変素晴らしいことである。

5　おわりに

新規技術は、必ずしも難しい技術的知識が必要なのではなく、今ある技術を少し別の視点から見ることができれば実現できるものも多いと思われる。現在、コロナウイルスの関係で急速にデジタル化が促されており、文科系も理科系も関係なくいろいろなアイデアを出すことで、埋もれたＩＴ技術・製品を発掘できるものと思う。若い世代の皆さんには、これを実現する気概を持っていただくことが重要である。

参考文献

NHKスペシャル取材班（2019）「米中ハイテク覇権のゆくえ」NHK出版、2019年6月。
及川卓也（2019）「ソフトウェア・ファースト　あらゆるビジネスを一変させる最強戦略」日経BP、2019年10月15日。
QZSS（準天頂衛星）みちびき公式サイト（2019）https://qzss.go.jp（2020年5月11日）
内閣府宇宙開発委員会（2019）「SLAS測位の位置情報で遭難救出を支援」みちびき公式サイト内：2019年8月19日　https://qzss.go.jp/（閲覧日：2020年5月11日）
防衛白書平成元年度版（2019）462頁。

第2章　現代貨幣理論（ＭＭＴ）

ＭＭＴとはModern Monetary Theoryの略であり、日本語では現代貨幣理論と訳される。景気対策など財政出動をする際には、政府が国債を発行（貨幣を供給）するのだが、「国の借金が膨大となって財政破綻してしまうではないか」「国債を発行することによって、インフレに歯止めがきかなくなるのではないか」といった心配事をよく耳にする。しかし、ＭＭＴ（現代貨幣理論）が主張するところによると、その国が変動為替相場制であり、かつ国債が自国通貨建てで発行されている限り、財政赤字などの国の借金は問題とならない。また、日本における現実のデータを見てみると、国および地方の長期債務残高は、１９７０年度末に７・２兆円であったのが２０１８年度末では１、１０７兆円と、約１５３倍も増加しているにもかかわらず、大きなインフレも生じていない。

したがって、景気が停滞している国（変動為替相場制であり、かつ自国通貨建てで国債を発行している国）では、財政破綻やハイパーインフレを心配する必要はなく、国の供給能力を毀損させないためにも、国債を発行して積極的に財政支出を行っていくべきである。

―第２章第１節著者　藤井　聡

第1節

現代貨幣理論（MMT）の理解の有無が、各国を「コロナ勝ち組／コロナ負け組」に分ける

京都大学教授　藤井　聡

1　コロナ不況による直接被害が生じてようやく、積極財政論に転向し始めた国民世論

「コロナ禍で困り果てた国民を救うためには、政府が国債を大量発行して、支出を拡大する他ない」――本稿で申し上げたいのは、この一点なのだが、こういう論調はこれまでほとんど顧みられることは無かった。

そのせいで我が国は政府支出が伸び悩み、消費税は繰り返し増税され、そして、90年代から（同じく消費増税によってもたらされた）デフレ不況状況になったまま20年以上脱却できずじまいとなっている。結果、我が国は成長できず、国力は衰え、税収も下落して財政は悪化し、国際的な地位も90年代とは比べものにならないくらいに凋落してしまった。ミクロにみても貧困と格差が広がり、人心は乱れ、社会は荒廃し続けた。

筆者の目から見ればこれは、デフレがもたらした凄まじい国家的災害だったのだが、大多

数の政治家や知識人を含めた多くの国民はこれを問題視することもなく、このデフレ不況をさも自然の摂理のように受け止め、そこからの脱却に向けた努力をほとんど誰もしない、という時代がここ20年以上も続いてきた。

ところが、コロナ大不況を目の当たりにし、自分自身の暮らしが根底から崩れてしまいかねない状況に至ってはじめて、多くの国民がようやく「不況から抜け出すには財政政策が不可欠だ」という真実に気づき始めたようである。要は今までデフレ脱却など他人事だと思っていた多くの国民が、経済問題が「自分事」になった途端に真実に思い至るようになったという次第だ。

誠に情けなき話ではあるが、事ここに至っても何も気づかず相も変わらず、財政破綻の心配をしたり構造改革の必要性を言い募る輩が未だに散見されることを思えば、真実に思いが至る人が一定いるというだけでも進歩として大いに歓迎すべきものとも言えよう。

2　緊縮財政思想のせいで、日本は「コロナ負け組」となる

ただし、財政破綻リスクを言い募り、増税なり政府支出カットを叫ぶ緊縮財政派たちも、さすがに今、持論を展開しにくい状況のようである。

例えば、最も典型的な財政緊縮論者で、しばしばインターネット上では「財務省の御用学者」と揶揄されることも多い（例えば、2020年5月5日時点で、「土居丈朗、財務省、御用学者」

で検索すると4、210件のヒットがある）慶応大学経済学部の土居丈朗教授のような論者であっても、「10万円一律給付の補正予算で、ワニの口は崩壊した」という記事（Yahooニュース、2020年4月21日）の中で、この期に及んでもなお赤字国債の発行について否定的な視点を論じているが、「10万円の給付など絶対に辞めるべきだ」とは直接的に論ずることは控えている。それくらいに今、国民世論は、積極財政を欲する状況にあるわけである。

かくして政府は、こうした世論の変化に押されるように、2020年4月7日に10万円の全国一律の給付金を配布することを決定し、そのための赤字国債の増発を決定した。国民における内閣支持率が下がることに戦々恐々としている安倍内閣は、何とか支持率の下落を食い止めるために、こうした決定をしたわけである。情けないことこの上無い話ではあるが、ここまでガバナンス（統治）能力が低下した我が国においては、政治を適正化するには世論が変わる他に道が無い、という状況になっているわけである。

ただし、楽観はまったくできない。

土居教授をはじめとした緊縮派は、この「反緊縮的ムード」に押されるように、コロナ禍が続く間はひっそりと陰に隠れているであろうが、コロナ禍が終わり平常に戻った途端に、「コロナ騒動で膨らんだ赤字を放置しておいてはそのうち日本は破綻する！　今度は破綻リスクと戦うために、緊縮が必要だ！」と言い出すに違いないからだ。すなわち彼らはコロナ復興税だとかコロナ財政再建税だとか言いだすことは必至なわけである。

そしてその頃には悲しいかな、大衆世論の関心はもう「コロナ禍」ではなく、それぞれの暮らしをどう立て直すかに向かっているであろうことから、今なら大いに国民的怒りを惹起するような「緊縮派のウソや欺瞞」に対して関心を失い、ほとんど誰も怒らなくなってしまうことも危惧される。

その結果、「コロナ前」と同様、緊縮派は再びTVや新聞にて「虚偽的言説」を自由に吐き放題となり、その帰結として必然的に世論の空気も緊縮的なものに後戻りしてしまうこととなろう。結果、世論の顔色をうかがってしか政策を決定できない愚かな政府は、再び「支出カット」や「コロナ増税」に勤しむようになるであろう。かくしてコロナで激しく傷ついた我が国日本は、こうした「コロナ増税派」によってまったく「復興」できなくなってしまう。そして諸外国がコロナ禍から力強く立ち直っていく中、我が国日本一国だけが世界で最大の（いわゆる）「コロナ負け組」国家となってしまう――という次第である。

ただしそれ以前に、コロナ感染症の収束以前の時点で、「今はいいけれど、コロナ後には、財政再建はしっかりとしなければならない」という認識が為政者の脳裏に残存している限り、パンデミック対策や恐慌対策に思い切った支出増ができなくなり、支出額も限定的なものとなる。事実、2020年5月時点で、日本政府の直接的な財政支出額は25兆円程度に抑えられている。これは300兆円の政府支出を決定している米国の実に12分の1の水準に過ぎない。緊縮財政思想は、コロナ後の復興においてもコロナ対策においても、不十分な対策しかできない状況を導いているのである（その後、二次補正予算でさらなる財政支出が政府決定されたが、「真水」の水準は、想定執行金額ベースで15～33兆円程度と限定的な水準となっている)。

その結果、感染者数も拡大すると同時に、恐慌による経済被害も肥大化し、我が国はやはり「コロナ負け組」国家とならざるを得ないのである。

3 最悪状況を回避するための現代貨幣理論MMT

現状においてはこうした「悪夢」のような近未来が危惧されるわけだが、これを回避するためには、「増税だとか、予算カットが必要だとかいう、緊縮派の言っている話は全部ウソである」というMMT（現代貨幣理論）が実証的理論的に示唆する「真実」をしっかりと世論に拡散しておくことが必要である。

しかも、「政府支出の拡大が必要だ」という空気が支配的な今日においては、多くの国民が「貨幣の真実」まであと一歩のところまで来ているとも言えよう。

例えば、政府が2020年4月に決定した10万円の給付は、それが公表された時点でそれを「受け取らない」というスタンドプレーを表明する政治家が多数散見される状況となったのだが、それに抗う格好で、埼玉県和光市の松本武洋市長が「10万円を受け取って、和光市で使って活性化する。もらわなければ、その10万円は、国庫で溶けるだけだ」という主旨を発言したところ、この声に賛同する多くの声が届けられていた。

ここで重要なのが、この松本市長発言における「国庫に溶ける」という議論はまさに、M

MTの中心的議論の1つなのであるが、それがこれだけの賛同を得られるということは、多くの国民が、コロナ禍においてMMTの真実の一歩手前まで来ていることの証左と解釈することもできるだろう。

だからこのタイミングで、「そもそも、貨幣を供給しているのは、政府だ。だから、政府は、自分でつくった貨幣をどれだけ国民から借りても返せなくなること、つまり破綻することなど起こりようがないのだ」という現代の貨幣の真実（＝MMT）を徹底拡散することが、日本を救う上で極めて重要なミッション（使命）となっているのである。こうした認識が広まれば、どれだけコロナ不況で経済が傷付こうとも、国民の所得は一定水準以上で守られ、失業も倒産も回避することができ、コロナ後において瞬時に成長軌道に経済を乗せることが可能となるのである。それができなければ、コロナ感染症が収束した時点で国内の産業は大いに傷付いており、かつ、国民所得も大幅に下落し、日本経済はさながら発展途上国に凋落した状況に立ち至り、そこからの回復も、まるで途上国が先進国に追いつこうともがき苦しむようなプロセスを経なければならなくなってしまうのである。そうなれば我が国は文字通りの、世界最大の「コロナ負け組」の国家となってしまうだろう。

一方で、より多くの人々が「現代貨幣」の真実に思いが至れば、コロナ収束「前」でも収束「後」でも、政府は何の気兼ねも無く政府支出を拡大し続けることが可能となり、パンデミック対策も、デフレ対策も十分に遂行でき、我が国は世界でも有数の「コロナ勝ち組」国家になり果たすことができるのである。

歴史を作るのは、政治家の手腕だけなのではない。その政治家の手腕を動かす「思想の力」こそが、歴史を作るのである。

参考文献

Yahooニュース（2020）「10万円一律給付の補正予算で、ワニの口は崩壊した」https://news.yahoo.co.jp/（閲覧日：2020年4月21日）

第2節 投資主導の財政支出拡大による経済復興を

株式会社クレディセゾン主任研究員　島倉　原

1 日本経済が直面する2つの課題

新型コロナウイルスがパニックを引き起こし、各国で経済活動が大幅に制限された結果、世界経済の落ち込みは深刻なものとなっている。緊急事態宣言が発令された我が国も例外ではなく、コロナショック前の経済活動水準を速やかに回復することが、当面の課題となる。

他方で、我が国経済は過去20年あまり、他に例を見ない長期デフレーション（デフレ）が続いており、この間の名目ＧＤＰ成長率は年率でほぼ０％となっている。こうしたマクロ経済の停滞は、製造業をはじめとした国内産業の衰退や、非正規雇用の拡大を伴う実質賃金の低下をもたらし、貧困や格差といった社会問題を深刻化させている。こうした停滞状態からの脱却もまた、我が国が直面する、重要かつより長期的な課題である。

したがって、こうした2つの課題解決に資する政策こそが、望ましい経済復興策であると考えられる。本稿は、投資的な支出を中心とした財政支出拡大こそがそれに該当することを、昨年来話題となっている現代貨幣理論（ＭＭＴ）の知見も踏まえながら論じるものである。

2　緊縮財政がもたらした日本の長期停滞

ポスト・ケインジアンの一派であるMMTによれば、政府・中央銀行が発行する通貨の価値は、税金などの政府に対する支払いの手段として使える「政府の債務証書（＝有価証券）」であることによって裏付けられている。そして、自国通貨を金や外貨と交換することを約束しない、変動為替相場制を採用している国の政府は、通貨発行量が金準備高や外貨準備高に制約されないため、自国通貨建て債務を無限に拡大する支出能力を有する。

したがって、政府は財政赤字や政府債務の対GDP比といった指標に縛られることなく、財政政策を通じて「完全雇用と物価安定」を達成すべきであるとされている。すなわち、デフレで有効需要が不足している局面では財政支出拡大や減税といった拡張的財政政策によって有効需要を拡大し、経済を完全雇用水準に引き上げるのが政府の役割となる（レイ（2019））。

対して、「貨幣の価値の源泉はその素材にある」という商品貨幣論と整合的な新古典派経済学を基礎とするニュー・ケインジアンでは、物価を制御するのは中央銀行による金融政策の役割とされている（島倉（2019））。その前提には、「中央銀行は、マネタリーベースを操作変数としてマネーストックを制御できる」とする貨幣乗数論が存在し、デフレ脱却を目標として2013年に開始された日本銀行の量的・質的金融緩和政策の背景にある期

図表2－1　日本のGDP/財政支出/マネタリーベース/政策金利の推移

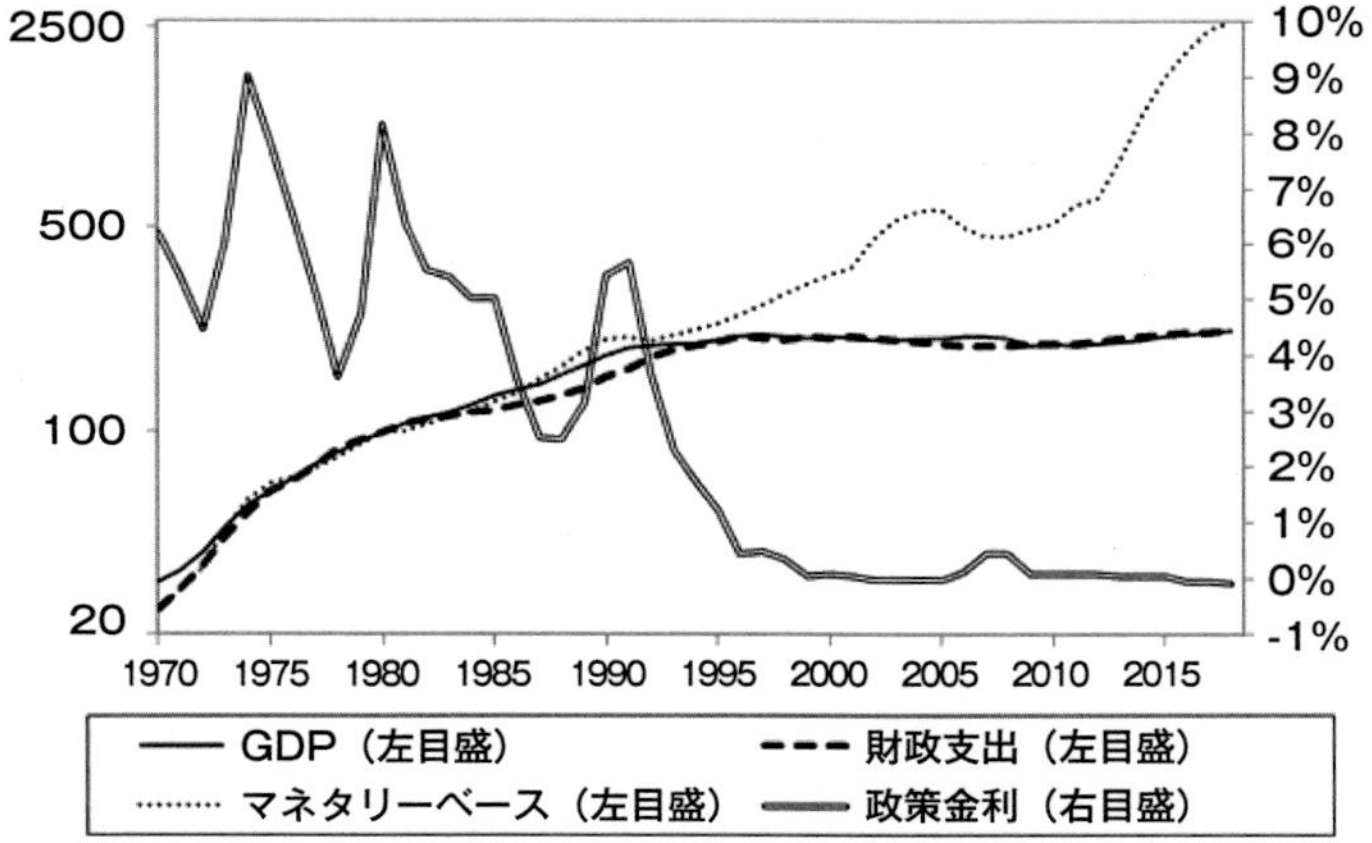

財政支出は，GDP統計上の公的部門の投資と消費の合計。GDPと財政支出は年間合計，マネタリーベースは年間平均で，いずれも名目値を1980年＝100として指数化している。政策金利は1994年までは公定歩合，1995年以降は無担保コール翌日物金利。
出所：島倉（2019）図表8－4を転載（データ出所は内閣府および日本銀行）。

待インフレ理論の土台にもなっている（Krugman（1998）、岩田（2012））。

しかしながら、少なくとも当時史上最低であった0・5％の公定歩合が導入された1995年あたりからは、日本銀行の金融政策は十分緩和的であり、1998年以降のデフレ・ゼロ成長局面においてもマネタリーベースはほぼ一貫して増加していた。他方で、財政支出（ここでは、公的部門の投資と消費の合計である名目公的需要）は名目GDPに1年先行して1996年に頭打ちとなり、以降は名目GDPと同様横ばいで推移している（図表2－1）。

このような我が国における政策変数と経済成長との関係に加え、OECD加盟国を中心として、国際的にも財政支出の伸び率と経済成長率の間に極め

図表2－2　33カ国の財政支出伸び率とGDP成長率の分布
（1997～2016年，年換算値）

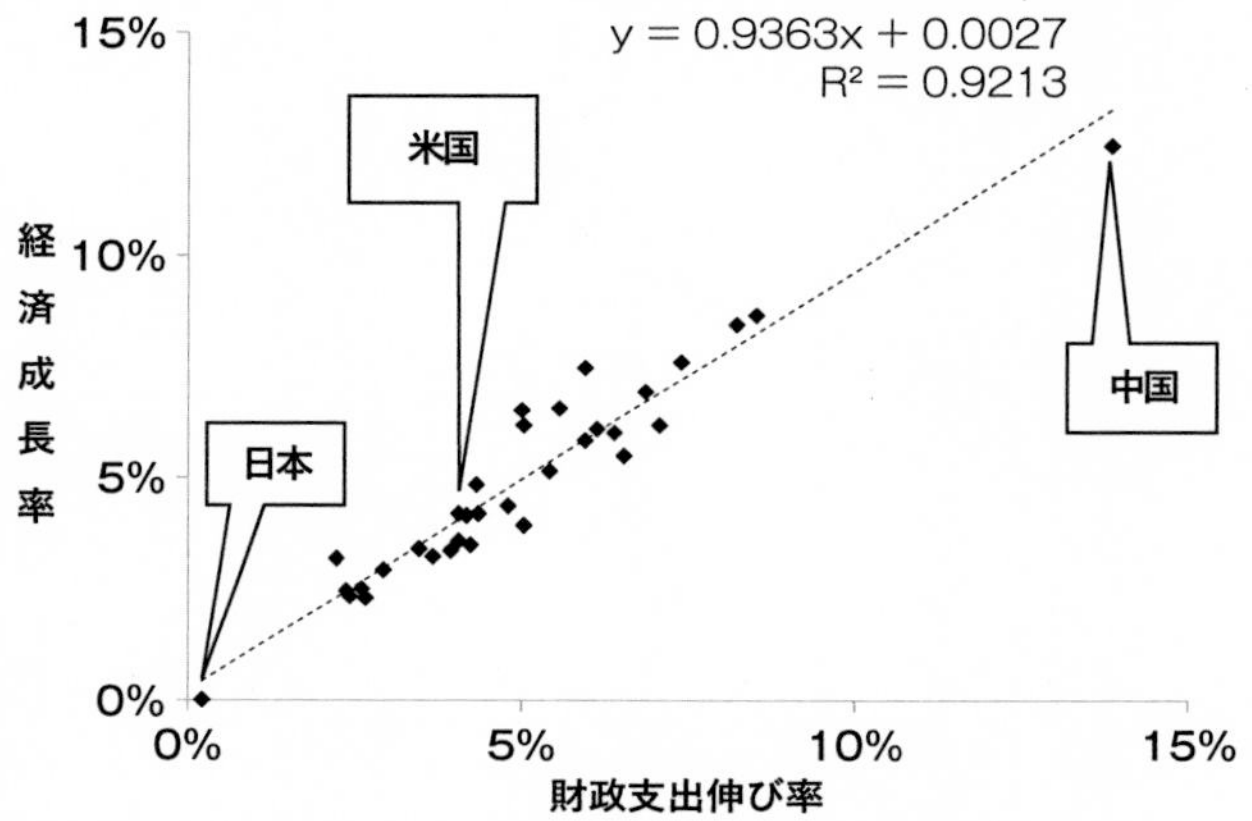

いずれも各国通貨建ての名目値伸び率。財政支出は，GDP統計上の一般政府（日本は公的部門）の投資と消費の合計。上段の数式は回帰直線（点線）の式（GDP成長率＝0.9363×財政支出伸び率＋0.0027）を，下段の数式の右辺はその決定係数を示している。
出所：島倉（2019）図表8－5を転載（データ出所は内閣府およびOECD）。

て高い相関関係が確認できる（図表2－2）。こうした事実は、財政政策を主体としたMMTの経済政策論の妥当性のみならず、「非政府部門の所得でもある財政支出の抑制は、それを原資とした民間部門の投資や消費の抑制を誘発し、結果として経済全体を停滞させる」というメカニズムを通じて、緊縮財政自体が長期にわたる日本経済停滞の主因であることを、強く示唆していると言えるだろう。

なお、新古典派経済学では、資本投入量・労働投入量・技術水準といったもっぱら供給側の要因によって長期的な経済成長を説明しようとするのが標準的な成長理論であり、我が国における規制緩和を中心とした、いわゆる構造改革に基づく経済再生論の基礎にもなっている（例えば、星／カシャップ（2013））。しかしながら、需要側に深刻な問題があることを示す長期デフレという現実を前にして、こうした議論が妥当性を持たないことは明らかであろう。

3 必要なのは、投資的財政支出の拡大を主眼とした緊縮財政レジームの打破

以上の事実認識に基づけば、1997年以降定着している緊縮財政レジームの打破こそ、早急に行うべきある。すなわち、冒頭で述べた2つの課題を解決するには、当面の需要の落ち込みに対しては多額の財政支出によってこれを補いつつ、その後も長期的な財政支出拡大ペースを（例えば、年率5％程度に）引き上げることが必要不可欠というのが、筆者の見解である。

ところが、2020年4月に国会で議決された「事業規模」117・1兆円の緊急経済対策における「純粋に、今回の新型コロナショックに対応した財政支出」がGDPの5％に満たない25・7兆円に過ぎなかったことをはじめ、2020年6月末時点での我が国の経済対策は、他の先進諸国と比べて著しく見劣りしたものとなっている。つまり、現状は緊縮財政レジームの打破とはほど遠い状況にある。

この点、「機動的な財政政策」を掲げる現在の安倍晋三政権は、財政出動にも積極的であ

ると誤解する向きも多いのだが、「機動的」が「消費税増税等を前提とした均衡財政主義」を表現したものであることは、２０１２年総選挙時の自由民主党の公約を読めば明らかである（島倉（２０１９））。

このままでは、日本経済は絶対的な意味でも相対的な意味でもさらなる衰退が進み、失われた30年が40年へと続く懸念がある。

では、仮に緊縮財政レジームを打破できたとして、どのような形で財政支出を拡大すべきであろうか。ＭＭＴは、政府自らが雇用主となり、失業者をはじめとした就業希望者をすべて一定の賃金で雇用する「就業保証プログラム」を提唱する一方で、ベーシック・インカムのような給付型の財政支出には否定的である。これは、前者が雇用水準ひいては経済全体の供給能力を高めることによって「完全雇用と物価安定」という政策目的に合致するのみならず、失業者・低所得者向けの直接的な支出によって経済的格差の縮小にも寄与する一方で、後者は人々の経済活動への参加意欲を弱めるなど、生産水準の向上を伴わない悪性のインフレを助長し、通貨の存立基盤自体を損なう傾向があるからである（Tcherneva（2007））。

そして、緊急事態宣言下のように経済活動そのものが大幅に制限された一時的な状況を別とすれば、「給付型ではなく、供給能力を直接高めるような財政支出を極力実行すべきである」という意味において、ＭＭＴの見解は、我が国の経済復興策にも妥当すると筆者は考える。ただし、就業保証プログラム自体の実現性にはさまざまな問題点があることから（島倉（２０１９））、ここでは、「雇用＝人への投資」も含めた「投資的な財政支出」を提唱したい。

「デフレ＝需要不足」の環境における「供給能力の強化」という主張は、一見奇異に映るかもしれない。しかしながら、長期にわたる国内経済の停滞によって我が国製造業の生産能力が著しく低下していることに加え、緊縮財政下での大幅な公共投資削減によって我が国の公的インフラ老朽化と建設業の供給能力低下は深刻なものとなっている（島倉（２０１５））。その結果、地震・洪水などの巨大自然災害によって我が国の供給能力は大幅に毀損するリスクが高まっている（レジリエンスの確保に関する技術検討委員会（２０１８））。今回のコロナショックでも、製造業全般の生産能力低下は、重要な医療関連物資の国内生産がままならない事態の重要な背景にもなっていると考えられる。つまり、緊縮財政による長期デフレの結果として、巨大な外的ショックにより「悪性インフレ＝供給能力不足」となる潜在的なリスクはむしろ高まっており、惰弱化した供給能力の再建が急務なのである。

供給能力再建のために拡大すべき財政支出の典型が、経済活動の基盤となる交通インフラや巨大災害時に供給能力を保全する防災インフラを構築しつつ、直接的な雇用創出効果も有する公共投資である。今回のコロナ禍も踏まえれば、「防疫インフラ」としての公的医療・保健衛生体制の拡充も、そこに含まれるべきであろう。さらに、国内生産に回帰する企業に対する投資補助金・雇用助成金や、教育・学術研究・文化事業を支援する財政支出の拡充なども、広い意味で「供給能力に資する投資的支出」に含めることができるだろう。

参考文献

岩田規久男（２０１２）『日本銀行デフレの番人』日本経済新聞出版。

島倉原（２０１５）『積極財政宣言――なぜ、アベノミクスでは豊かになれないのか――』新評論。

島倉原（２０１９）『ＭＭＴ〈現代貨幣理論〉とは何か　日本を救う反緊縮理論』ＫＡＤＯＫＡＷＡ。

自由民主党（２０１２）「Ｊ-ファイル２０１２　自民党総合政策集」自由民主党ウェブサイト　https://jimin.jp-east-2.storage.api.nifcloud.com/（閲覧日：２０２０年5月14日）

星岳雄／アニル・カシャップ（２０１３）『何が日本の経済成長を止めたのか―再生への処方箋』日本経済新聞出版。

レイ、Ｌ・ランダル（２０１９）『ＭＭＴ現代貨幣理論入門』（島倉原監訳・鈴木正徳訳）東洋経済新報社。

レジリエンスの確保に関する技術検討委員会（２０１８）「『国難』をもたらす巨大災害対策についての技術検討報告書」土木学会ウェブサイト　http://committees.jsce.or.jp/（閲覧日：２０２０年5月14日）

Krugman, Paul.（1998）It's Baaack: Japan's Slump and the Return of the Liquidity Trap. Brookings Papers. https://www.brookings.edu/（閲覧日：２０２０年5月13日）

Tcherneva, Pavlina.（2007）What Are the Relative Macroeconomic Merits and Environmental Impacts of Direct Job Creation and Basic Income Guarantees? Levy Institute Working Paper, No. 517. http://www.levyinstitute.org/（閲覧日：２０２０年5月13日）

第３節

ＭＭＴ（Modern Monetary Theory）的観点から見た新型コロナ禍経済対策の検討

一般社団法人『経済学１０１』所属翻訳者／経済研究家　望月　慎

１　はじめに

新型コロナウイルス感染症（COVID-19）の社会的な感染対策に伴う経済被害は、数兆円～数十兆円とさまざまな試算が出ており、また感染対策自体が短期間に留まらないと考えられていることから、経済的損失の長期化が広範に予想されている。もともと、２０１９年10月の消費税増税の悪影響が出ている状況下のため、まさに泣きっ面に蜂と言えよう（注１）。

そうした中で、安倍政権が執筆時点（２０１９年5月頭）に打ち出している経済対策は、１１７兆円規模という看板（執筆時点）とは裏腹に、その大部分は資金繰り融資や、納税など支払猶予（＊免除ではない）に占められており、歳出規模は（一律給付金の13兆円弱を含めて）25兆円強程度に留まる（注２）。納税猶予や融資といった施策は、当座の資金繰りの円滑化という意味では有効ではあるにせよ、損失の補填という点で不十分であろう。

また、この予算には新型コロナ禍が解決した『後』の消費喚起策などが計上されており、内閣府のステートメントでも、「消費の喚起」、「需要喚起」といった言葉が踊る（注3）。庶民の経済的安定の回復よりも、マクロの景気対策の方を単純にフォーカスするような政策決定者の意識が浮き彫りとなっていると言えよう。

不十分な財政支出が取り沙汰される一方で、新型コロナ禍に乗じる形で、日本銀行によるETF買い入れ規模は増幅しており、多くの経済学者がETF買い入れに対して擁護的に振る舞ってすらいる（注4）。経済学者の当該提言では、家計支援へはいささか消極的で、企業対策に至っては「新陳代謝」と称して廃業支援を称揚しているのに対し、ETF買い入れ増額には異常に寛容であり、このあまりに対照的な態度はもはや奇妙ですらある。

こうした論点を踏まえ、当該論考では、MMT的な経済理解をベースに新型コロナ禍とその経済対策について考察していく。

2 「財政政策に額面的な（決済上の）制約はない」という事実を踏まえる

すでに人口に膾炙していると思われるが、この事実はやはり確認しておくべきであろう。政府＋中央銀行を「統合政府」という形で大きく捉えると、財政支出は通貨発行と同義であり、一方で徴税は通貨の破壊であると「観察」される（注5）。よく誤解されるところなので留保しておくが、MMT派は「こうした金融財政制度にせよ」と主張しているのではなく、「現行の金融財政制度が実態的にこのような仕組みである」と事実記述的に論じている に過ぎない（より詳細には、中央銀行、商業銀行、財務省の間で複雑な相互取引…とくに国債の発行や売買に関して…が行われているのだが、そうしたオペレーションの詳しい解説については拙著第2章に譲る（注6））。

こうしたシステムの中で国債は、商業銀行に有利子資産を提供する（それによって準備預金を〝除去〟する）ことを通じて、銀行間市場金利を操作しようとするために発行・売買されるに過ぎない。国債は、現行の通貨・財政制度において、資金調達手段ではなく、金融政策ツールとして機能している（注7）。

上記のような現行の金融財政制度の「観察」を通じて、MMT派は現実に即した極めて妥当な結論を導いている。つまり、通貨発行権のある政府において、少なくとも自国通貨建ての支払いを行うにあたり、決済上の不履行リスクは原理的に存在し得ない。それは統合政府レベルでは、単に通貨の発行という形で遂行されるからである。

もちろん、これは財政支出の際限ない膨張が無問題であるということを主張するものではない。そうではなく、問題になるのは経済の実物生産キャパシティであって、財政赤字の額面やGDP比、累積政府債務の水準ではない、と論じている（注8）。

であるならば、新型コロナ禍対策においては、それによる財政赤字の額面の多寡は一切問題にならない。問題になるのは、それが実物生産キャパシティを過剰に超過し、高インフレを起こすか否かである。

もし抑制的な財政政策（給付金額の抑制や、融資主体の対策戦略など）を取るとしたら、それは過剰な需要インフレを回避することを目的にすべきであって、決して政府債務残高の抑制や財政収支黒字化それ自体を目標とするものであってはならない。

今回の新型コロナ禍の経済被害として問題になるのは、主に自粛措置に伴う所得の喪失である。こうした損失を補填するような財政支出であるなら、購買力は横ばいか、せいぜい微増といったところであり、急速なインフレ上昇を来たすということは、原理的に極めて考えづらい。後に詳説するが、むしろ各主体の決済能力の喪失による家計・企業の破綻の連鎖を看過する方が、よほど大きな機会費用（逸失利益）となってしまうだろう。

3 庶民の経済的安定が中長期的な生産能力と購買力を保全する

すでに指摘したように、政府内部では新型コロナ禍に伴う経済問題を単純な不景気として捉え、景況対策としての消費喚起を強調する向きが強いようだ。給付金政策に比べて比較的小規模とはいえ、新型コロナ禍終息後のクーポン配布による支援策をプッシュするというのは、悠長であるのみならず、対策としていささか的を外してしまっている印象すらある。

この経済的苦境において問題となってくるのは、企業や個人事業主などにおける所得喪失と資金繰りの困難化、および家計における（所得喪失に伴う）生活支出不足などである。消費不足による不景気というよりは、必要資金の急激な不足による事業・生活の破綻というのが苦境の本質なのだ。

この問題を理解するにあたっては、MMTにおける内生的貨幣供給理論の要諦を理解しておくことが有用になる。詳しい解説は拙著に譲るが（注9）、現代貨幣経済においては、政府支出による通貨発行と徴税による通貨破壊というサイクルと並行して、商業銀行の信用創造による貨幣創造と融資返済による貨幣破壊というサイクルが機能している（こうした融資と返済のサイクルを生産や販売に紐づけて整理して記述するのが、拙著にて解説したMonetary Circuit Theoryである（注10））。こうした商業銀行貨幣の生成－破壊のサイクルにおいては、その完遂にあたり、借り手（基本的には生産者としての企業）が生産と販売を通じて営業所得を稼得し、適宜弁済することが必要である。ところが、自粛措置による所得喪失は、当該企業の価値生産性が一切低下していないにも関わらず弁済能力を毀損し、貨幣性生産サイクルを破綻させることになる。これは総需要的な効果に留まらず、生産組織の破壊を通じて供給毀損的にも働いてしまう。そうした生産能力破壊は、後に総需要刺激があったとしても回復に時間を要し、場合によっては半永久的な喪失となる可能性すらある。

また、決済能力の（生産能力の上下と無関係な）毀損が後遺症をもたらすのは、労働者や家計においても同様である。一旦失業に追い込まれた労働者が、能力の陳腐化や人的資本蓄積の阻害などを通じて、恒久的な失業に陥る「履歴効果」は、２００７年以降の大不況の実証研究などでも取り沙汰され問題視されている（注11）。家計の困窮は、経済関連死の直接的原因となるのはもちろんのこと、構成員やその子どもの就労能力や人的資本蓄積にダメージを与えるものになり、しばしば取り返しがつかない。

先ほど論じたように、MMT的経済理解では、財政運営において重要なのは実物生産キャパシティであって、財政収支や政府債務規模ではない。こうした理解に基づけば、財政収支を気にしすぎて企業や労働者の生産能力毀損を看過することなど、まさしく言語道断ということになる。

支払能力の毀損と決済不安に陥った企業や家計を救済し、その中長期的な生産と所得を安定化させるということを旨とするなら、消費喚起という手段は（部分的に有効ではあろうが）やはり迂遠に過ぎると言わざるを得ない。クーポン配布などの事後的な消費喚起策に至ってはなおさらだ。資金繰り融資や納税猶予も支払能力毀損への対策という意味では有効な手だが、所得喪失が補填されない限りジリ貧なのは変わらない。猶予ではなく一時的な免税、雇用維持補助金や免税でカバーできない層に対しては十分な一律給付金で補完するというのが概して妥当となろう。一刻を要する局面であることを鑑みると、無条件か、あるいは簡素な条件での施行がより好ましい。また、MMT派からかねてより主張しているジョブ・ギャランティの採用があれば、こうした経済的な揺動を緩和するように機能するであろう（注12）。

さて、生産能力と購買力の安定を志向すべきという考え方に基づくと、冒頭に批判したように、ETF購入への過剰な注力もいただけない。限定的な安定化効果はあるだろうが、企業や労働者、家計の支払能力や生産能力の保護という根本のところを疎かにして資金を向けるべき分野とは到底思われない。ともすれば、キャピタルゲインを通じて金融・財政的に資本家や投資家の損失を補填しようとする格好にすら映る。もし仮に資産市場の安定化が重要だとして、それは足元の庶民の経済的安定、末端レベルでの広範な決済安定が確保された結果としてであるべきだというのがＭＭＴ派の標準的な考え方であろう。

【注】

（1）浜銀総合研究所調査部（２０２０）「ＧＤＰ速報（２０１９年10～12月期）」浜銀総合研究所 https://www.yokohama-ri.co.jp/（閲覧日：２０２０年５月９日）

（2）財務省（２０２０）「令和２年度補正予算」財務省 https://www.mof.go.jp/（閲覧日：２０２０年５月８日）

（3）内閣府（２０２０）「『新型コロナウィルス感染症緊急経済対策』について」内閣府 https://www.cao.go.jp/（閲覧日：２０２０年５月８日）

（4）小林慶一郎・佐藤主光ほか（２０２０）「【経済学者による緊急提言】新型コロナウィルス対策をどのように進めるか？―株価対策、生活支援の給付・融資、社会のオンライン化による感染抑止―」東京財団政策研究所 https://www.tkfd.or.jp/（閲覧日：２０２０年５月８日）

（5）望月慎（２０２０）『図解入門ビジネス 最新 ＭＭＴ［現代貨幣理論］がよくわかる本』28-29頁、秀和システム。

（6）望月慎（２０２０）『図解入門ビジネス 最新 ＭＭＴ［現代貨幣理論］がよくわかる本』32-35頁、秀和システム。

（7）望月慎（２０２０）『図解入門ビジネス 最新 ＭＭＴ［現代貨幣理論］がよくわかる本』30-31頁、秀和システム。

（8）望月慎（２０２０）『図解入門ビジネス 最新 ＭＭＴ［現代貨幣理論］がよくわかる本』18-19頁、秀和システム。
（9）望月慎（２０２０）『図解入門ビジネス　最新ＭＭＴ［現代貨幣理論］がよくわかる本』53-72頁、秀和システム。
（10）望月慎（２０２０）『図解入門ビジネス　最新ＭＭＴ［現代貨幣理論］がよくわかる本』66-67頁、秀和システム。
（11）Yagen, Danny（2018）Employment Hysteresis from the Great Recession.The National Bureau of Economic Research. https://www.nber.org/（閲覧日：２０２０年5月8日）
（12）望月慎（２０２０）『図解入門ビジネス　最新ＭＭＴ［現代貨幣理論］がよくわかる本』１０５-１２４頁、秀和システム。

第4節

「国の借金1000兆円」はむしろ少な過ぎである

日本経済復活の会幹事　池戸万作

1　はじめに

昨今のコロナ対策を巡って、大規模な財政出動論が活発となってきた。中には「真水で100兆円規模」の財政出動を訴える政治家も複数名現れているほどだ（注1）。その一方で、一時的に国債発行を増やすことは容認されつつも、「国の借金」はできる限り抑制しなければいけないといった声や、国債は将来世代の「増税」によって返済しなければならないので、将来世代にツケを残してはならないといった主張も未だに根強い。

本論文では、そうした主張は大いなる誤認であることを、単なる「事実」に基づいた形で述べていく。

2　「日本は世界一の借金大国である」といった事実誤認

国の借金を増やしてはならないと主張する人々は、「日本は世界一の借金大国である」と

図表2－3　21世紀の日米の政府総負債額の推移

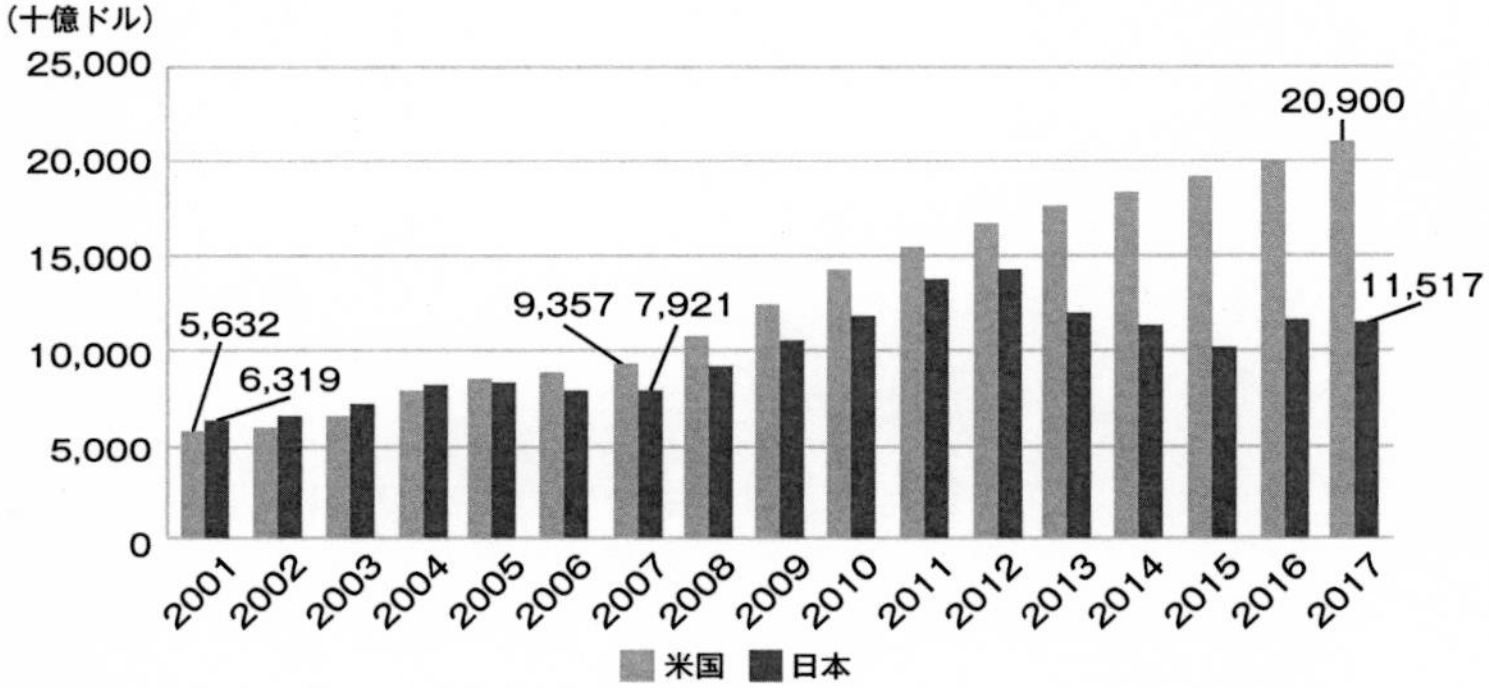

G7諸国の中でも，日本の政府総債務の増加率は低い部類である。
出所：IMF，World Economic Outlook Databaseより筆者作成。

いったことや、「世界最悪の財政状況である」といったことを述べ、これ以上、国債を発行すべきではないと述べるが、果たして、こうした主張は正しいのだろうか。

図表２－３は、日本とアメリカの政府総負債額の推移を示したグラフである。このグラフを見れば、日本が「世界一の借金大国」であったのは、21世紀初頭の話であり、２００５年にはアメリカの政府総負債額が日本の政府総負債額を上回り、日本よりもアメリカの方が「国の借金」の増加スピードが速いことがわかる。２０１７年には日本の約11・５兆ドルに対し、アメリカは約20・９兆ドル、日本円にして２２００～２３００兆円もの金額にまで、「国の借金」は毎年増え続けている事実がわかる。日本は２０１３年に、円安になったこともあるが、近年はアメリカほど膨れ上がってはいない。

債務残高の金額ベースで見れば、今や世界最悪の財政状況はアメリカなのである。また、そうした世界最悪の財政状況であるアメリカですら、いわゆる「国の借金」と呼ばれる政府総債務残高は、毎年のように増加し続けている。決して、増税などで国の借金を返済し、債務残高を減らしているといったことはない。

この点を指摘すると、「アメリカは経済成長しているから、政府負債が増えても問題はない」との反論が返って来るだろう。しかし、それは因果関係が逆なのである。正しくは、「政府負債を増やして財政出動を行うから、経済成長している」のである。

まずは、こうした事実をしっかりと押さえるべきである。次に、他の先進国とも比較してみよう。

3　G7諸国の中でも、日本の政府総債務の増加率は低い部類である

図表2－4は2001年のその国の政府総負債額を100としたG7諸国の政府負債の増加率である。この図を見ると、前述のアメリカ以上に、イギリスが急激に増加している。この17年間で実に約4・7倍も政府総負債額が膨れ上がっているのである。次いで、アメリカは約3・8倍となっている。続いてフランスが約2・5倍で、以下はカナダが215・6と2倍強。イタリアが170・3、日本が169・5で、増加推移もほぼ重なっている。ドイツが160・7と一番低く、近年は大幅な経常黒字により、政府総負債額は減少傾向にある。こうして見ると、近年のドイツ以外は、どこの国でも毎年、政府総負債額は伸び続けており、日

図表２－４　２１世紀のＧ７諸国の政府総負債の増加率

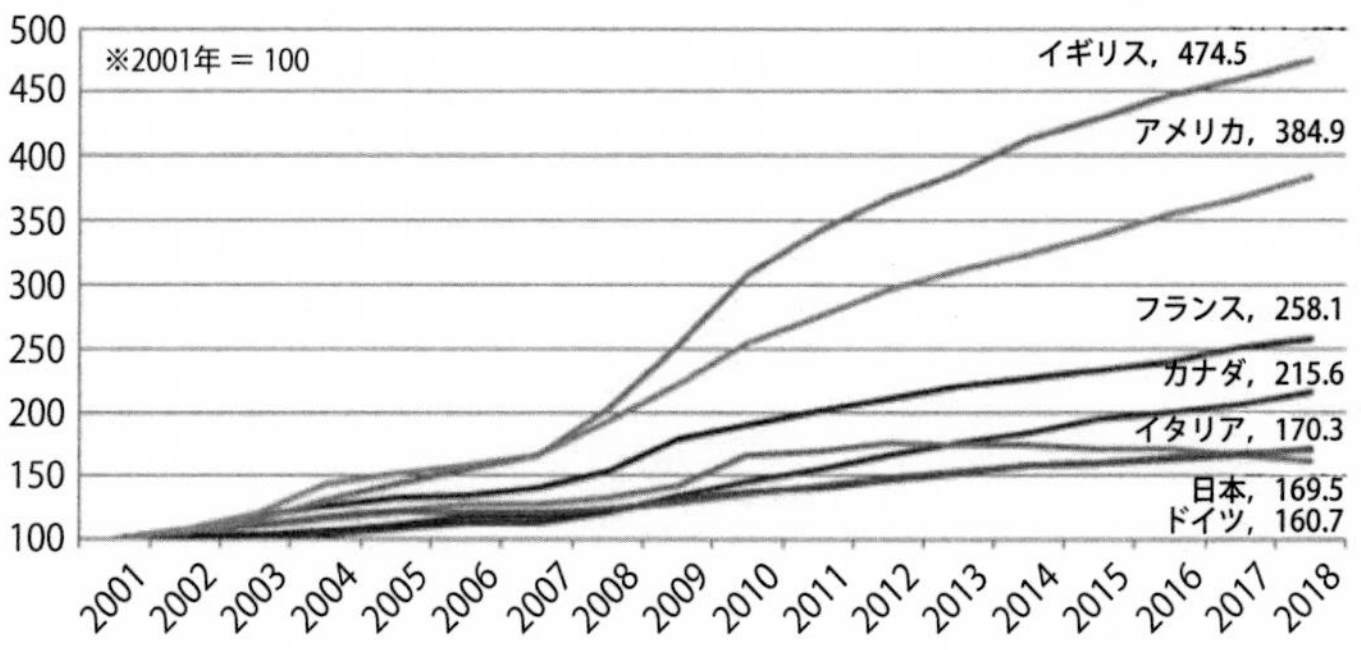

出所：IMF，World Economic Outlook Database，2019より筆者作成。

本は約１・７倍とイタリアと同程度の伸び率で、実はＧ７諸国の中でも、政府総負債の増加率が緩やかな部類の国なのである。他国は２倍、３倍と増やし、イギリスに至っては４倍以上にも膨れ上がっている。これが諸外国における政府総負債額の増加率の現状である。

これらの事実に基づくデータから、「国の借金」は世界中で増え続けていくのが当たり前だと言える。島倉原氏が作成したデータによれば（注２）、日本国内で見ても、明治維新以降、約１４０年間で、日本の「国の借金」は３７４０万倍にもなっていることを示している。明治初期と現代では、同じ１００円でもまったく価値が異なることは言うまでもない。現代の日本においては、「国の借金１０００兆円」といった金額がセンセーショナルに叫ばれているが、数十年後には１０００兆円といった金額規模も、１年間の本予算程度でしかない金額になるだろう。その頃には、日本の「国の借金」は、数京円まで積み重なっているかもしれない。

よく「将来世代にツケを残すな」と、20～30年前から言われているが、当時はまだ小学生だった正真正銘の将来世代である私から言わせれば、アメリカと同程度の２０００兆円まで、ツケを残して欲しかったぐらいだ。私のような将来世代がツケを残せと言っているのだから、もうこの主張はやめていただきたい。

このように、「国の借金」の金額自体には、何の意味もないのである。

4 「国の借金」が増えれば、「国民の預金」も増えるという事実

そもそも、この「国の借金」という言葉は適切なのであろうか。「国の借金」と聞くと、他国からお金を借りているような印象を持つ。しかし、日本国債の場合は、１００％自国通貨である、円建ての国債であり、保有者の８割は日本銀行や国内の一般銀行、保険会社である。決して、他国から借金をしているわけではないので、「国の借金」という表現は不適切であり、正しくは「政府の負債」と言うべきである。

負債に関して押さえておきたい簿記上の概念としては、「通貨は負債勘定」ということだ。私たちが普段使用する一万円札などの日本銀行券は、所有している私たちから見れば資産になるが、日本銀行からすれば、お札は「負債」となる。では、日本銀行の借金（負債）であるお札は必ず返済しなければならないものであろうか。もちろん、答えはＮＯである。もし、お札を借金だからと言って、日本銀行に全額返済してしまえば、それは日本国からお札が消えること

を意味する。このように、世の中には返済すべきではない借金（負債）も存在するのである。

では我が国のように、変動為替相場制における自国通貨建て国債はどうであろうか。ちまたの「国の借金は増税で返済しなければいけない」の声に応えて、例えば国民1人当たり10万円の人頭税をかけたとしよう。すると、日本国民は銀行振込で10万円を政府に納めなければならない。日本の人口が1億2千万人とすると12兆円の増税だ。この増税で日本国債を返済すると、12兆円分の国民の預金が減少することになる。反対に、今回の10万円の一律給付金のように、政府が12兆円分の国債を発行して国民の銀行口座に振り込めば、国民の預金が増加することになる。

このように、政府の負債増加は国民の預金増加であり、政府の負債返済は国民の預金減少となる。自国通貨建て国債の返済行為は、まさに日本銀行の負債である一万円札を日本銀行に返済することと同義なのである。であるならば、自国通貨建て国債は、実質的にはお札と同じ役割を果たしていると言っても良い。違いは利子の有無であり、政府の負債になるか、日本銀行の負債になるかの違いである。日本国債は「利子付き政府通貨」とも表現できるだろう。政府通貨であると考えれば、日本銀行券と同様に、経済成長と共に増加していくのが当然と認識できるであろう。

この事実を聞いてもなお、「国の借金は減らさなければならない」と考える論者は、まずは隗より始めよで、自らが貯えた銀行預金をお国のために差し出してはいかがだろうか。国の借金返済とは、国民の銀行預金の減少なのであるから、返済論者が自ら率先して行うべきである。無論、筆者は政府の負債を増やし続けよといった立場なので御免被りたい。

5　国債発行の唯一の制約は「インフレ率」である

前節では国債発行が国民の預金の増加につながると述べたが、だからと言って、一度に大量の国債を発行できるわけではない。例えば、国民1人当たり10億円、合計12京円もの国債を発行し、国民に給付したら、ハイパーインフレになってしまうだろう。対して、今回の10万円給付程度では、まったくインフレにならないと予測される。つまり、国債発行の制約は「インフレ率」であり、給付の適正額は1人10万円から10億円の間にあると言えるだろう。インフレ率に関しては多くの国々で2％前後となっており、安倍政権成立当初は、日本もインフレ率2％を目標にしていた。その目標をいつまで経っても達成できないのは、ひとえに国民への給付金額が足りないからである。

さて、コロナ対応における適切な政府支出の規模として、昨年の日本の名目ＧＤＰは約550兆円であったが、この金額を基準にするのが適正であると私は考える。ブルームバーグの記事によれば（注3）、今回のコロナ大恐慌により、日本のＧＤＰは年率換算で25％もダウンするとの試算が出ている。550兆円の25％であるから、通年になれば137.5兆円もの所得を失うことになる。この所得の減少予測を踏まえれば、複数の政治家の主張通り、100兆円規模での政府支出は必要になるであろう。そして、この程度の金額であれば、昨年分のＧＤＰを維持するだけであるのだから、急激なインフレも起き得ないのである。何度も言うように、国債発行の制約は金額ではなく、インフレ率にあるのだから、今は大胆な政府支出が必須なのである。さもなければ、日本のＧＤＰは４００兆円前半まで落ち込み、再デフレとなって、失われた30年、40年と時を重ねることになるであろう。

6　税金は国の財源ではなく、インフレ抑制と格差是正のためにある

最後に、今後「コロナ増税」が各所で主張されるであろうから、あらかじめ釘を刺しておきたい。これまで述べてきた通り、財源は国債発行であり、国債発行残高は未来永劫増え続けるのが当然である。その発行制約はインフレ率になる。であるならば、税金は取らずに、全額国債発行で無税国家も可能ではないかと指摘する者も多くいるだろう。私自身の回答は「仰る通り」である。インフレ率が高まるまで、日本での無税国家は理論上可能である（注４）。税金とは、決して財源調達のための手段ではなく、インフレを抑制するために取るのである。また、いわゆる景気調整のビルトインスタビライザー機能や所得格差を是正するために取ると言っても良いだろう。

この点を踏まえると「コロナ増税」はナンセンス極まりない。これまで述べたように、国債発行残高が増え続けることは世界中で起こっていることであり、インフレ率が高まらない限り、何も問題のないことである。また、増税とは国民の預金を減少させる行為である。よほどの高インフレ期であれば良いが、コロナ大恐慌によって再デフレが懸念される状況下では不適切で

ある。そもそも不況期には増税ではなく減税を行うものであると、誰しもが中学生の時に公民の授業で習ったはずだ。コロナ増税論者は、この経済の基礎中の基礎を振り返るべきなのである。

突き詰めると、税金とは、金本位制、固定為替相場制度下での「名残」なのである。この制度下では、国（中央銀行）は自由に通貨を発行することができない。だから、政府は財源調達のために、国民に税金を課すのである。翻って、現在は管理通貨制度で、変動為替相場制であるから、国は自由に通貨を発行することができる。そして、インフレ率が高まらない限りにおいて、通貨発行を国の財源とすることが可能なのである。

このたびのコロナの世界的な大流行という歴史的転換点において、通貨発行の概念も大きく転換できた国が今後伸び、50年前の金本位制度下のままの概念でいる国は衰退するであろう。これからの時代を生きる「将来世代」として、日本政府が前者を選択するよう、尽力を果たしていきたい限りである。

【注】

（1） 昨年、れいわ新選組を立ち上げた山本太郎代表を皮切りに、自民党の若手議員が主体となった議員連盟である「日本の未来を考える勉強会」の安藤裕代表や、国民民主党の玉木雄一郎代表も主張している。

（2） MONEY VOICE 日本経済に「無茶で危険なダイエット」を勧めるPB黒字教徒の狂気＝三橋貴明氏の記事中で紹介。https://www.mag2.com/

（3） 日本の4-6月期GDP予想、マイナス25％に下方修正－ゴールドマン https://www.bloomberg.co.jp/

（4） 日本の「無税国家」化はすでに可能である。https://note.com/researcherm/

第5節

ポジショントークからの脱却

Pictet Asset Management（Japan）Ltd　髙橋未来

1　公的フェイクニュース

政府は２０２０年４月、「新型コロナウイルス感染症緊急経済対策」を決定した。そこで高らかに宣伝されたのは「事業規模１０８兆円」という数字である。安倍総理大臣は当時の記者会見において、「ＧＤＰ（国内総生産）の２割に当たる事業規模１０８兆円、世界的にも最大級の経済対策を実施することといたしました」と述べ、その規模の大きさを強調していた（注1）。しかし、これははなはだミスリーディングである。「事業規模」の中には民間金融機関による融資や、昨年12月時点ですでに決定していた消費税対策予算の未執行分も含まれており、決して「政府による追加の財政支出が１１７兆円」あるわけではない。それどころか、実際の国債発行額はわずか25・６兆円にすぎず（注2）、これはＧＤＰの５％にも満たない。すでに3兆ドルの財政出動を行っている米国の場合、この数字は15％にまで跳ね上がるので、比べるまでもない（なお、「事業規模」という概念は非常にあいまいなので正確な比較は難しいが、例えば米国はこの財政出動のほかに、ＦＲＢ（米連邦準備制度理事会）

が民間に直接供給できる資金として4兆ドルを確保しており、財政出動と合わせた総額ではGDPの3割を超える）（注3）。「世界的にも最大級の経済対策」というのは、はっきり言ってしまえばフェイクニュースだ。

ではなぜ、政府はこのようなフェイクニュースを流すのか。その根底には、「事業規模」というあいまいな言葉を用いて「財政支出を実際よりも大きく見せたい」という心理がある。すなわち「本当は、あまり財政出動はしたくない」ということだ。

2　公的ポジショントーク

金融市場では、相場が自らのポジションに対して有利に動くことを期待した発言をすることを「ポジショントーク」と呼ぶが、「事業規模108兆円（補正後117兆円）」と喧伝してあたかも財政出動がGDPの2割に達するかのような誤解を与えかねない表現を用いるのは、まさにポジショントークである。この場合、政府が保有する「ポジション」とは、端的に言えば支持率である。政府は実際の財政出動よりも大きな金額を掲げることで、自分たちの支持率が上昇することを期待している。しかし、金融市場におけるポジショントークがたいていすぐに見透かされてしまうように、政府による公的ポジショントークもまた、すぐに足元を見られることになるだろう。現に、一部有識者からは当初より「政府による財政出動はまったくもって不十分」という指摘がなされている（注4）。

3 「国の借金」報道の虚構とMMTの台頭

ところで、政府はなぜ、ポジショントークをするほど財政出動に消極的なのだろうか。

日本では一般に、「新規国債発行を伴う財政出動は、国の借金を増やす悪い政策である」と受け止められている。5月には財務省が、3月末時点での「国債及び借入金並びに政府保証債務現在高」を公表し（注5）、それが1、140兆円あまりであることが明らかになったが、これをもって主要メディアは一斉に「国の借金1、140兆円」と報じた。なるほど、確かに「借金が1、140兆円もある」と聞けばそれは大変なことのように思えるが、この認識は正しくない。自国通貨建て国債を発行できる我が国において、国債発行残高とは単なる「貨幣の発行記録」にすぎない。だいいち、「自国通貨建て国債のデフォルトはあり得ない」ということはほかでもない財務省が認めているところであり（注6）、「国債の発行残高が増えると財政破綻する」というのは嘘である。しかし、ひとたびそれを認めてしまうと、「日本の財政状況は厳しいから消費税の増税が必要だ」という従来からの主張の誤りを認めてしまうことにもなるので、財務省も引くに引けなくなっているのだ。そこにきて、「インフレ制約下において、自国通貨建て国債を発行できる国はいくらでも財政赤字を許容できる」と主張する「現代貨幣理論（MMT）」の台頭は頭が痛いところであろう。

MMTはしばしば、「財政赤字を無限大に拡大できるなんて暴論だ」と異端扱いされるが、

ＭＭＴでは上述の通り「財政赤字の規模はインフレの制約を受ける」としており、「財政赤字を無限大に拡大できる」とは主張していない。そもそもＭＭＴの根本は「政府債務が民間貯蓄を創造する」という「事実」の指摘であり、「インフレ制約下において財政赤字は問題にならない」というのは派生的な議論でしかない。そして、「政府債務が民間貯蓄を創造する」というのが紛れもない「事実」である以上、この議論はどんなに異端に見えても正しい。

4　財政支出で金利は上がらない

政府による財政出動を否定する人々はしばしば、それが「金利の高騰を招くことで民間の投資を阻害するクラウディングアウト効果を持つ」と指摘する。しかしＭＭＴでは、「政府の財政赤字は銀行預金と準備預金の純増をもたらすので、財政赤字は銀行を超過準備の状態にする可能性が高い。何もしなければ、銀行は翌日物金利を競って低下させるだろう。つまり、財政赤字の最初の効果は、金利を（上げることではなく）下げることである」と反論する（注7）。これもまた、「政府債務が民間貯蓄を創造する」という前提を知っていれば直感的に理解できる。

そもそも、日本は長らく金利（物価）が上がらない「デフレ」に苦しみ、いまそれに追い打ちをかける形でコロナショックという「需要」を消失させる事象が起きてしまっているわけであり、「金利の高騰」を心配して財政出動を抑制するというのはまったく論理的でない。

さらにはその「金利の高騰」に関しても、ＭＭＴの提唱者でもある経済学者のランダル・レイは、「実のところ、経済学者にとって、年率40％未満のインフレ率から経済への重大な悪影響を見出すことは困難である」と指摘している（注８）。

5 今こそ「クレイジー」な政策と…

ＭＭＴはしばしば「異端」で「クレイジー」と評価されることがある。しかし、日本においてはおよそ30年もデフレが続いてきたことこそが「クレイジー」なのであり、そこから真に脱却したいと望むのであれば、「財政赤字を（インフレ制約下において）どこまでも拡大させる」という一見「クレイジー」な政策による対応が求められるのは当然のことである。

日本経済は昨年10月の消費増税によって、ただでさえ昨年10〜12月期のＧＤＰが年率換算でマイナス７・１％と大幅な落ち込みを記録していた。そこに追い打ちをかけたのがコロナショックである。国全体が需要の著しい落ち込みに直面しているいま、求められるのはまさに「財政赤字を大幅に拡大させる」政策である。

経済とは生き物であり、「いついかなるときも正しい経済政策」というのは存在しない。例えば「財政赤字を拡大すべき」という主張も、日本が需要超過で空前の好景気に沸いている状況であれば否定される。しかしその一方で、「政府債務が民間貯蓄を創造する」というＭＭＴの理論的支柱については、現代資本主義において「いついかなるときも正しい」。だからこそMMTは、政策ではなく「現代貨幣『理論』」なのである。その理論に即し、経済の状況に応じて臨機応変な政策を打ち出すことこそが、「政治」に求められる本来の役割なのではないだろうか。

では、実際にいまはどの程度の財政出動が必要なのであろうか。

日本経済センターがまとめたところによると、2020年のGDPは1－3月期が前期比マイナス0・9％、4－6月期が前期比マイナス8・4％と予測されている（注9）。この予測を踏まえると、4－6月期のGDPは年換算で500兆円弱にまで落ち込んでしまうことになる。これは、昨年7－9月期の558兆円と比較すると実に58兆円ものマイナスである。したがって、少なくともこれだけの規模（60兆円）の財政出動は必要であろう。

日本銀行は4月27日に行われた金融政策決定会合において国債買入れに設けていた「80兆円をめど」とする文言を撤廃し、「必要なだけ積極的に買い入れる」とした。黒田日銀総裁は「中央銀行としてできることは何でもやる」と力強く表明している（注10）。政府による財政出動の足を引っ張るものは、もはや「国債発行は国の借金であり悪である」という間違った思い込み以外に見当たらない。

6　ポジショントークからの脱却を

新型コロナウイルス感染症はいつ収束するかわからない。もしも思ったより早く収束し、経済も元どおりになった場合、大規模な財政出動を行うと、それが必要以上に経済を刺激してしまうことになるかもしれない。しかし、そうなったら後から税金という形でいくらでも回収することができる。その一方で、もし感染拡大と経済の低迷が長期化し、それに比して財政出動の規模が足りなかった場合、いま550兆円の富を生み出すことができている日本経済の供給能力が長期的に毀損されてしまう可能性がある。一度失われた供給能力を後から取り返すことは容易ではない。そもそも今は需要が不足する「デフレ」に苦しんでいるときなのだから、多少の景気の過熱を心配するよりも、長期的な供給力が毀損されるリスクの方を心配するべきだ。

ポジショントークで得られるものは、ごくごく短期的で投機的な利益でしかない。未来永劫存続することを前提とする国家運営において、投機的利益に執着する政策運営を行うことほど愚かなことはない。政府が正しいマクロ経済認識のもと、これまでの緊縮的な行動を抜本的に変えることこそ、日本の未来を切り開く唯一の道である。

※本稿は、執筆時点（5／18）で入手可能な情報とデータに基づいている。

【注】

（1） 首相官邸（2020）「新型コロナウイルス感染症に関する安倍内閣総理大臣記者会見」https://www.kantei.go.jp/

(2) 内閣府（2020）「新型コロナウイルス感染症緊急経済対策～国民の命と生活を守り抜き、経済再生へ～（令和2年4月7日、令和2年4月20日変更）」https://www5.cao.go.jp/
(3) 日本経済新聞（2020）「FRB、企業に直接資金の異例策　社債購入・融資に4兆ドル」https://www.nikkei.com/
(4) 高橋洋一（2020）「「10万円」だけでは弱い…安倍政権はなぜ「休業補償」をしないのか」https://gendai.ismedia.jp/
(5) 財務省（2020）「国債及び借入金並びに政府保証債務現在高（2020年3月末現在）」https://www.mof.go.jp/
(6) 財務省（2002）「外国格付け会社宛意見書要旨」https://www.mof.go.jp/
(7) レイ、L・R（2019）『MMT　現代貨幣理論入門』（鈴木正徳訳）東洋経済新報社、233頁より引用。
(8) 『現代貨幣理論』445頁より引用。
(9) 日本経済研究センター（2020）「短期経済予測」https://www.jcer.or.jp/
(10) 日本銀行（2020）「総裁記者会見要旨」https://www.boj.or.jp/

第6節

行財政を家計簿で考える愚

川崎市議会議員　三宅隆介

1　政治行政の目的は経世済民

中国武漢発祥の新型コロナウイルス問題は、ついにＷＨＯ（世界保健機構）がパンデミックを宣言するに至り、感染拡大を阻止するため主要国の経済活動は停止状態となった。各国ともに今年度の名目ＧＤＰは急激に縮小し、物価は下落し失業率は上昇するだろう。当然のことながら社会全体としての生産活動が滞ることから、投資も消費も相乗的に縮小して賃金も下落していくにちがいない。今や世界は大恐慌の入口に立っているといっていい。

とりわけ我が国の場合、他の主要国とは異なりコロナ不況だけが国民経済に打撃を与えているわけではない。

よく言われているように、政府の頑なな緊縮財政政策によってデフレ経済（需要縮小経済）は一向に払拭されず、悪魔の税金とも言われる「消費税」の税率がたびたび引き上げられてきた。

例えば、家計消費をみると、２０００年以降、税率が引き上げられるたびに実質消費支出は L 字型に下降し続けており、２０１９年10月に税率が10%に引き上げられたことで、10～12月の実質ＧＤＰはなんと前期比でマイナス７・１％（年率換算）にまで落ち込んだ。

また、２０１４年４月の消費税増税（５％→８％）以降の景気動向指数をみると、指数的にはわずかながらも景気は上向きはじめていたが、２０１７年秋にはすでに山を超え、それ以降は明らかに景気が低迷していたにもかかわらず、政府は容赦なく消費税率を10%にまで引き上げた。そこにさらにコロナ不況の大波が襲いかかっているのである。

各企業の研究機関が経済的損失をさまざまに試算しているが、２０２０年９月末までのＧＤＰ損失は最低でも２割以上と想定するのが相場のようだ。とすれば、日本経済は少なくとも１００兆円以上の需要不足が生じることになる。

私の地元では、こうした惨憺たる経済環境から、これを機会に店をたたみ閉業しようとする事業者もおられる。ただ、辞められる事業主はまだいいほうで、それ以外には何の収入もなく、家賃の支払いや負債を返済するために辞めるに辞められない、という事業者や就業者が大勢いることを忘れてはならない。

政治の目的は経世済民（経済の語源）である。すなわち、世を経（おさ）める政府は、民を済（すく）わねばならない。

まさに今、政府はその機能を最大限に発揮すべきときである。

2　政府が持つべき正しい貨幣観とは

ここでいう政府には2つある。1つは中央政府、2つには都道府県や市町村や特別区などの地方政府（地方自治体）だ。ちなみに行政的にはこの2つを合わせて「一般政府」と呼ぶ。同じ政府でも、いわば前者は親会社であり、後者は子会社と思っていただければいい。最大の違いは中央政府には通貨発行権があるが、地方政府にはそれがないことだ。

世間一般ではなかなか理解されないことではあるが、実は通貨発行権を有する中央政府には、インフレ率（物価上昇率）が許すかぎり公債発行（財政支出）に上限はない。一方、通貨発行権を有しない地方政府には当然のことながら公債発行（財政支出）には上限がある。

また、地方政府の財政運営には『地方自治法』『地方財政法』『地方財政健全化法』などの法的な縛り（制約）がかけられている。

例えば、『地方財政法』は自治体の起債に制限をかけており、『地方財政健全化法』は、その自治体の財政規模に占める赤字の比率を何％にしなさい、あるいは全会計（普通会計と特別会計）の実質赤字を財政規模の何％までに抑えなさい、というようにさまざまに規定している。こうした規定に従えない場合、むろん制裁が科せられる。

加えて、━実はこのことが最大の問題であるのだが━多くの自治体の長、財政当局、そして地方議会の議員が、おカネを「金属主義・商品貨幣」という誤った貨幣観で捉えていることが多い。しかしながら、現代貨幣理論（MMT）が示しているように、おカネは「債権債務の記録媒体」であり「負債の一形式」にすぎないのである。

例えば財布の中にある千円札をみてほしい。そこには「日本銀行券」と記されている。要するに「千円札」は日本銀行が発行した負債（借用証書）であり、それを所持することで、所持するものが日本銀行に対し千円の債権を有することを表券しているのである。しかも日銀がおカネという負債を発行するとき、金や貴金属など何らかの価値を持った商品を担保（裏付け）にして発行しているわけではない。では、何を担保に発行しているのだろうか。実は中央政府が発行した国債という借用証書を担保としている。では、その中央政府は何を担保に国債を発行しているのか。これまたなかなか理解されにくいことではあるが、中央政府は何の担保もなしに国債を発行できるのである。前述した通り、唯一の制約はインフレ率（物価上昇率）だけで、物価変動に大きな影響を与えないかぎりにおいて、中央政府（日銀）の通貨発行（国債発行）に上限はない。このことから、中央政府の国債発行残高とは、要するに中央政府の通貨発行残高にすぎないことが理解できる。

行財政を運営するにあたり、こうした正しい貨幣観を有するか有しないかの違いは極めて大きい。

なぜなら、「金属主義・商品貨幣」でおカネを理解してしまうと、どうしても行財政を「家計簿」で発想してしまうことになるからである。通貨発行権のない家計にとって借金は悪であるが、通貨発行権を有する、というより通貨（負債）を発行しなければならない中央政府にとって借金は悪ではないのである。

3　地方自体は常に緊縮財政

さてそこで、通貨発行権を有しないという点で家計と同様の地方政府にとって、借金は悪なのであろうか。

地方政府には税収という確実な収入源があり、税収は基本的にその地域のＧＤＰに比例する。川崎市の場合、とくに顕著なのだが、税収は市内ＧＤＰに相関している。ＧＤＰを拡大することで税収が増えるのであれば、ＧＤＰが拡大するための市債発行（借金）は善のはずだ。ところが、法的かつ制度的な制約、加えて地方行政にかかわる政策責任者や地方議員の圧倒的多数が誤った貨幣観を持っているがゆえに問答無用で借金は悪だとされている。

例えば、各自治体は発行した公債を償還するための将来財源として、毎年、一定財源（発行債の３％）を「減債基金」として積み立てることが制度的に義務づけられている。ところが川崎市の場合、日本経済の長引くデフレ化で税収が伸び悩む一方、年々高まっていく行政ニーズに対応していかなければならないことから、この減債基金を取り崩して予算を編成するケースが増えている。とはいえ、財政当局は税収見込みを低め低めに見積もって予算を編成していることもあり、結局は決算ベースで使うことなくそのまま減債基金に戻しているケースが多い。むろん、減債基金に戻せない年度もあるが、そのことで市債償還に支障をききたしたことなど一度もない。現に川崎市債の市場金利は0・01%という顕微鏡で見なければ確認できないほどの極めて低い水準で市中消化されている。

しかしながら、家計簿財政派の議員たちは、この減債基金を取り崩しての予算編成が気にいらない。ゆえに「減債基金を取り崩しての予算編成は極めて不健全だから、もっと歳出を抑制しろ」と執拗に財政当局に対して緊縮を迫ることになる。財政当局にしても結局は家計簿財政を旨としていることから「はい、わかりました」と実に聞き分けがよく、一層の緊縮財政が続いていくことになる。

以上のような理由から、ほとんどすべての自治体において家計簿顔負けの厳しい緊縮財政政策が採られているのが実状なのである。

4 日銀は地方債を購入せよ

1998年以来、我が国は国民を貧困化するデフレ経済に突入しているが、いったんデフレに突入してしまうと、政府部門が財政支出を拡大して需要不足を埋めないかぎり、絶対にデフレは解消されない。2020年となった今なお、日本経済がデフレを克服できないのは中央政府の緊縮財政にあるのだが、国家予算のおよそ7割は地方政府(地方自治体)を通じて執行される。しかしながら、前述の通り、その全国の地方自治体もまた乾いた雑巾をさらに搾り取るような緊縮財政を断行しているのだからデフレ経済を克服できるはずもない。

なお現在、中央銀行である日本銀行は、デフレ脱却を目的に量的金融緩和の一環として市場から国債やＥＴＦ（上場投資信託）などを購入している。ところが、例によって中央政府が国債の発行を抑制しているため、すでに市中国債は底をつき、日銀による量的緩和は事実上終了している。

さて、そこでもしも日本銀行が、市中銀行から国債やＥＴＦではなく川崎市債を購入したらどうなるか。

日本銀行もまた地方政府と同様に中央政府の子会社であることから、統合政府決算（グループ決算）により、日銀の「債権」と川崎市の「負債」は相殺され、事実上、川崎市の市債償還義務は消滅する。すなわち「借金がチャラ」になるのである。つまりは、減債基金の積立に固執することにほとんど何の意味もないことを家計簿財政派は知らない。

現代貨幣理論（ＭＭＴ）によれば、政府部門（中央政府と地方政府）の赤字収支が民間部門（家計や企業）の黒字をつくるという。

であるならば、経済対策は、中央政府や地方政府がどれだけ収支を赤字にできるかにかかっている。前述の通り、１００兆円規模の需要不足が見込まれているにもかかわらず、中央政府の補正予算（国債発行）はたったの25兆円だった。その補正予算を受けて、地方政府たる川崎市においても事業規模２、２００億円の「緊急経済対策」が発表された。だが、残念ながら２、２００億円のうち、川崎市の真水（財源の持ち出し）はわずか52億円で、事業規模のたった２・４％にすぎなかった。なんと市債発行額に至ってはゼロである。

中央政府はこれ以上の国債を発行する気がないのであれば、ぜひとも川崎市債をはじめ、全国の地方自治体が発行している地方債を日本銀行に購入させてほしい。

地方債の中には「臨時財政対策債」など歳入不足を補填するための地方債が含まれるので、これらすべてを購入した場合、地方行政のモラルハザードを懸念する意見もあるかもしれない。しかし今は緊急事態なのである。せめて防災や医療関連など、まさに国民生活に直結する分野への投資に専念している自治体の地方債だけでも、何らかの基準をつくり一律に購入するスキームをつくってほしい。それが実現すれば、多くの自治体財政に余裕が生まれ、地域の実状に応じた歳出拡大の道がひらかれる。

第７節

持続化給付金制度拡充等による中小企業の支援を

金融評論家（元金融機関支店長）山道雅範

1　はじめに

コロナウイルス感染症の収束後に、経済の立て直しを図るためには、まず、物やサービスを提供する現在の供給能力が維持されていることが前提となる。とりわけ日本において企業数の99・７％を占める中小企業について、倒産・廃業を回避し、雇用の維持と事業の継続がなされていて、コロナウイルス感染症収束後に内需を中心とした反転攻勢が可能となる。

このまま抜本的な支援策がないと、約６割の中小企業が倒産・廃業するとの報道もあり、今、急がれる中小企業への支援策について述べていきたい。

2　金融支援の問題点

(1)不確実性の中での借入・返済計画

今回の第一次補正予算の経済対策117兆円において、「雇用の維持と事業の継続」のた

図表2－5　売上高と利益・赤字

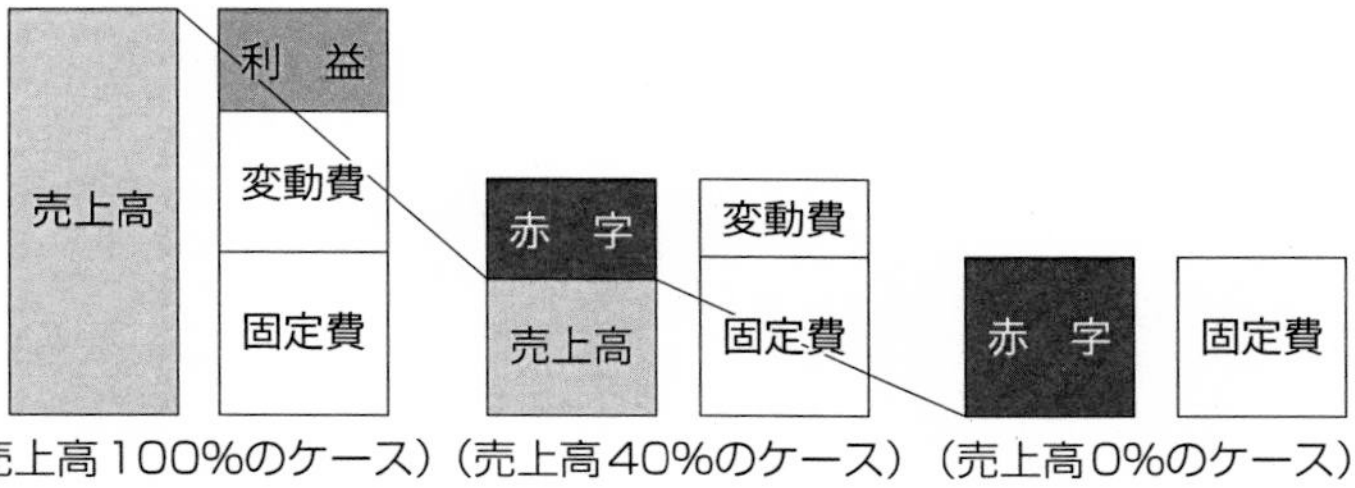

（注）固定費：家賃・地代，人件費，水道光熱費（基本部分），減価償却費，利息など
変動費：原材料費，水道光熱費（変動部分）など

めの金融支援として財政投融資9・7兆円の予算が確保されている。

これにより、日本政策金融公庫（以下「公庫」）などに、中小企業（中小企業、小規模企業者、個人事業主）を対象にコロナウイルス感染特別貸付（一定期間の無利子、無担保の融資制度で運転資金15年以内など）（以下「特別貸付」）が手当てされた。

金融支援は、当面の倒産・廃業を回避する緊急避難的な措置であるが、コロナウイルス感染症の収束が見えない中での特別貸付であり、借り手と貸し手にとって不確実性のリスクが伴う。実務上、借り手は売上高が減少し、返済見込みが立たない中で赤字見合い資金の借入れをし、貸し手も借り手の過去の返済能力から融資判断せざるを得ない。

当然ながら売上高の減少額によって赤字幅が大きくなる。仮に売上高がゼロになると固定費がそのまま赤字額となるが、これは休業要請に基づき休業しているケースである。

一般的には必要な借入額は赤字額となるが、売上高が損益分岐点を超え、元の水準へ復元し、返済財源であるキャッシュフロー（税引後の償却前当期利益）が確保できるようになって借入金の返済は可能となる。その場合でも、借入額／キャッシュフロー（税引後の償却前当期利益）＝返済期間となり、返済期間は長期にわたることが想定される。

(2) 想定されるリスク

① 返済可能なケース

借入・返済計画通り売上高が復元し、利益が確保できるようになると返済も可能となる。しかし、借り手にとっては、本来であれば発生しなかった赤字見合い資金の借入金であり、更新投資、棚卸資産などに回るべき利益が長期にわたり特別貸付の返済に回ることになり、借入過多として財務内容は悪化し、倒産リスクが潜在化する。

② 返済不能なケース

コロナウイルス感染症の影響が長期化し、返済計画の大きな変更を余儀なくされるケースも想定される。売上高の復元に数年かかり返済財源が確保できない場合、返済不能となる。その場合、事業継続そのものが不可能となり、倒産リスクが顕在化し、従業員の解雇や、公庫などの貸し手にとっては貸倒損失が発生する。

図表2−6

支援形態	現行制度の手当	支援対象	予算規模
金銭贈与	持続化給付金の拡充	赤字の補填	10兆円から40兆円程度
資本注入	現行なし，ファンドの造成	自己資本の増強	2兆円程度
緊急貸付	特別貸付（公庫等）の増額	資金繰り支援	9.7兆円から随時増加

3　対応すべき政策

(1) 支援形態

金融支援のみでは資本力が脆弱な中小企業の多岐にわたるリスクに対処できないことから、支援形態は、金銭贈与、資本注入、緊急貸付の3段の構えとすべきである。

(2) 持続化給付金制度の拡充

今回の経済対策として創設された「持続化給付金」（給付条件は売上高の50％以上の減少、個人事業主1百万円以内、中小企業2百万円以内）について、赤字補填の金銭贈与の枠組みとして整理し、特別貸付の条件に平仄を合わせた以下の制度設計とすべきである。

＜新たな持続化給付金の条件＞

・対象者　売上高が5％以上減少した中小企業、小規模企業者、個人事業主

・給付額　中小企業は3億円以内、小規模企業者、個人事業主は

60百万円以内として当期の赤字額

・給付時期　当該年度に発生した赤字額を申請し、翌年度に一括支払い

これは、地方自治体の休業要請により休業した場合の固定費の補償を含んでいることから休業補償の意味合いもある。なお、特別貸付の借り手にとって返済財源が確保されることで、借り手と貸し手双方のリスクが大きく軽減される。これにより借り手は機動的な借り入れが可能となり、これに応じて特別貸付の融資枠も随時増加させる必要がある。

なお、売上高への影響が小さく特別貸付を借入していない中小企業にとっては、赤字により毀損した自己資金の復元により、財務内容は改善する。

(3) 資本注入のための「事業継続ファンド」(仮称) の造成

一定規模の中小企業によっては売上高の減少が継続し、自己資本を毀損する場合が想定される。この場合、「事業継続ファンド」(仮称) による資本注入 (優先株式または劣後ローン) (注1) により直接的に自己資本増強の支援を行うことも考えておく必要がある。

4　具体的な事例（詳細は図表2－7、図表2－8、図表2－9を参照）

＜年商5億円の中小企業の事例＞

売上高5億円、経常利益35百万円、自己資本比率16・7％、業種：飲食業

総資産は300、000千円とし、特別損益や配当は単純化のため想定していない。法人税率は15％と置いている。

この事例において、売上高の減少、優先株式や持続化給付金の支援がない場合、支援がある場合に財務内容（損益、自己資本）にどのような影響があるか検証したい。

（1）売上高100％のケース

損益分岐点売上高は固定費／（1－（変動費／売上高））で求めることができ、このケースの場合、損益分岐点売上高は428、571千円となる。売上高100％の通常の場合は黒字経営が可能で、財務内容も健全である。しかし、コロナウイルス感染症の影響で売上高が損益分岐点売上高を下回ると赤字経営に転落する収益構造となっている。

（2）売上高60％のケース

売上高が60％まで減少すると、売上総利益（粗利）で販売管理費を補うことができず、営

図表2－7　損益の状況

（単位：千円）

	変動	固定	売上高100%	売上高60%	売上高80%		
					①支援なし	②優先株式	③持続化給付金
売上高	-	-	500,000	300,000	400,000	400,000	400,000
売上原価			250,000	152,000	201,000	201,000	201,000
原材料費	○		200,000	120,000	160,000	160,000	160,000
水道光熱費			50,000	32,000	41,000	41,000	41,000
使用料	○		45,000	27,000	36,000	36,000	36,000
基本料		○	5,000	5,000	5,000	5,000	5,000
売上総利益	-	-	250,000	148,000	199,000	199,000	199,000
販売管理費			205,000	185,000	195,000	195,000	195,000
人件費			150,000	130,000	140,000	140,000	140,000
派遣・パート	○		50,000	30,000	40,000	40,000	40,000
正社員		○	100,000	100,000	100,000	100,000	100,000
減価償却費		○	15,000	15,000	15,000	15,000	15,000
家賃		○	25,000	25,000	25,000	25,000	25,000
リース料		○	15,000	15,000	15,000	15,000	15,000
営業利益	-	-	45,000	-37,000	4,000	4,000	4,000
営業外収益	-	-	0	0	0	0	47,000
雑収入（給付金）			0	0	0	0	47,000
営業外費用	-	-	10,000	10,000	10,000	10,000	10,000
支払い利息		○	10,000	10,000	10,000	10,000	10,000
経常利益	-	-	35,000	-47,000	-6,000	-6,000	41,000
税引前当期利益	-	-	35,000	-47,000	-6,000	-6,000	41,000
法人税（%）			5,250	0	0	0	6,150
税引後当期利益			29,750	-47,000	-6,000	-6,000	34,850

図表2－8　自己資本の状況

（単位：千円）

	売上高 100%	売上高 60%	売上高 80%		
			①支援なし	②優先株式	③持続化給付金
自己資本	50,000	3,000	-3,000	44,000	37,850
資本金	10,000	10,000	10,000	10,000	10,000
準備金等	40,000	-7,000	-13,000	-13,000	27,850
資本注入（優先株式）				47,000	
総資産	300,000	300,000	300,000	300,000	300,000
自己資本比率（%）	16.7	1.0	-1.0	14.7	12.6

図表2－9　返済財源

（単位：千円）

	売上高100%	売上高60%	売上高80%		
			①支援なし	②優先株式	③持続化給付金
返済財源	44,750	-32,000	9,000	56,000	49,850
CF(税引後償却前当期利益)	44,750	-32,000	9,000	9,000	49,850
資本注入				47,000	
借入金47百万円の返済期間(年)	1.05	-	5.22	0.84	0.94

業利益で△37、000千円、当期利益で△47、000千円の赤字になる。

この場合、赤字見合資金として、47、000千円の特別貸付で当面の資金繰りを補うことが想定される。さらに、準備金等を超える赤字計上により自己資本は3、000千円まで減少し、自己資本比率は16・7%から1・0%まで低下する。

(3) 売上高80%のケース

① 支援がない場合

翌年度は売上高が一定程度回復し、80%になった場合、営業利益では4、000千円の黒字が確保できるが、損益分岐点売上高に到達していないため当期利益は△6、000千円の赤字となり、自己資本比率も△1・0%まで悪化する。

優先株式や持続化給付金制度の支援がない場合、特別貸付金47、000千円については自らのキャッシュフロー(税引後の償却前当期利益)で返済せざるを得ないが、キャッシュフローとしては9、000千円を確保できるため、特別貸付金については5・22年で返済は可能となる。しかし、借入金返済の財源として更新投資や棚卸資産に充当できず、売上高が復元するまでは、脆弱な自己資本のままであり、厳しい経営を余儀なくされる。

② 優先株式の取得（資本注入）がある場合

事業継続ファンドが創設され、赤字補填として47、000千円の優先株式による資本注入があると、自己資本は44、000千円、自己資本比率は14・7%と大幅に向上し、財務内容は大きく改善する。売上高が復元するまでに自己資本に余裕ができるため、倒産リスクは大幅に軽減される。さらに、キャッシュフローに加えて47、000千円の優先株式により返済財源も56、000千円を確保できるため、特別貸付金の繰り上げ償還も可能となる。

③ 持続化給付金の給付（金銭贈与）がある場合

持続化給付金制度が拡充され、赤字補填として47、000千円の持続化給付金の給付があると営業外収益の雑収入で計上される。それにより、税引前当期利益は41、000千円となるが、持続化給付金は課税対象となるため、税引後当期利益は34、850千円となる。その結果、自己資本は37、850千円となり（資本注入のケースと比較すると課税分の自己資本は減少する）、自己資本比率は12・6%に大幅に向上し、財務内容は大きく改善する。売上高が復元するまでに自己資本に余裕ができるため、倒産リスクは大幅に軽減される。さらに、持続化給付金47、000千円によりキャッシュフローも49、850千円を確保できるため、特別貸付金の繰り上げ償還も可能となる。

持続化給付金は課税対象ではあるが、資本注入の場合と異なり、配当（優先株式）や利払い（劣後ローン）の必要はない。

5　適切な財政政策による経済再生について

(1) 補正予算（財源）の確保

具体的な事例で検証したように赤字補填の資本注入や持続化給付金は、中小企業の財務内容を改善し、倒産リスクを回避する有力な手段であり、財政政策として第二次以降の補正予算で手当てすべきである。予算規模は、事業継続ファンドが、一定規模の中小企業で自己資本比率の低位の企業を想定し2兆円程度のファンド造成（注2）、持続化給付金は特別貸付枠と同規模の10兆円から40兆円程度（注3）を想定している。

財源は赤字国債の発行が基本である。政府が金融市場からの資金を調達する時、金融機関が引き受ける場合には約４００兆円もの日銀当座預金（マネタリーベース）があり、間接的に日銀が引き受ける場合に上限はないことから（注4）、実質的な財源の問題はない。

赤字国債による政府支出とは民間部門への預金通貨の発行であり（注5）、赤字国債は将来にわたり増税による返済の必要もない。ただし、預金通貨発行による実体経済への影響、インフレ率を見極めながらの財政運営に留意する必要がある。

（2）経済再生について

政府の適切な財政政策により、コロナウイルス感染症収束後も中小企業等の国内の供給体制を維持することができる。これにより、供給力不足によるインフレを回避しつつ、政府が打ち出している「次の段階としての官民挙げた経済活動の回復」（注6）における観光・運輸業、飲食業、イベント・エンターテイメント業等への支援、地域経済の活性化の反転攻勢策の展開も可能となるのである。

【注】

（1）優先株式は残余財産を優先的に受け取る権利のある株式、議決権の制限があることから、会社の経営の自由度を確保したまま自己資本の増強が可能となる。一方、劣後ローンは返済の優先順位が一般債務に劣後するローンであるが、自己資本に組み入れることができる。劣後ローンには返済期限を定めない永久劣後ローンもある。

（2）売上高減少の影響を受けている運輸業（郵便業含む）、宿泊業、飲食サービス、娯楽業、生活関連サービスの中小企業数は９４１千社ある。このうち中小企業は１２０千社あり、自己資本比率が▲20％～20％の企業の割合が38％あることから、中小企業１２０千社×38％に対して資本注入50百万円とすると約２兆円の予算規模となる。

（3）上記９４１千社に対して貸付上限の半額として、小規模企業者、個人事業主（８２１千社）に30百万円、中小企業（１２０千社）に１５０百万円の持続化給付金とすると約40兆円の予算規模となる。

（4）日銀は４月の金融政策決定会合で国債の購入限度を撤廃している。

（5）　政府が赤字国債発行により金融市場から調達するのは日銀当座預金であり、民間部門の預金通貨ではない。政府支出を通じて、金融機関では資産勘定の日銀当座預金が増加し、負債勘定において支出先名義の預金通貨（マネーストック）が創出される。

（6）　新型コロナウイルス感染症緊急経済対策（2020年4月7日閣議決定）。

参考文献

経済産業省中小企業庁（2019）「中小企業白書」経済産業省。

経済産業省中小企業庁（2020）「中小企業白書」経済産業省。

第8節

経済対策を考えるに、何が重要なのか

明治大学客員研究員　鈴木　均

1　「財政赤字が膨らんでも、本当に大丈夫なのか?」に対して

大規模な経済対策が報道されると必ずと言ってよいほど、「財政赤字が際限なく増えても、本当に大丈夫なのか?」「財源はどうするのだ?」といった疑問が投げかけられる。これに対して、筆者は、2019年初めから日本で議論になったMMT（Modern Monetary Theory・現代貨幣理論）の考え方を用いて検討を進めてみたい。

上記の疑問に対しては、「日本は世界でも有名な借金大国であり、国の借金は、1、000兆円以上あるのに大丈夫なのか?」や「世の中にお金が出回りすぎたらインフレになり、そのインフレに歯止めがきかなくなるのではないか?」という心配・不安が、なかなか払拭できないからではないかと思われる。

MMTでは何が書かれているかと言うと、「おカネとは何か」「財政の赤字は、民間の黒字である」「誰かの債務は、誰かの債権（資産）である」「市中銀行が貸し出すことによって、お金はつくられる」「銀行は、通帳に数字を書くだけで、預金をつくることができる」、といっ

た事実を、淡々と整理して述べているだけである。そして、「財政出動は、政府が国債を発行すれば問題ない」「財政赤字は政府による貨幣発行のことで将来返済する必要はない」と述べている。

そこで、留意してほしいのは、「無制限に、借金していい」とは、MMTは言ってはおらず、しっかりインフレ率で制限すると言っているのである。日本という国の供給力（モノやサービスを提供する能力）の範囲内であれば大丈夫であり、予算規模で制限しているのではなく、供給能力で制限しているのである。モノやサービスを供給する能力を超えて財政出動しようとすれば、インフレが起きるのは当然である。インフレがコントロールできる範囲内（大幅なインフレにならない範囲内）であれば財政出動が可能であると、MMTは言っている。

2　重要なのは、供給能力である

財政赤字の金額が毎年大きくなったとの記事をよく目にするが、財政赤字の大きさを気にするのではなく、財政出動をする際には、日本の供給能力を気にすることが大事である。

日本の供給能力とは、日本経済におけるモノやサービスを供給する能力のことであるが、この供給能力を超えてまで、財政支出をすると、明らかに普通のインフレ（マイルドなインフレ）をこえて二桁パーセントのインフレを起こしてしまう可能性がある。日本の供給能力の範囲内で、財政支出をすることが重要となってくる。別の言い方をすると、財政は歳入と歳出とで均衡させなくてはいけないという財政均衡という考え方があるが、本来的には、供給能力に対して経済の需要を適切なところで均衡させなくてはいけないのである。均衡させなくてはいけないのは財政ではなく、供給能力がほどよく伸びる程度に需要を均衡させなくてはいけないのである。

２０１９年時点での日本の状態はというと、少なくともデフレを脱却しきれていない状態であったのであるが、昨年10月に消費税増税を行った結果、ＧＤＰは昨年10－12月期に年率マイナス７・１％と大幅なマイナスを記録した。今年1－3月期は年率マイナス３・４％とさらなる落ち込みを示し、新型コロナウイルスの影響が本格的に出てくる4－6月期は20％程度の落ち込みが予想され（日本経済研究センター、ＥＳＰフォーキャスト5月調査より）、日本経済は戦後最悪の状態となりそうだ。このように日本経済は、ＧＤＰを大幅に低下させており、供給能力を著しく縮小させている可能性がある。この失った日本の供給能力を元に戻すためにも、インフレをコントロールできる範囲内で、追加的、かつ大幅な財政支出を行うべきである。

３　円の信用とは

「日本の円の信用がなくなって、国債が消化できなくなるのではないか?!」という疑問をしばしば耳にする。日本は、現在ドル建てで海外から借金しているわけではない。日本の国債はすべて円建て(自国通貨建て)である。日本の国債の92%は、日本国内で消化している(2019年末現在)。だから、数%を所有している海外(外資系など)が日本国債を売り浴びせたとしても、国内の金融機関、もしくは日銀がすぐに買いを入れることが容易に予想される。円の信用がなくなって、国債を消化できなくなることは、まったくと言っていいほどない。

それでは、円の信用とは何なのかと言うと、まさに日本の供給能力のことである。他の言い方をすれば、日本経済が付加価値を稼ぐ力がまさに円の信用なのである。

その年度に財政支出をした分はその年度の税金でまかなうという考え方をプライマリーバランス黒字化というが、この考え方で緊縮財政をすすめていけば、公共投資などの事業が毎年減らされることになり、事業を実施する技術・ノウハウさえ受け継がれなくなったり、必要な時に必要な人材が不足したりして、日本の供給能力を維持できない状態となってしまう。実際には、昨今EUの中において緊縮財政を求められたイタリアのように、医療サービスの供給能力が縮小されたために、医療崩壊を招いたりするのである。こうしたことが日本でも起きれば、それこそ、円の信用は明らかに低下していくであろう。

日本の供給能力が維持できなくなり、供給能力が縮小することによって、日本経済がインフレを起こすことは、絶対に避けなければいけない。

19世紀のドイツの経済学者であるフリードリッヒ・リストの言葉を借りると、「富を生み出す力は、「富そのものよりも無限に重要」である。重要なのは目の前の富ではなく、モノやサービスを供給する力の方が断然に重要である、ということをリストは述べている。

4　供給能力を上げるためには

ここで、日本の供給能力を上げるためには、どうしたらよいのかを考えてみる。実際に、供給能力を上げるためには、生産性を上げることが必要である。そして、その生産性を上げるためには、投資を行うことが必要となる。

この投資について、ここで考えてみる。投資には、大まかに4つの投資がある。1つ目は、設備投資である。モノやサービスを効率よく生産するためには、最新技術を備えた機械を導入したり、最新の生産ラインを持つ工場を建てたりすることによって、生産性を上げることができる。2つ目は、人材育成である。この人材育成は、既存の人材に教育や研修を施すことによって人材の質を向上させることができる。また、高度な人材を導入することもこれにあてはまる。3つ目は、研究開発投資である。企業にとって研究開発投資は、2～3年以内で結果が出て実用化に結びつくものではないが、20年先、もしくは30年以上先の長期的な将来を見据えた技術やイノベーションを開発することは、企業収益の大幅な改善が見込まれるだけでなく、人類の社会的な貢献にも結びつく可能性もあり得る。最後は、公共投資である。公共投資は、道路や橋、ダムなど、国民が長期的に安全にかつ安心して暮らすことができる国土を維持するためにとても重要なインフラである。高度経済成長の時から50年以上が経過している現在においては、更新時期にきているインフラ整備は緊急性の高いものも存在する。

これらの投資は、生産性を上げるために必要なのであるが、実は、我が国において投資はこの20年間減少し続けている。なぜ投資が減少しているのかは簡単に言えば、日本経済がデフレだからである。現在デフレであり、将来的にもデフレが継続することが見込まれる。経済成長が見込まれないのであれば、その日本経済に投資をしようとする企業は、当然少ない。したがって、このデフレを脱却するために、投資意欲が低下している民間の力にすぐに期待するのではなく、まずは政府の財政出動による公共投資など、政府自らが国内へ投資することがとても必要である。

5　国内消費を上げる必要も

投資により生産性が上がり、経済の好循環に結びつくためには、国内消費や輸出の伸びにつながないといけない。ここでは国内消費のうちの個人消費に着目する。個人消費を上げるためには、1990年代後半以降、下がり続けてきた実質賃金を上げるしかない。これは、せっかく投資を増やして企業の業績が上がったにもかかわらず、なかなか実質賃金の上昇に結びついていない、企業収益が伸びているにもかかわらず、従業員の賃金上昇には結びついていない状態が続いている。個人の所得が伸びていないから、個人消費が停滞しているのである。

この日本の実質賃金を上げることができれば、日本国内の消費が増え、投資の増加につながり、日本の供給能力を上げることができる。

前述したように、長引いているデフレに加え、昨年10月の消費税増税によってさらに経済が停滞し、今年に入って新型コロナウイルス感染拡大により個人消費がより一層減少している。このように個人消費の減少により、日本経済はその供給能力を確実に縮小させている。供給能力の縮小によって、さらなるデフレ（デフレスパイラル）を招かないようにしなくてはいけない。このために、大胆な経済対策が必要である。ここで、「財源が必要だ」「財政赤字がさらに増えるではないか」という議論はまったく的外れであり、財源問題や財政赤字問題などは、そもそも存在しないのである。今の日本経済にとって、大変重要なことは、これまで失った日本の供給能力を回復させた上で、その供給能力をさらに増大させるための財政出動を行うことである。そして、実質賃金も国内消費を回復させるためにしっかり上昇させるべきである。実質賃金の上昇によって、消費が伸びていき、さらに投資に結びつく、こうした経済の好循環により日本の供給能力が維持・向上されることが強く望まれる。

6　最後に

最後に述べておくが、経済対策を考えるにあたっては、財源問題などはもともと存在しないのであって、心配する必要などない。それよりも、「富を生み出す力」「付加価値を稼ぐ力」「モノやサービスを供給する能力」――「日本の供給能力」を引き上げることが大変重要なのであり、このための経済対策を考えなければいけない。そして経済対策は短期的なものではなく、長期的なものでなければならない。なぜならば、財政支出が長期計画に基づいて行われ

図表2－10

国の供給能力とは，物やサービスを供給する力のことである
国の経済力そのものであり，**その国に対する信用力**とも言える

デフレとは，モノやサービスの価格が継続して下落すること

物やサービスの価格が下落すると ⇒ 企業の売上，国民の所得が減少する ⇒
企業の投資，個人の消費が減少 ⇒ 物やサービスの供給量が減少する ⇒ さらなる価格下落

このように**デフレは**物やサービスの供給量（生産量）を縮小させることにより
国の供給能力を延々と**縮小させてしまう**

国民を豊かにするためには，**デフレをすぐに克服**し
国の供給能力を向上させなくてはならない

ることにより、民間が安心して雇用や投資を増やすことができるからだ。

本当に重要なのはこれまでのデフレ下において失った「日本の供給能力」を再生させることであり、今まさに「Make Japan Rebuilt Again!」である。

参考文献

島倉原（２０１９）『ＭＭＴ〈現代貨幣理論〉とは何か日本を救う反緊縮理論』角川新書。

建部正義（２０１６）『なぜ異次元金融緩和は失策なのか』新日本出版社。

藤井聡（２０１９）『ＭＭＴによる令和「新」経済論：現代貨幣理論の真実』晶文社。

望月慎（２０２０）『図解入門ビジネス 最新ＭＭＴ［現代貨幣理論］がよくわかる本』秀和システム。

リスト、フリードリッヒ（２０１４）『経済学の国民的体系』（小林昇訳）岩波オンデマンドブックス。

レイ、Ｌ・Ｒ（２０１９）『ＭＭＴ現代貨幣理論入門』（鈴木正徳訳）東洋経済新報社。

第3章　経済政策

第1節　コロナ禍における防衛産業から見た日本経済への脅威

常葉大学講師　安藤詩緒

1　はじめに

現在の日本を含む世界の社会情勢は、テレビ、新聞などのマスメディアにおいて、「いまは平時ではない、有事である」や、「現在は戦時中」など、戦争にたとえた表現で伝えられることが多く見受けられる。実際に、２０２０年4月29日時点でのアメリカの新型コロナウイルス感染による死者数は、ベトナム戦争の死者数を上回ったという（注1）。このベトナム戦争での死者数との比較表現からわかるように、現在の社会情勢は有事であると言っても過言ではない。また、当然ながら全国各地の経済状況においても、自国領土を戦場とする戦争時と同等の壊滅的な状況であると言えるだろう。

このような状況における日本経済への影響は、マスメディアにおいて、マクロ的視点よりも、ミクロ的視点で多く取り上げられているように、中小企業や個人事業主などが直面する経済を破壊させる勢いである。さらに、緊急事態宣言は2020年5月4日に延長が決まり、経済停滞期間が延びたことで、影響はより大きくなった。日本の経済活動の大半を中小企業が占めていることから、新型コロナウイルスの影響による中小企業の衰退は、日本経済全体の衰退へとつながる恐れがある。

本稿では、こうしたコロナ禍で影響を受ける中小企業の中でも、筆者の研究対象である防衛を担う中小企業（以下、防衛関連中小企業とする）に焦点を当て、そこでの現状が日本経済に及ぼす影響を考察する。

2 防衛関連中小企業の現状

厚生労働省が公表した「新型コロナウイルス感染症対策の基本的対処方針」の中で、緊急事態措置期間に事業の継続が求められる事業者として、「国防に必要な製造業・サービス業の維持（航空機、潜水艦等）」と明記されている（注2）。それは、社会の安定維持の観点からであり、防衛関連中小企業を含む「防衛産業」が最低限の事業継続として含まれていることを意味する。この方針において防衛産業の事業継続が記載されているものの、果たして防衛関連中小企業は、通常通りに事業を継続しているのだろうか。実際に、筆者が防衛関連中小企業の何社かにインタビューを行ったところ、ある企業では、三密（密閉、密集、密接）

を避けた生産体制を強いられているとのことであった（注3）。現時点で今回の新型コロナウイルスの影響により、通常営業されていない防衛関連中小企業の存在が確認できた。このような三密を回避しながらの対策は、防衛関連中小企業を疲弊させ続ける一方であろう。

防衛産業は、上述した多くの中小企業から成る（注4）。防衛生産部門は、安藤（2011）や水野他（2020）で述べているように、民間生産部門への技術革新に影響を与えている。それは、コンピュータやGPS（全地球測位システム）などの民間製品を見てわかるように、防衛産業で生み出された防衛装備品の技術が、民間生産部門へ転用され、新たな製品開発への一助になっている。また、民間生産部門の技術が、防衛生産部門の製品開発に転用される逆の流れもある。このように、防衛生産部門から民間生産部門へ、あるいは民間生産部門から防衛生産部門へ技術転用の相互作用によって、両部門の生産性が高まることで経済成長の促進へとつながると考える。

今回の新型コロナウイルスによる長期経済停滞によって、防衛関連中小企業の倒産が相次いで起こるようになれば、多くの中小企業から成る防衛生産部門への打撃は計り知れない。それは、日本の国防全体への打撃にもつながることになり、日本の安全保障政策の根本を見直すことにもなるだろう。つまり、先に述べたように、防衛生産部門と民間生産部門との連携がプラスの効果で働くことから考えれば、防衛生産に広範に関わる民間生産部門の衰退は、防衛生産部門へマイナス効果で波及し、日本経済そして安全保障全体へとそのマイナス効果が及ぶことになるのは自明であると考える。

3　防衛関連中小企業を存続させるために

防衛関連中小企業の現状を上述したように、経済と安全保障の両観点から見ても、日本の現状はマイナス要因しか挙げられない。では、今の情勢を打破するためには、より深く言えば、三密回避対策をして疲弊している防衛関連中小企業を存続させるためには、どうすべきであるか。それは、今の有事の状態から、三密でも経済活動が可能な平時に戻すしかない。平時に戻すために、例えば新型コロナウイルスに対するワクチンの開発や集団免疫の獲得の成功などによって、人類がウイルスをコントロール可能にするという、非常にシンプルな出口というものが見えているが、そのシンプルな出口までには至っていない。そして、こうしたウイルスに対する出口への解決策が得られなければ、経済を根本的に立て直す術はないのではないかと考える。

日本経済を現状から回復させる道筋は、かつてのバブル崩壊、リーマンショックなどの金融危機から経済を立て直すという次元ではないだろう。先に述べた日本経済の現状を踏まえれば、今までの経済政策と同じベクトルを向いての提言はできないと考える。そのため、中長期的な視点から経済の立て直しを考察するのは困難であり、現時点では、防衛関連中小企業に対して平時に戻るまでの間の「延命措置」を講じる以外に、経済像を描くことはできない。つまり、ウイルスに対する根本的な解決策あるいはウイルスとの共存を見据えた社会構造変革が見つかるまで、もしくはウイルスが季節性等であった場合は一旦収束するまで、三密回避対策で疲弊する防衛関連中小企業に対して、迅速で広範な補償で救済し続けなければならない。上述したように、防衛関連中小企業は日本の経済活動や安全保障の大きな柱となっている。今まさに戦時下であり、平時に戻るまでの間、こうした防衛関連中小企業への延命措置を講じることが現時点での有効な対策であると考える。

経済活動の基本は三密活動であり、三密回避対策こそが経済を停滞させている。延命措置を経て三密回避対策への突破口が開かれさえすれば、自ずと復興への道へとつながっていくと言える。

【注】

(1) 読売新聞(2020)「ベトナム戦争の死者上回る…米のコロナ死者5万8355人、感染者は100万人突破」https://www.yomiuri.co.jp/ (閲覧日:2020年4月30日)

(2) 厚生労働省(2020)「新型コロナウイルス感染症対策の基本的対処方針」https://www.mhlw.go.jp (閲覧日:2020年5月10日)

(3) ホームページ上において、防衛省との取引や納入等の表現がされている資本金3億円以下の企業に対して電話調査を行った。この調査は、現在進行中なため多くのサンプルを得られていないが、別の中小企業では、ホームページ上で新型コロナウイルスの対応(三密回避での営業など)を掲載しているところもある。

(4) 防衛省によれば、「戦車、護衛艦、戦闘機の場合、1,000社を超える企業がその生産に参加しており、そのうちの約7~8割が中小企業である」としている。

https://www.mod.go.jp/（閲覧日：2020年5月2日）

参考文献

安藤詩緒（2011）「日本の防衛産業政策に関する経済的側面からの考察」『海外事情』第59巻、97-110頁、拓殖大学海外事情研究所。

厚生労働省　https://www.mhlw.go.jp/（閲覧日：2020年4月26日）

防衛省　https://www.mod.go.jp/（閲覧日：2020年5月2日）

水野勝之・安藤詩緒・安藤潤・井草剛・竹田英司（2020）『防衛の計量経済分析』五絃舎。

読売新聞『ベトナム戦争の死者上回る…米のコロナ死者5万8355人、感染者4100万人突破』2020年4月30日付　https://www.yomiuri.co.jp/（閲覧日：2020年4月30日）

第2節

外部性から見たコロナがもたらす社会的損失

明治大学兼任講師　赤石秀之

1　はじめに

COVID–19（新型コロナウイルス）のパンデミックに対して、政策決定者は数百万人の命を犠牲にする可能性があるウイルスに対して、経済的活動に害を及ぼし、また多くの人々の生活を損なう恐れがある「社会的距離」のような公衆衛生的な介入を実施している。しかし、その政策介入の根拠や効果は十分に明らかにされていないのが現状である。

コロナが蔓延している社会で政策介入にはどのような根拠があるのかを、ミクロ経済学の立場から検討することは今後のコロナ対策のために必要である。外部性の理論を応用して、コロナの蔓延した社会での経済活動が社会的な損失をもたらす可能性を明らかにすることを目的とする。コロナ外部性がもたらす社会的損失の特徴を見極めて、今後は適切な政策介入を行えば、過剰な財政支出を抑えることができる。

2　コロナ外部性の存在を踏まえた経済活動のあり方

コロナが蔓延している社会で経済活動をする人々を、感染者、潜在感染者、そして非感染者に分けることにする。感染者は、現在感染している人々であり、医療機関で治療を受けており経済活動が行えないものとする。また潜在感染者は、自分が罹患していることに気付かない人々であり、医療機関に通わず経済活動を行っている。そして、非感染者はコロナに罹患していない人々であり、潜在感染者と同じ環境で経済活動を行っている。

感染者は、医療機関で適切な治療を受けており非感染者にコロナを移す可能性はない。一方で潜在感染者は、自身がコロナに感染していることを知らないため、非感染者と同じ環境で経済活動することで濃厚接触のリスクを高め、非感染者に移してしまう可能性がある。つまり、このコロナが蔓延している社会では、潜在感染者と非感染者が経済活動による利益を高める一方で、潜在感染者と非感染者との間でコロナ感染症を広めてしまい利益を低める可能性がある。このように、本人の認識なく、潜在感染者の行動が非感染者の行動に悪影響を及ぼす経済現象を、ここでは「コロナ外部性」と呼ぶことにする。以下では、このコロナ外部性が存在するもとでの経済活動が引き起こす社会的損失を明らかにする。

3　コロナ外部性による社会的損失

コロナが蔓延している社会では、潜在感染者と非感染者がさまざまな形で経済活動に参加する。例えば、消費者であれば製品購入、また生産者であれば製品販売が中心となる経済活動である。どのような経済活動であっても、その活動を増やしていけば何らかの利益が獲得できるが、何らかの費用も生じる。そのため、経済活動に参加する人々は、自身の純利益（＝利益－費用）をできるだけ大きくするような経済活動の水準を選択する。今、ある経済活動の水準を増やした時に増加する利益を限界利益、同様に増加する費用を限界費用と呼ぶことにする。その時、経済活動に参加する人々は、純利益を最大にするために限界利益と限界費用が等しくなるような経済活動の水準を選択する。潜在感染者も非感染者も同じ経済活動を行っていれば、同じ利益と費用となるが、潜在感染者の費用は自身が非感染者にコロナ感染症を移してしまうリスクを考慮した大きさではない。そのリスクを貨幣換算したものを「コロナ外部費用」(また、経済活動の水準を増やした時に増加するコロナ外部費用をコロナ限界外部費用）と呼んでおく。その時、潜在感染者と非感染者の行動は次のようにグラフで表される。

どちらのグラフでも、横軸には経済活動の水準と縦軸には限界利益と限界費用が取られており、右下がりの線が限界利益を表し、水平線が限界費用を表している。左側のグラフは、潜在感染者が経済活動を行った場合の利益と費用の関係を表して、また黒い水平線がコロナ

図表3－1

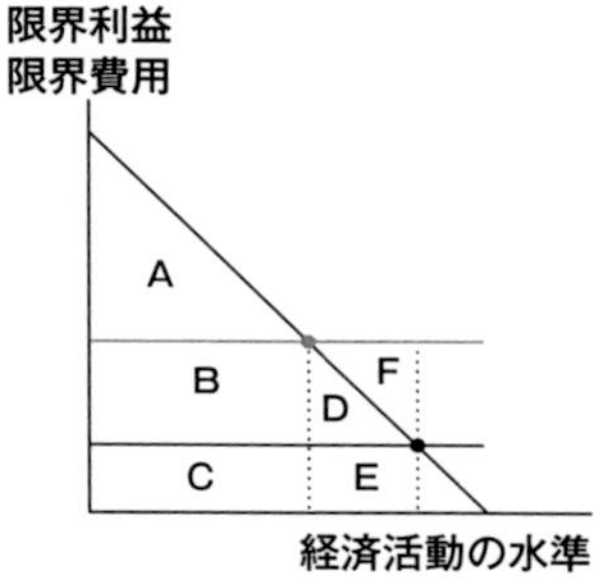

図表3－2

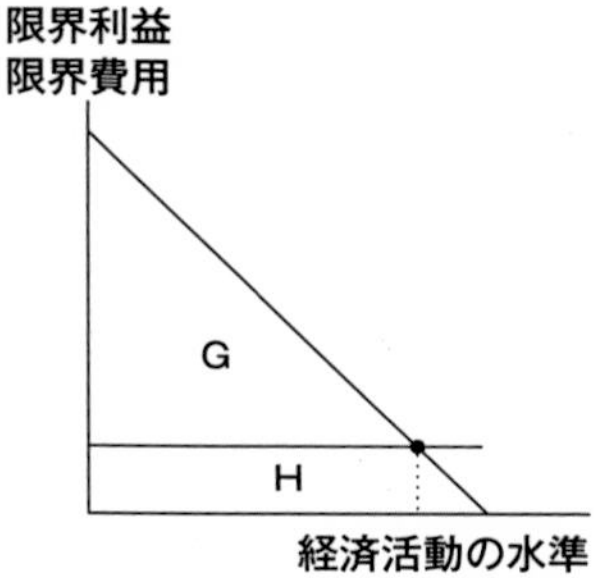

限界外部費用を含まない費用（これを私的限界費用と呼ぶ）を表し、そしてグレーの水平線がコロナ限界外部費用を含んだ費用（これを社会的限界費用と呼ぶ）を表している。

コロナが蔓延している社会において、何も対策が行われていないとする。その時、潜在感染者は私的限界費用を用いて経済活動を行おうとする。その結果、潜在感染者も非感染者も黒丸の点で経済活動の水準を選択する。したがって、潜在感染者の純利益は△ABC、また非感染者の純利益は△Gとなるが、この時、潜在感染者がコロナ外部費用を考慮していないために、他の人に□BDFの大きさだけ負担させてしまう。以上より、社会的利益は、潜在感染者の純利益と非感染者の純利益を合わせ、そこからコロナ外部費用を差し引くことで得られる。つまり、コロナが蔓延している社会で無対策の場合の社会的利益の大きさは、△A＋△G－△Fとなることがわかる。

次に、コロナが蔓延している社会において、最も望ましい状態を考えてみよう。それは、潜在感染者が自分のコロナ感染リスクを適切に評価し、経済活動を行っている状態であろう。つまり、潜在感染者は社会的限界費用を用いて経済活動を行うことになる。その結果、潜在感染者はグレーの丸の点で、非感染者は黒丸の点で経済活動の水準を選択するようになる。したがって、潜在感染者の純利益は△A、非感染者の純利益は△Gとなる。以上より、コロナが蔓延している社会において最も望ましい状態の場合の社会的利益は、△A＋△Gとなることがわかる。

そして、コロナ外部性による社会的損失は、最も望ましい状態の場合の社会的利益の大きさから無対策の場合の社会的利益の大きさを差し引くことによって得られ、それは△Fの大きさで表される。

4 おわりに

本稿では、コロナのような感染症が蔓延している社会における経済活動が社会全体にどのような損失をもたらすのかを外部性の理論を用いて明らかにした。その結果、この社会的損失の原因は、潜在感染者がコロナ感染リスクを適切に評価せずに経済活動を行っているためであることがわかった。この結果を前提にすれば、今後のコロナ対策の課題は潜在感染者にいかにして自身でリスクを評価させるのかであると言える。現在のように、潜在感染者も非感染者も同じ条件で一律に規制をするのではなく、両者を差別化し、それぞれの効率性を高める工夫が必要ではないであろうか。

第3節

コロナ危機を脱却し経済復興を成し遂げるために小さな政府からの転換を

ライター　伊東政徳

1　はじめに

当初5月6日までとされていた新型コロナウイルスによる緊急事態宣言は、5月31日まで延長されることになった。だが、政府は自粛・休業に伴う企業への損失補償についてはいまだ消極的だ。4月30日に納税猶予や企業への資金繰り支援策を含む補正予算が成立したが、不十分な感は否めない。政府はコロナ終息後には日本経済のV字回復を目指すと勇ましく宣言したが、すでに5月8日時点で新型コロナウイルスに関連した倒産は全国で128件にも及ぶ（注1）。2月が2件、3月23件、4月には84件と急増し、5月も8日までに11件が倒産と、倒産のペースは加速しており、十分な補償がなされないままの緊急事態宣言延長となれば倒産件数はさらに増えることが予想される。

また、すでに経済活動再開に向けて動き出している国も多く、企業の倒産、労働者の失業が多発し、日本経済の弱体化が続けば、他国に海外市場を奪われ、国内では日本企業を安く買いたたかれる恐れもある。仮に安く買われてもそれで企業が存続でき、雇用が守られればまだいいが、技術だけを奪われて捨てられるという可能性もある。そうなれば、日本経済がさらに落ち込むことは避けられない。

2　日本のすべきこと

では、日本経済の凋落を防ぐためには何をすべきなのか。答えは明白だ。政府が金を出して緊急事態宣言期間中の損失を補償すればよい。財源など気にしている場合ではないし、そもそも気にする必要もない。

明言してはいないが、政府が補償を出し渋るのも結局、次の理由によるものだろう。すなわち「日本の財政は危機的状況にあるため、国の借金を重ねるわけにはいかない」。無い袖は振れないというわけだ。

ありえない。日本は自前で通貨を発行している。国債もすべて自国通貨建てだ。日銀が国債を買い上げればいいだけの話だ。国債のデフォルトなど起きるはずがない。

むろん、政府が支出を拡大するにしても、不健全なインフレを避けるために需給のバランスは考慮しなければならないが、この20年間、日本のインフレ率は地を這う水準で低迷している。2019年のインフレ率は、消費税増税があったにもかかわらずわずかに0・477％だ（注2）。そこにこのたびの緊急事態宣言による経済活動の停止によって、日本全国で投資や消費が一段と落ち込むことは必至であり、過度なインフレの可能性はさらに遠くなる。要するに、日本には特例国債発行による財政支出拡大の余地がありあまっているということだ。

中には、例えばマスクのようにサプライチェーンが断たれて供給不足に陥る品もあるが、全体的に見れば経済活動停止によるデフレ圧力の方がはるかに強いだろう。実際、２０２０年3月における２人以上世帯の実質消費支出は前年同月比でマイナス６％、同年前月比で見てもマイナス４％だ（注３）。少なくとも急激かつ過度なインフレなど心配する必要はない。政府は安心して必要なだけ支出をすればよい。

それでなくとも、２０１９年10月１日の消費税増税によって２０１９年10月～12月期のGDPが年率換算でマイナス７・１％も下落するなど、日本経済は著しく疲弊しており、コロナ禍が収束してもV字回復など到底望めないばかりか、長期の低迷に陥ることが予想される。猶予はもはやない。

コロナウイルスの感染を広げないためには人々の接触機会を減らさねばならないが、同時にそれによって被る経済への悪影響を防ぐために、政府は異次元の規模で財政出動をする必要がある。

まずは国民の生活を守るためにも、日本の国力を維持するためにも、事業の存続や雇用の維持に注力せねばならない。業種を問わずに、企業には減少した粗利を補償すべきだ。フリーランスの人々に対しても補償をする必要がある。その上で長期にわたるデフレから脱却し、日本経済を持続的な成長軌道に乗せるためには、もう一段の経済対策が必要だ。

支出すべき分野はいくらでもある。都会に住んでいる人は実感がわきにくいかもしれないが、日本には交通インフラが不足している土地がまだまだある。公共事業は利権の温床、無駄遣いなどと長年にわたって非難を浴びてきたが、とんだ濡れ衣だ。公共事業そのものには罪はないばかりか、国民生活の向上には必要不可欠のものだ。今こそ長期の国土計画に基づいてインフラ整備に取り組むべきだ。公共事業はそれ自体が直接、国民の所得を生み、景気刺激効果も高い。

さらに、政府は地方交付税や地方に対する補助金を増額し、税制上の優遇措置なども講じることにより、地方都市に産業を育成、誘致する手助けをするべきだ。今回のような非常事態に、人口が一部の地域に集中していることは危険である。地方都市を開発し、需要を創出することで大都市圏から人口を分散させれば、それがまた地方に新たな需要を生むことにもなる。

現在のコロナウイルス対応と並行して、将来、同様の事態が起きるときのための対策も検討するべきだろう。この期に及んでも政府は病床の削減を進めているが、今回の事態で平時には無駄であっても非常事態を想定して余裕を持たせることの重要性を学んだはずだ。医療物資に限らず、食糧、エネルギー、そのほか生活必需品等が非常時に供給を絶たれないよう、生産、調達の手段を整えねばならない。

仮にコロナ禍で倒産、倒産せずとも事業継続が厳しくなった企業が外国資本に廉価で買収されそうになった時、それを防ぐための法整備もしておくべきだ。重要な産業には政府による資本の注入、国営化も視野に入れる必要がある。

消費税増税に始まり、コロナ危機でさらに悪化が避けられない日本経済を立て直すには、官から民へのスローガンのもと日本が長年推進してきた小さな政府路線から、国がその力を総動員した大きな政府への転換しかない。

むろん、常にいかなる状況でも大きな政府が正しい、適切であるというわけではない。時宜に応じて見直す必要はあるが、今現在、日本国を救うためには「民間活力」では不十分だ。国の力を用いるしかない。そして、日本国には、少なくとも経済面に関しては、今回の危機を克服し国民を救うだけの力があるのだ。問題は政府の意思のみだ。

3　おわりに

最後に、日本は消費税を増税するたびに実質消費が落ち込み、その後の伸びも鈍化してきた。２０１９年10月の消費税増税に至っては、軽減税率やポイント還元などさまざまな対策を講じたにもかかわらず、先に上げた通りＧＤＰの大幅な下落を招いた。消費税の増税が失敗だったことは明らかだ。そして、消費税がある限り、この悪影響は今後も続いていく。消費税は速やかに減税、あるいは廃止すべきである。

【注】

（１）東京商工リサーチ（２０２０）「新型コロナウイルス関連倒産状況【５月８日17時現在】」東京商工リサーチ https://www.tsr-net.co.jp/（閲覧日：２０２０年５月10日）

（２）IMF International Monetary Fund (2020) World Economic Outlook Database https://www.imf.org/（閲覧日：２０２０年５月８日）

（３）統計局（２０２０）「家計調査報告―月・四半期・年―」総務省 https://www.stat.go.jp/（閲覧日：２０２０年５月10日）

第4節

経済対策が効果的な社会ードイツ（ベルリン）からの考察ー

明治大学客員研究員　臼井悦規

1　はじめに

経済対策に費やされる金額も重要ではあるが、同時にそれを取り巻く環境も考慮することが望ましい。結論としては社会保障が整った社会において、企業と個人商店、フリーランサーなどすべてに対してサポートがスピーディーに行われれば効果があると考えている。単純なことではあるが、今ドイツに滞在しながらそれを痛感している。ここでは私が住んでいるドイツ国内において、コロナショックが発生してからの政府の決断、実行のスピード、それを可能にする税金や社会保障などを例に上げ説明をしたい。

2　コロナショック下におけるドイツの実情

2020年コロナショックは歴史的なものとなったが、日本よりも不安は少ない。それはドイツの決断、実行の早さを体感したからだ。日本とは違い、陸続きのヨーロッパ、フランス、スペイン、イタリアと感染者や死亡者が増え、ドイツ国内でもそれらの数が増加した。1月頃から対策が始まり、市民の中でも危機感が芽生え始めた3月16日である。ドイツ政府は物流を除き、人の移動を制限するため国境を封鎖し、ほとんどの州で学校を閉鎖した。その後3月22日、制限が強化され、街のレストランは持ち帰りのみ許可した。スーパーや薬局など生活必需品を販売する店舗のみ残った。つまりは、事実上のロックダウンである。

ドイツ政府はこの翌日3月23日には、総額500億ユーロ（約6兆円）の中小企業支援策を発表し、その後も2つの経済的救済処置が行われた。予想以上に申し込みが多く、一時的に申し込みが止まったり、条件が理解しにくいなど多少の混乱はあったが初動の援助は以下の通りである。いずれも事業運営に損害が生じたことを証明する必要がある。

緊急援助1

【融資】

2年間50万ユーロを無利子で貸付する。

緊急援助2

【給付金・州基金】

ベルリンに住民登録をしており、マネージャーを含めた従業員5人までの企業、個人商店、フリーランサーを対象に5、000ユーロを支給する。企業の場合は従業員の給与として、個人の場合は収入として扱うことが可能であるだけでなく、社会保険の支払いもここから可能である。

【給付金・連邦基金】

従業員5名以内は9,000ユーロ、従業員10人以内は15,000ユーロまでの給付金を、3ヶ月間の事業運営に関わる賃貸、レンタル品費用、従業員コストなどに使用できる。ただし経営者の給料や、売上の補償としては使用できない。

何より注目すべきはそのスピードであった。これらの申し込みがオンラインで即座に行われ、申請後約3日ですぐに振り込まれた。このような早急な対応が可能なのは、以下がドイツ社会の下地を支えているからと考えられる。

3 ドイツ社会の下地にあるもの

(1) 充実した社会保障、税金、教育

ドイツでは、税金は従業員であれば会社と個人が折半で支払う。また消費税も19%と日本より高額であるが、その代わりに社会保障が充実しており、大学までの教育や医療が無料化されている。食品などの生活必需品は軽減税率のため7%と低所得者にも配慮されている。

教育面では、小学校で音楽鑑賞、美術館訪問、遠足などの課外学習が日本よりも多い。ドイツに住む日本人家族は「幼少期からさまざまな文化に触れる機会が多い環境が整ってい

るため、税金が社会に還元されている」と説明している。

(2) 文化・芸術に対する理解

ドイツでもベルリンはフリーランサーが多く、その大半が芸術や文化に関連している。音楽家・画家・彫刻家・ダンサー・写真家・デザイナーなどの芸術家に加え、翻訳家、著作者、ジャーナリストなどは芸術家社会保障制度という、国に社会保障費の半分を支払ってもらえる制度に申し込める。そのため、文化的な活動に集中しやすく、スタートアップ時の負担も少ない。また、前項で述べたように子供の頃から課外学習で触れることも多いため、国民は芸術に関して理解が深い。ゆえにこの分野の産業がもたらす経済効果も大きく、フリーランサーへのサポートも手堅くなっている。

(3) 世界的な企業とフリーランサーの人口

日本にも言えることであるが、ドイツは世界的な企業が多い。自動車産業でいうとBMWやベンツ、スポーツ産業だとアディダスやプーマ、光学機器産業で言うとライカやツアイスなどはドイツ発祥である。一方でベルリンはそのような企業が少なく、フリーランサーが多い。2016年のデータによると、ベルリン人口約350万人のうち約134万人、市民の約38%がフリーランサーとして経済を動かしている。

（4）国民性および労働時間貯蓄制度

定められている労働時間を過ぎても仕事が終わらなければ残業をするが、労働時間貯蓄制度を使用して翌日は早めに帰るなど、日本人に比べれば自由な時間があり、子育てや文化的な活動に時間とお金を費やせる。これは日本と比較して非常に効率的であり、労働余暇時間を計算する慎重な働き方がドイツ人の特徴ともいわれている。

4 概　括

上述の内容は、必ずしもすべてのドイツ国民に受け入れられているものではない。中には不平不満をもらす人たちもいる。しかし、私の知る限り、日本と比較して経済的に安定していると言える。

経済対策にかける予算も大切であるが、その予算を投入する社会における人々の意識にも着目したい。人々が心身ともに豊かに過ごせるものとなっているだろうか。そして、緊急時には、それら予算は必要としている場所・人に即時に届き、使用できる体制になっているだろうか。ドイツのベルリンと比較して、これが経済再生の鍵となると考えられる。

参考文献

尾形絵美（２０１６）「ドイツのフリーランサー人口推移に見る働き方の多様化」Rhythmoonhttps://www.rhythmoon.

com/（閲覧日：２０２０年5月9日）
河内秀子（２０２０年4月20日）「日本とドイツの文化芸術支援は、なぜここまで違う？ 背景をベルリンの文化大臣に聞く【新型コロナ】」HUFFPOST https://www.huffingtonpost.jp/（閲覧日：２０２０年5月9日）
シュタムゲシュタルター・田代裕一朗（２０２０）「【フリーランサー必見】ドイツ・ベルリンのコロナ助成金申請を詳しく説明します!!」Youtube https://www.youtube.com/（閲覧日：２０２０年5月9日）
ドイツ連邦共和国大使館（２０２０）「新型コロナウイルス：ドイツ政府の経済支援対策」ドイツ連邦共和国大使館・総領事館　https://japan.diplo.de/（閲覧日：２０２０年5月9日）
中村容子（２０２０年3月26日）「中小企業への給付金など、新型コロナ経済対策を大幅拡張」JETRO https://www.jetro.go.jp/（閲覧日：２０２０年5月9日）
山片重嘉（２０１７）「ＫＳＫ：芸術家のための社会保障」News Digest http://www.newsdigest.de/newsde/index/（閲覧日：２０２０年5月9日）
WIRED HIROYOSHI TOMITE（２０２０）「ベルリンの取り組み事例から「文化を守る」を考える」https://wired.jp/ WIRED.（閲覧日：２０２０年5月9日）
Avalara VATlive "German VAT rates and VAT compliance" https://www.avalara.com/（閲覧日：２０２０年5月9日）
How To Germany "Social Security and Employee Benefits in Germany" https://www.howtogermany.com/（閲覧日：２０２０年5月9日）
The Local（2019）"Berlin clubs brought city €1.5 billion in 2018: study" The Local de.https://www.thelocal.de/（閲覧日：２０２０年5月9日）

第5節　コロナショックにおける経済対策

株式会社マネネCEO／経済アナリスト　森永康平

1　はじめに

3月に入り、新型コロナウイルスの世界的な感染拡大が収束の兆しを見せぬ中で、欧米各国が矢継ぎ早に金融・財政の両面から過去最大規模の政策を発表した。日本政府も遅ればせながら、4月7日に7都府県に対して緊急事態宣言を発令し、同日に緊急経済対策を発表した。

自民党のHPには緊急経済対策について、主に5つの柱で構成されているとして以下のようにまとめている。

①　感染防止策と医療提供体制の整備及び治療薬の開発
②　雇用の維持と事業の継続
③　次の段階としての官民を挙げた経済活動の回復
④　強靱な経済構造の構築
⑤　次の備え

これらを実現するために、日本政府は39兆円の財政支出を含む事業規模で108兆円にも上る経済対策を発表した。これは日本の国内総生産（GDP）の2割を上回る規模となる。

このうち雇用の維持と事業の継続では、減収世帯に対し、1世帯当たり30万円、子育て世帯に児童1人当たり1万円を給付するほか、売り上げが減少した中堅・中小・小規模事業者に200万円、フリーランスを含む個人事業主に100万円給付することなどを明記していた。

しかし、所得制限を設けた現金給付に国民の不満が殺到したため、同月20日の臨時閣議において、減収世帯への30万円の給付策から、1人当たり一律10万円の現金給付案への変更を盛り込んだ2020年度補正予算案を決定した。これにより、緊急経済対策の事業規模は当初の108兆円から約117・1兆円に膨らんだ。19年度補正予算の未執行分を含めた財政支出は48・4兆円まで拡大し、過去最高となった。

同月24日に内閣府が発表した『新型コロナウイルス感染症緊急経済対策の経済効果試算（改定版）』によれば、実質GDP換算で4・4％押し上げる効果があると試算している。

2　リーマンショックとの比較

今回のコロナショックと比較されることが多いリーマンショックの際の経済対策と比べてみよう。リーマンショックの際は2008年10月に事業規模26・9兆円、同年12月に事業規模37兆円、翌年4月に56・8兆円と三度の対策を打ち、合計で事業規模120・7兆円だった。リーマンショックの約2週間前にも事業規模11・5兆円の対策を組んでおり、それも足せば132・2兆円となる。今回の変更後の経済対策における事業規模約117・1兆円よりも金額は大きい。

リーマンショックが先進国の金融市場で信用収縮が起き、その後に実体経済へ波及していったことに対して、コロナショックはまず実体経済に影響が出ている。しかも、これまでの危機と明らかに異質なのは、「感染による死者数の増加」と「経済活動縮小による死者数の増加」というトレードオフの関係にある2要素の狭間で、適切なバランスを取らなくてはいけない。これは、いわばアクセルを踏みながら、同時にブレーキを踏みつつ、経済を殺さないようにしなくてはいけないという、非常に難しい舵取りを求められている。

また、日本の場合は消費増税の影響により、2019年10~12月期の実質GDPが年率換算で前年比マイナス7・1%と経済が大幅減速をしている中で新型コロナウイルスの問題が発生したということも、経済対策を考える上では考慮すべき要因であろう。

以上のことを考えると、今回の対策規模がリーマンショック時よりも小さいままで打ち止めとなることはありえず、今回の約117・1兆円規模の経済対策だけでは到底物足りないと言えるだろう。さらに、5月4日には同月6日までとしていた緊急事態宣言を31日まで延長すると正式表明しており、追加での経済対策を取る大義名分は十分にできたと考える。

前述の通り、これまでの危機とは違い、感染拡大防止の観点からも消費を刺激する訳にもいかず、まずは現金給付と社会保険料や税金の支払い猶予の設定、家賃補助など、生活を維持させるための政策が最優先となる。

3　経済対策

総務省統計局が発表した『家計調査報告　家計収支編２０１９年（令和元年）平均結果の概要』によれば、２０１９年の二人以上の世帯（平均世帯人員２・97人、世帯主の平均年齢59・４歳）の消費支出は、１世帯当たり1ヶ月平均２９３，３７９円となっている。つまり１人当たりの消費額は約９８，７８０円であり、今回の現金給付10万円は当初の１ヶ月間の緊急事態宣言による所得減少には効果を発揮するが、再延長された１ヶ月に対しては改めて同額の現金給付をしなければいけない。

一部ではすでに消費減税の話が出ているが、それは緊急事態宣言の解除後、消費を拡大させる局面において重要な施策となるであろう。消費減税のアナウンスをすることで、減税前の買い控えが生じる可能性はあるが、その間はキャッシュレス決済に対するポイント還元の延長などをすればよい。

今回発表された緊急経済対策については、緊急支援フェーズとＶ字回復フェーズと２つのフェーズに分けられており、前者は事業規模91・３兆円程度、後者は事業規模25・７兆円程度が見込まれている。後者については主に「Go to キャンペーン事業」という仮称で呼ばれる官民を挙げた経済活動の回復が含まれているが、最初の対策で問題収束後の施策にそれなりの予算をつけていることには疑問を持つ。問題収束が近づくにつれて、追加の経済対策の中に入れ込むのは構わないと考えるが、少なくとも最初の経済対策においては全額を目先の施策に充てるべきだ。

新型コロナウイルス問題の一番恐ろしい点は、終わりが見えないということである。結局、緊急事態宣言も1ヶ月延長になった。ベーシックインカムの導入テストの意味合いも込めて、ある一定条件を明示したうえで、条件が達成されるまでは毎月数万円の現金給付をすることも検討していいだろう。

参考文献

自民党（2020）「「国民の命と生活を守る」安倍総理が緊急事態宣言発令と緊急経済対策を説明」自由民主党 https://www.jimin.jp/（閲覧日：2020年5月5日）

総務省統計局（2019）「家計調査報告　家計収支編2019年（令和元年）平均結果の概要」総務省 https://www.stat.go.jp/（閲覧日：2020年5月5日）

内閣府（2020）「新型コロナウイルス感染症緊急経済対策の経済効果試算（改定版）」内閣府 https://www5.cao.go.jp/（閲覧日：2020年5月5日）

第4章　農林水産業

第1節　農業の復興が我が国を救う

学校法人酪農学園理事長　谷山弘行

1　はじめに

新型コロナウイルス感染症の発生と世界的漫延は人類の存続の危機を連想させる。医学的危機のみならず世界の経済的危機が叫ばれているからだ。本感染症の広がりは人々の命を脅かすだけではなく、ウイルス伝播阻止のために人と人との接触を制限し、かつ我々の生活の礎である経済活動も併せて制限する。一国や一地域のレベルであれば何らかの対策は可能であろうが、世界の国々、地域が連動しているグローバル経済社会においては、すべてを同時に解決しなければならないという困難さが付きまとう。今回の感染症の広がりは、現在のグローバル経済社会が抱える根本的問題を背景にしていることは否定できない。

2　工業科学技術立国の限界

今回の騒動による世界経済の疲弊は、今後、数年にわたって顕性化してくると指摘されている。とくに我が国における多様性を欠く産業構造は、今後の経済立て直しに大きな課題として立ちはだかる。我が国は、明治維新後、欧米列強に遅れを取らないために工業立国を目指し、戦前戦後を通して一丸となって、世界に類を見ない発展を遂げてきた国である。自動車や機械、化学製品、電気機器、情報通信機器など常に世界のトップを行く自他共に認める工業科学技術立国であった。とくに戦後の高度経済成長時代、労働者確保のための農村から都市への人口移動はさながら民族移動の観を与えた。国民の所得も年々倍増し、市中には品物が溢れ、時代を享受する人々の笑顔で満たされていた。しかし、インド、中国、東南アジア諸国などの新興国が工業科学技術で肩を並べるようになった現在、こうした神話は崩れ去る。そして、手本としてきた英国や米国が味わった苦悩の時代を迎える。追い上げてくる新興国に数十年前の成長する我が国の姿が重なって見える。

生物資源に恵まれた日本

さて、我が国はこれからどう進むのか。我が国の羅針盤はどこを指しているのか。政治も経済も混迷する中、工業科学技術中心の国創りを改め、農林水産業が育む豊かな生物資源との調和のとれた国創りへと方向転換をすることが、我々の進むべき道ではあるまいか。国の産業構造のパラダイムシフトの提唱である。

「資源豊かな国・日本」などと言ったら、戯言の類と一蹴されるだろうか。しかし、よく考えてみると無いと言っているのは鉱物資源のことであろう。生物資源はどこの国よりも恵まれている。温帯に位置する我が国は地理的に東西南北に長く、沖縄と北海道では気候も風土も大きく異なる。排他的経済水域（約447万㎢、世界6位）を加えると広大な面積を有する（注1）。だが、この違いこそが我が国に生物資源の多様性をもたらし、自然の豊かさを保証しているのである。我が国には大陸にみられる砂漠のような不毛の地は存在しない。土を耕し、作物を選び、手をかければどこでも育つ。これほど食料生産に適した国は無いと言って良い。しかし、現在の農業事情や食料自給率、変質した食文化、生活環境の劣化を目の当たりにしたとき、この恵まれた自然を私たちは素直に受け入れているのだろうか、と深い疑念にかられる。我が国の食料自給率は40％（世界第14位）に過ぎない。スペインの半分の自給率である。カナダ、アメリカ、フランスなどは自給率100％を大きく越える農業大国でもある（注2）。しかし、我が国が世界有数の経済大国と自負していても、科学技術の開発が工業科学技術分野に偏っている現実は、我が国がバランスのとれた成熟した次世代の国家へと成長するための原動力にはなり得ない。豊富な生物資源、活用されることなく放置されている生物資源の利活用が安心で安定した国創りには欠かせない。量産型の工業科学技術立国から農林水産業との調和の取れた多様性に富む国への転換が求められる。「車を売って食料を買う国」からの脱却である。

3 「食」の危機と農業の衰退

現代の世界に共通する脅威は「食料配分の偏り」と「食の安全・安心」が保障されないことである。8億人が飢餓に苦しみ、多くの国で「食」の安全が脅かされている。今や「食料」は国際政治力学に翻弄され、「食」を支える「農業」も大きく変貌した。中でも、我が国の農業は崩壊の危機にある。国民の「食」への関心は高まっているのに、自国の農業危機については無関心とも言える状況にある。それを反映してか農業の担い手は減少の一途である。古来、農業の衰退と共に消え去った多くの国々が存在したことを歴史が教えてくれる。かつて「農業は国家の礎である」と言った政治家がいた。農業の崩壊は国家の崩壊につながる。

我が国の農業が抱える最大の問題は就業人口の激減である。2010年は260・6万人であったが、2019年には168・1万人となった（注3）。北海道では乳牛の飼養頭数は1990年に847千頭、2018年では790千頭、酪農家数は15千戸が6・1千戸に減少している（注4）。この数字は酪農の多頭飼育化を示す一方で、農村の人口減少を意味する。しかし、大規模農場が点在する農村では地域社会としての機能を維持し、住民の生活水準を護ることは難しい。経済的あるいは物質的生活水準の維持は可能でも、社会的あるいは文化的劣化は避けられない。「農業」は「食」を得るための生業であるが、その価値は食料生産のみにある訳ではない。「農業」は長い歴史の中で「農文化」を育み、その中で多様な「食文化」を醸成してきた。「食文化」は「農文化」から導き出された人々の根幹的価値観である。しかし、近代の都市文明の中では「食文化」の基礎となった「農文化」は消滅し、代わる「都市型食文化」が人々の生活様式と文化的価値観を根本から変えてしまった。それを暗示する数字がある。我が国では年間、量にして約2、500万トン、金額にして11・1兆円もの「食品」が廃棄されている（注5）。うち食品ロス約650万トン（注6）（注7）である。この額は我が国の農業と水産業を合わせた総生産額に匹敵する。そして、北海道の農生産額のほぼ10年分に相当する。食料自給率40％の国の話である。

4　農業復興につながる「食農教育」のすすめ

農村は単なる食料供給基地ではない。農村には農村での食料生産と消費を通した「食文化」があり、社会性を持った「農文化」が存在している（いた）のである。しかし、現代において国民の生活文化あるいは食文化を支える「農業」が消滅しつつある。それは「農業」の変質と「農文化」が支えてきた「食文化」の変質へとつながっている。この危機的状況を回避するためには、健全な「農文化」の養成と普及を行う人材育成のための教育が必要である。その新たな教育とは「農文化」と「食文化」を結ぶ「食農教育」である。新たな「農文化」の構築が地球環境を守り健全な農業を維持し、国民のあるいは世界の人々の生命と健康を支える基礎となると考えるからである。

これからの農業は、生産性を最優先とした近代農業の構造から、農村に根ざす「農文化」の再生を主眼としたものへと変化しなければならない。このことは単に農村社会を再構築するという意味だけではない。農村社会の崩壊、すなわち「農文化」の消滅はいずれ「都市文化」の崩壊につながると考えるからである。「農村」対「都市」、「農文化」対「都市文化」、「生産者」対「消費者」といった対立軸的思考ではなく、癒合の時代を導かなければならない。新しい農村と都市の関係が求められる。都市からの食の要求に応えるだけの農村ではなく、個性を持ち、これを活かして都市との機能的融合の道を探さなければならない。都市の消費者と農の生産者が協働して「食文化」を創成し食料を生産する、そういう時代に「食農教育」の必要性が強く求められるのである。農業（一次産業）が生み出す生物資源を無駄なく活用することは、二次産業や三次産業への経済的依存度を和らげ、自然環境との調和のとれた成熟した国創りへの道のりが開かれる。しかし、この分野における技術の開発や教育は工業科学技術のそれに比べて大きく立ち後れており、農林水産業における生物資源の増産とその利活用の技術開発に貢献する多様な能力を備えた人材教育がこれまで以上に必要となろう。これらの人材はそれぞれ独立して生物資源の増産に寄与するわけではない。山林の管理技術者は農地の保全や、さらには海産物の生産環境保全にも有機的に貢献する。すなわち国土保全、水源の確保、自然環境の維持や農食文化の伝承にも大きく貢献するものと考える。

5　人材養成の教育立国へ

これまで工業科学技術立国を目指した我が国は、この分野においては人材豊かな国であった。しかし、現在、我が国の発展を支えてきた教育体制は岐路に立つ。国全体の教育費は先進国（OECD）では最下位に位置し（注8）、朝令暮改的教育政策では目標も定まらない。ゆとり教育から詰め込み教育への回帰、高等教育への財政支援抑制など、国の発展の礎は国民の質の高い教育に依存していたはずだが、今や教育においても後進国となりつつある。我が国の恵まれた環境で生物資源を増産・活用する技術を開発し、工業科学技術との調和を図り、多様性を持った国の発展に寄与する人材の養成が必要不可欠なのである。従来の農学部教育の延長線上での「食農教育」ではなく、複数学部にまたがる多様性を持った人材教育組織の構築とその展開が必要となろう。人材豊かな国であり続けたい。

【注】

（1）　内閣府（2020）「世界の領海及び排他的経済水域の面積・体積ランキング」内閣府 https://www8.cao.go.jp/（閲覧日：2020年5月10日）

（2）　農林水産省（2020）「世界の食料自給率、諸外国・地域の食料自給率等」農林水産省 https://www.maff.go.jp/（閲覧日：2020年5月10日）

（3）農林水産省（2020）「農業労働力に関する統計、農業就業人口及び基幹的農業従事者数」農林水産省 https://www.maff.go.jp/（閲覧日：2020年5月10日）
（4）鈴木健一（2019）「北海道の酪農・畜産をめぐる情勢」https://www.soumu.go.jp/（閲覧日：2020年5月9日）
（5）NEWSポストセブン（2020）「日本の食品ロス　1世帯年間6万円　全体で11兆円」https://www.news-postseven.com/（閲覧日：2020年5月9日）
（6）政府公報オンライン（2019）「もったいない！食べられるのに捨てられる「食品ロス」を減らそう」https://www.gov-online.go.jp/（閲覧日：2020年5月9日）
（7）消費者庁（2019）「食品ロス削減関係参考資料」消費者庁 https://www.caa.go.jp/（閲覧日2020年5月9日）
（8）文部科学省（2020）「我が国の教育行財政について」文部科学省 https://www.kantei.go.jp/（閲覧日：2020年5月9日）

第2節

社会的距離の仮想市場評価から考える農山村地域（地方）の再評価

明治大学兼任講師　土居拓務

1　はじめに

コロナウイルス感染症流行が収束する頃、日本の農山村地域はより一層の脚光を浴びると予測する。パラダイムシフトという表現が妥当なほどに、社会全体の価値観は大きく変容している。多くの企業が在宅勤務を導入し、都心における長年の課題であった満員電車の緩和も促されている。社会が先送りしていた取組を必要に迫られて急速に実施した稀有な事態ではなかろうか。この間に改めて取り沙汰された概念の1つとして、社会的距離（social distance）がある。人と人との距離の重要性が再確認された。自身の周囲が広いに越したことはないが、その距離が健康を著しく脅かす事態に進展した。政府もコロナウイルス飛沫感染防止のため、人と人との間に一定の距離を設けるよう繰り返している。

図表４－１　アンケート対象者属性（単位：人）

	20代	30代	40代	50代	60代	70代	合計
男性	5	18	26	8	4	1	62
女性	10	21	19	11	1	0	62
合計	15	39	45	19	5	1	124

図表４－２　ウイルスの流行と社会的距離の意識（単位：人）

回　答	男性	女性	合計
強く意識するようになった	14	23	37
意識するようになった	37	34	71
以前と変わらない	11	5	16
合　計	62	62	124

2　仮想市場評価法による社会的距離の価値調査

著者はこの社会的距離を人々がどのように評価しているかを明らかにするため、２０２０年4月17－24日にかけ東京近郊で生活する20代から70代の計１２４名（図表４－１）に対してアンケート調査を実施した。なお、うち10名は本アンケートを作成するにあたり事前の詳細調査を実施し、残り１１４名はホワットエバー（株）に調査委託している。

事前調査において、10名中10名が、本調査対象１２４名のうち１０８名が、コロナウイルス感染症を契機に社会的距離を意識するようになったと回答している（図表４－２）。

事前調査では現実に価値を持つと考えられる社会的距離についての範囲を求めた。具体的に

図表４－３　社会的距離の価値の増加率

	１－２ｍ	２－３ｍ	３－４ｍ	４－５ｍ
変化率	1.13	0.23	0.05	0.07

図表４－４　社会的価値の推移（半径１－５ｍ）

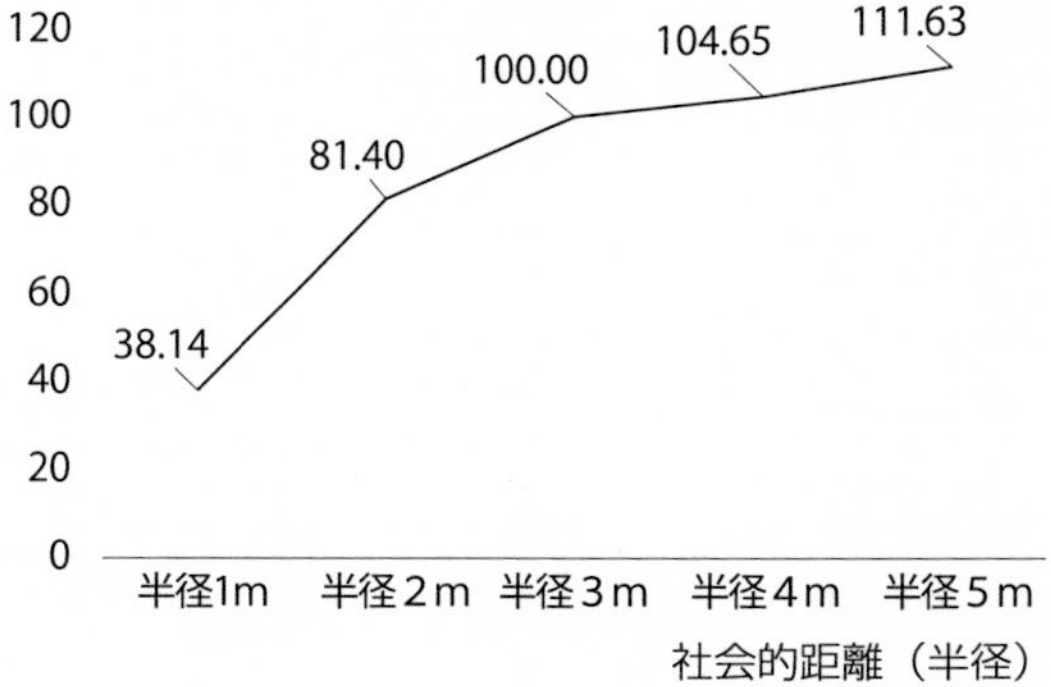

半径１ｍから５ｍまでの社会的距離の価値について、仮想市場評価法（CVM：Contingent Valuation Method）により金銭評価した。範囲が半径１ｍから２ｍ、２ｍから３ｍと広がるほど価値は高まるが、半径３ｍを境に価値の増加率が鈍化する傾向にあった（図表４－３）。これは半径３ｍ以上の社会的距離は不要と考える人が多いことを意味している。図表４－４は半径３ｍの価値が１００になるように縦軸を設定している。なお、事前調査の半径３ｍにおける金銭評価額の平均値は２、１５０円であった。

アンケートの本調査では半径３ｍの社会的距離に絞って金銭評価を行った。結果、平均値は２、３８３円であり、中央値は１、０００円であった。仮想市場評価法では一般に中央値を指標とするた

図表4－5　仮想市場評価法により求めた社会的距離の度数分布表

階級	階級値	度数	累積度数	相対度数	累積相対度数
0	0	34	34	0.27	0.27
1－1000	500	35	69	0.28	0.56
1001－2000	1500	16	85	0.13	0.69
2001－3000	2500	13	98	0.10	0.79
3001－4000	3500	4	102	0.03	0.82
4001－5000	4500	5	107	0.04	0.86
5001－6000	5500	6	113	0.05	0.91
6001－7000	6500	0	113	0.00	0.91
7001－8000	7500	1	114	0.01	0.92
8001－9000	8500	0	114	0.00	0.92
9001－10000	9500	1	115	0.01	0.93
10001－	15000	9	124	0.07	1.00
合計		124		1.00	

図表4－6　仮想市場評価法により求めた社会的距離の価値（半径1m－5m）（単位:円）

	半径1m	半径2m	半径3m	半径4m	半径5m
社会的距離の推定価値	381	814	1000	1047	1116

図表4－7　ウイルス流行と農山村地域への関心（単位：人）

回答	男性	女性	合計
強く関心を持つようになった	6	2	8
関心を持つようになった	15	17	32
以前と変わらない	41	43	84
合計	62	62	124

図表4－8　1日当たりの外出時に半径3m以内に立ち入る人数（単位：人）

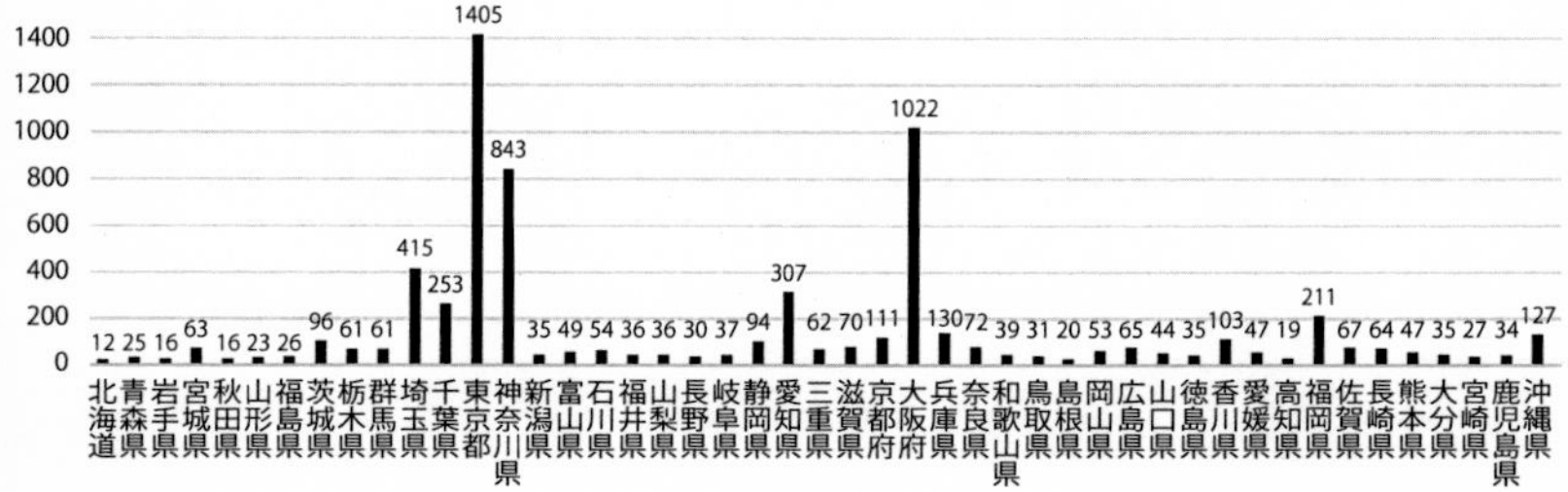

め、社会的距離半径3mは1、000円の価値があると言える。図表4－5は124名の回答の度数分布表である。また、事前調査で得られた半径1mから5mまでの社会的距離の価値の比率を乗じることで、半径1mから半径5mの社会的距離の価値を推定した（図表4－6）。

一方、人が生活を営む上で、どれくらいの空間（㎡）を必要としているかについて先行研究を基に検討する。生活に必要な社会的距離は半径3mであると仮定して、一人が1日当たりに必要とする面積を計算すると約199万4、302㎡になる（注1）。しかしながら、日本の面積から住宅敷地面積分を引き、それを人口数で割った値、つまり、人が住宅の外に出て保有できる一人当たりの面積（外出時の保有面積）はわずか2、935・71㎡に過ぎない（注2）。つまり、日本国内で普通に生活していると1日当たり約66人が半径3m以内に立ち入っている計算になる。同様の分析を全都道府県で実施したのが図表4－8である。東京都では1日当たり1、405人、大阪府では1、022人、神奈川県では843人もの人数が社会的距離である半径3m以内に立ち入るのに対し、北海道では12人、岩手県では16人、秋田県では16人と極

図表4－9　47都道府県の外出時の平均保有面積（㎡）と年間平均賃金額（円）

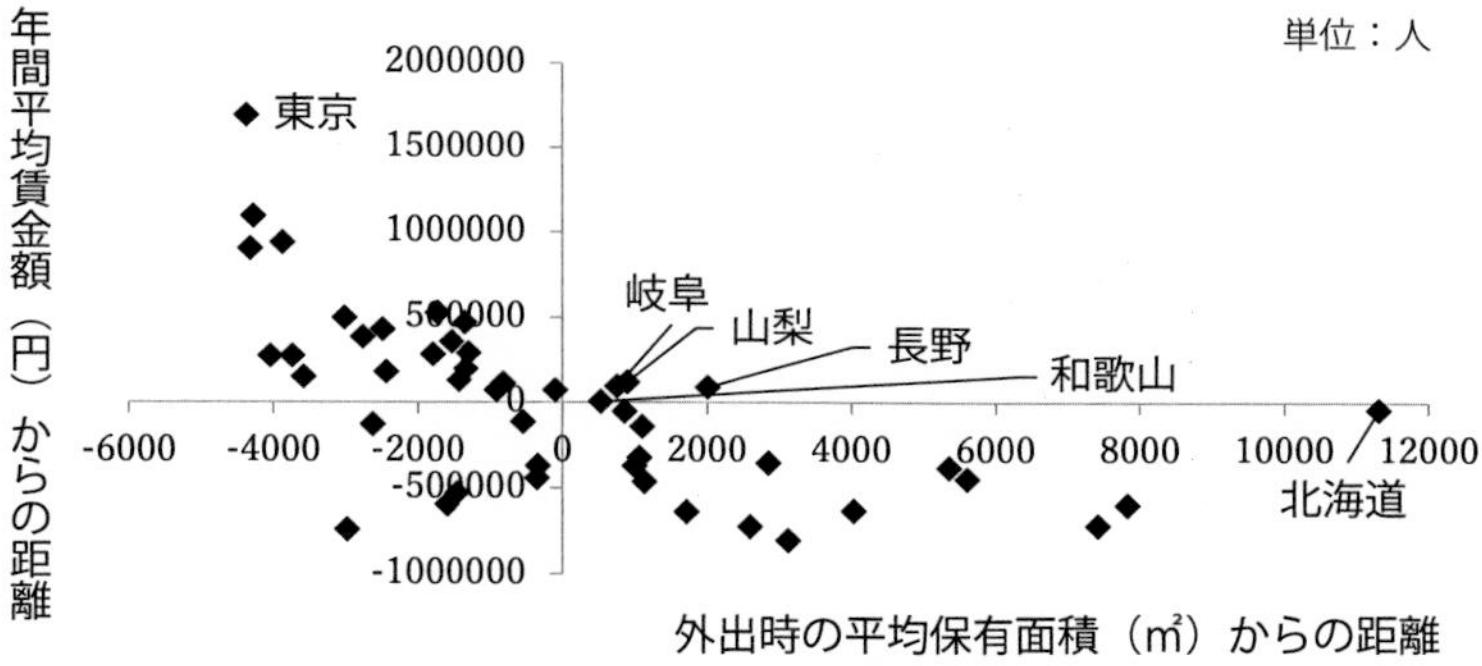

めて少ないのである。社会的距離半径3mに1、000円の価値があることを踏まえると、この差は無視できない。事実、コロナウイルス感染症流行に伴って農山村地域に魅力を感じたかについてアンケートしたところ図表4－7の結果を得ている。図表4－2と図表4－7との回答結果に相関関係（R＝0・25）があるため（注3）、社会的距離を意識し始めた人ほど、農山村地域に興味を持ち始めている。

3　農山村地域（地方）の再評価

外出時の保有面積と年間賃金額の2つを軸に、各都道府県を考えたい。令和元年賃金構造基本統計調査によると、東京都の年間賃金額は全都道府県の平均（約451万円）よりも約169万円高い620万円であるが、外出時の保有面積は平均（約4、509㎡）より約4、371㎡も少ないわずか138㎡になっている。反対に、北海道では、外出時の保有面積は約

15、821㎡と平均より11、312㎡も大きいが、年間賃金額は約446万円と平均を5万円ほど下回っている。

図表4－9は、47都道府県について年間平均賃金額（注4）からの距離を縦軸に、外出時の平均保有面積（㎡）からの距離を横軸に描いている。この二軸を基準にした場合、長野県、山梨県、岐阜県、和歌山県はどちらも平均以上であり、改めて魅力が確認される。

本稿は社会的距離についての市場価値を計測するとともに、それに意識を向ける人々が農山村地域（東京以外の都道府県）に関心を示しつつあることを明らかにした。また、外出時に一人当たりが保有できる面積と賃金水準を各都道府県で比較した場合、長野県、山梨県、岐阜県、和歌山県に魅力の焦点が当たることを示した。空前のコロナウイルス感染症流行を受けて、今後、人々の価値観はより一層の多様性を持つであろう。そして、これを契機に都市ではなく地方に魅力を覚える人々はますます増えると予測される。

都心のみに魅力を感じるのではなく、地方の魅力を再認識する際の手がかりの1つとして本稿を執筆した。

【注】

（1） 国土交通省都市局都市計画課都市計画調整室「都市における人の動きとその変化～平成27年全国都市交通特性調査集計結果より～」7頁、「（1） 都市交通の基礎的な特性」により1日の移動回数を2・37回と仮定している。計算は、1日当たり移動回数：平日2・17回、休日1・68回、外出した人の1日当たり移動回数：平日

2・68回、休日2・79回のため、{(2.17×5＋1.68×2)＋(2.68×5＋2.79×2)}/5＋2＋5＋2＝2.37である。内閣府（平成22年）「Ⅱ.国民アンケート調査結果」１００頁、「図表11－11　移動目的別1回あたり移動距離」を参考に1日当たり平均移動距離を2・92㎞と仮定している。計算式は、1回当たり平均距離、全目的1週間合計：20・５㎞（20.5㎞/7日＝2.92㎞/1日,1回）、1日の平均移動距離：2・92㎞×2・37回＝6・92㎞であり、社会的距離半径３ｍの範囲は32π㎡≒28㎡であるため、6・92㎞×28㎡≒1、９９４、３０２㎡になる。なお、計算にはExcelを使用している。

（2）平成30年住宅・土地統計調査（住宅の構造等に関する集計第１７９表）より住宅数に1住宅当たり敷地面積を掛けて全住宅面積を求め、それを日本の国土面積から引き、人口総数で割って求めている。

（3）図表４－２と図表４－７ともに、以前と変わらない＝０、意識するようになった・関心を持つようになった＝１、強く意識するようになった・強く関心を持つようになった＝２の計数値を代入して０・25の相関係数を求めている。

（4）厚生労働省（２０２０）「令和元年賃金構造基本統計調査」における男女計「きまって支給する現金給与額」に「年間賞与その他別給与額」を足して求めている。

参考文献

厚生労働省（２０２０）「令和元年賃金構造基本統計調査」厚生労働省　https:/ /www.mhlw.go.jp/（閲覧日：２０２０年４月25日）

国土交通省国土地理院（２０２０）「令和２年全国都道府県市区町村別面積調（1月1日時点）」国土交通省　https://www.gsi.go.jp/（閲覧日：２０２０年４月26日）

国土交通省都市局都市計画課都市計画調整室（２０１５）「都市における人の動きとその変化～平成27年全国都

市交通特性調査集計結果より〜」国土交通省。
庄司康（１９９８）「自然公園管理に対するＣＶＭ（仮想的市場評価法）を用いたアプローチ」『ランドスケープ研究62巻5号』６９９－７０２頁、日本造園学会。
総務省統計局（２０２０）「平成30年住宅・土地統計調査　住宅の構造等に関する集計」総務省 www.stat.go.jp/（閲覧日：２０２０年４月25日）
総務省統計局（２０２０）「人口推計（２０１９年（令和元年）10月１日現在）」総務省　www.stat.go.jp/（閲覧日：２０２０年４月25日）
内閣府（２０１０）「Ⅱ．国民アンケート調査結果」内閣府　https://www8.cao.go.jp/（閲覧日：２０２０年４月27日）

第3節

地方移住の促進へ舵を―四国からみたコロナ禍以後―

松山大学教授　市川虎彦

1　過疎地域のコロナ禍

２０２０年３月、旧知の社会学者を四国松山に迎えた。氏は、「マスクをつけていない人が多いなあ」とびっくりしていた。四国全体として感染者は少なく、３月の時点で愛媛県内では一桁であった。３月は、予定されていた研究会、会議の類も次々と中止になっていた。松山市にいると、そこまでしなければいけないのかというのが、正直な思いであった。

５月になって、愛媛県南部の中心都市である宇和島市に行くと、同時期の松山よりもはるかにマスクの着用率は低く、のんびりとした雰囲気であった。きっと東京から見た松山は、松山から見た宇和島のようであったのだろうなと、あらためて思った。実際、県別に集計されるとわからなくなるけれども、２０２０年５月末時点で市町村別にみると、愛媛県内では感染者を出していない市町の方が多い。宇和島市も感染者ゼロであったから、それほど緊迫した空気がないのも当然であろう。地方の農村地帯は「密」を避けろといっても、過疎で苦しんでいるわけだから、そもそも「密」になりようがないのである。

この新型コロナ禍の中、若い世代で地方移住を考える人が増えているという報道に接した。感染の恐れがつきまとう過密な都市生活を考え直す人々が現れてきているのであろう。何十年も前から東京一極集中に対する批判や地方分散の提唱は行われてきた。かけ声だけで前に進まない施策というのはいくつもあれど、これぞその典型といえる。この機会に、地方移住が増加する方向へ向かうことを望みたい。それには、何が鍵になるのであろうか。

2　住みたい田舎・西条市

さて、コロナウイルス問題の発生と、ちょうど時を同じくして刊行された『田舎暮らしの本』２０２０年2月号（宝島社）に掲載の「２０２０年版 住みたい田舎ベストランキング」において、「若者世代が住みたい田舎」の人口10万人以上の地域部門で、愛媛県西条市が全国1位に選出されたという。西条市といっても、全国的には知名度の低いまちである。そういったまちの何が移住希望者を惹きつけるのか、西条市の紹介を兼ねて考えてみたい。

西条市は、愛媛県東部の都市である。西はタオル製造と造船の地場産業のまち・今治市と、東は住友系企業の企業城下町・新居浜市と接しており、両工業都市にはさまれている。遠浅の燧灘に面している西条市の北部には道前平野が広がり、愛媛県有数の農業地帯を形成している。市の南部は山地となっており、西日本最高峰の石鎚山を有している。西条市は、この石鎚山系を源流とする地下水が豊富なことで知られている。その地下水が湧き出す場所が市

図表4－10　旧西条市（域）の人口の推移（人）

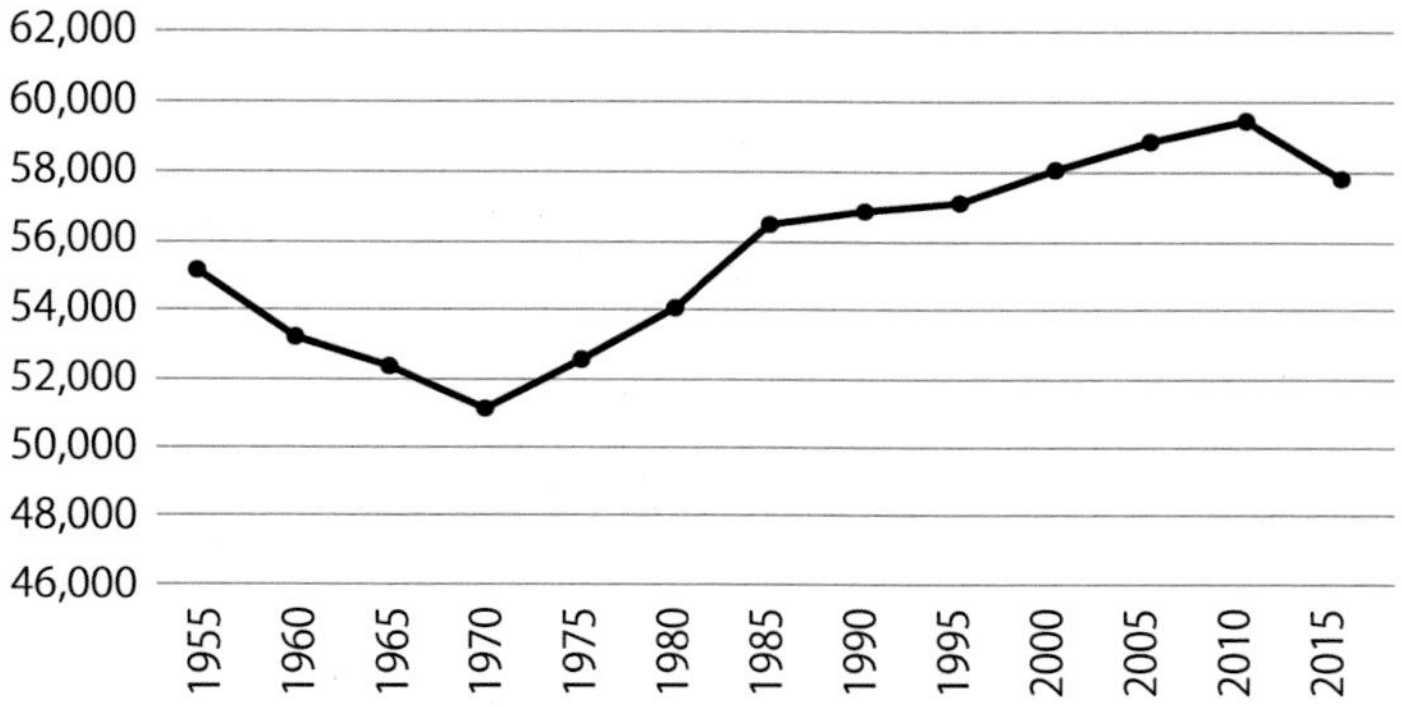

出所：愛媛県統計協会『統計からみた市町村のすがた』各年度版より作成。

内各所にある。この自噴井は、「うちぬき」と呼ばれる。うちぬきは、１９８５年に環境庁が選定した「名水百選」にも選ばれている。愛媛県内では、この恵まれた水にちなんで、西条市を「水都」「水の都」と称している。また県内では、上水道代が無料であることが知られている。秋には西条祭りが催され、「だんじり」と呼ばれる美しい山車が出る。隣の新居浜市の太鼓台祭りとならんで、愛媛県ではその盛り上がりようが有名である。

図表４－10にみられるように、西条市も高度経済成長期には人口流出に見舞われた。新居浜や今治と異なり、これといった産業がなかったためである。しかし、地域の目標として、海面埋め立てによる工業地帯の形成を、戦後一貫して追求したのである。埋立地が造成されると、土地の売却はうまくいき、臨海工業地帯が形成されていく。製造業の立地に伴い、１９７０年代から人口は増加に転じ、２０１０年まで増加し続けた。工業都市としては先発の今治

市と新居浜市は、逆に80年代後半以降、人口減に見舞われている。愛媛県の市町村では、県庁のある松山市とその周辺自治体を除くと、90年代以降、人口増加を経験したのは西条市のみである。さすがに2010年代に入ると、少子化のあおりで人口減少に転じてはいるが。

製造品出荷額をみると、1960年の時点で、隣接する工業都市・新居浜市が614億円であったのに対し、旧西条市・周桑郡（現在の西条市）が117億円で、新居浜市の5分の1以下であった。それが1980年には、新居浜市5,976億円、現西条市域2,789億円と、新居浜市の半分程度までに増加した。1990年になると、重厚長大型産業が中心の新居浜市は構造不況に直面して4,881億円まで製造品出荷額を減少させてしまう。一方の西条市は工場進出が相次ぎ、現西条市域でみると5,034億円まで増加し、ついに新居浜市を上回る製造品出荷額を記録する。こうして西条市は、四国有数の工業都市の地位を占めるに至っているのである。

西条市が移住希望者を惹きつけるのには、豊富な水と祭りでイメージがよい、市役所が移住者支援に意欲的に取り組んでいる等のこともあろう。しかし最大の理由は、農業も含めて、生計がたてていける安定した雇用が数多くあるということだと思われる。

3　まちづくり優等生・内子町と最南端の町・御荘町

もう1つ、愛媛県の事例をみてみたい。これまで愛媛県におけるまちづくりや地域活性化の成功事例として全国的に知られてきたのは、内子町である。内子町は、松山市から南西へ約40kmのところにある山間のまちである。この町は、江戸時代後期から明治にかけて、木蝋の生産によって繁栄した。この繁栄は、町内中心部の八日市地区にある商家群から偲ばれる。内子町では、町役場職員の岡田文淑氏を中心に、1970年代という早い時期から、この八日市地区の歴史的な街並みの保存への取り組みがなされた。この取り組みが功を奏し、1982年に国の重要伝統的建造物群保存地区への指定に至った。1983年には、伝建地区近くの内子座（1916年建設の歌舞伎劇場）の修復工事が行われ、新たな観光資源となっている。こうした取り組みが評価され、内子町のまちづくりは、サントリー地域文化賞などを受賞している。まちづくりは、この伝統的な景観保護にとどまらず、農産物直売所「フレッシュパークからり」による地域振興もそれに続いた。「からり」は1993年から施設整備が始められた。単なる農産物直売所ではなく、農産物を加工する工房やその販売所、飲食施設などを併設し、第3セクター方式で運営されている。人口集積のある松山市から自動車で1時間程度の場所ということもあり、多くの集客がある。この「からり」は、経済産業省と農林水産省共同の農工商連携88選などにも選ばれている。いわゆる「6次産業化」の成功例と評価されている。

諸富徹氏は内子のまちづくりを高く評価し、「自らが保有する地域固有資源を活用し、それに磨きをかけていくなかで観光業、農業の活性化をはかり、そこで得た富をさらに再投資して地域をよくしていくという好循環（内発的発展）をつくりだしている」とした上で、「中

図表４－11　旧内子町・旧御荘町の人口の推移（人）

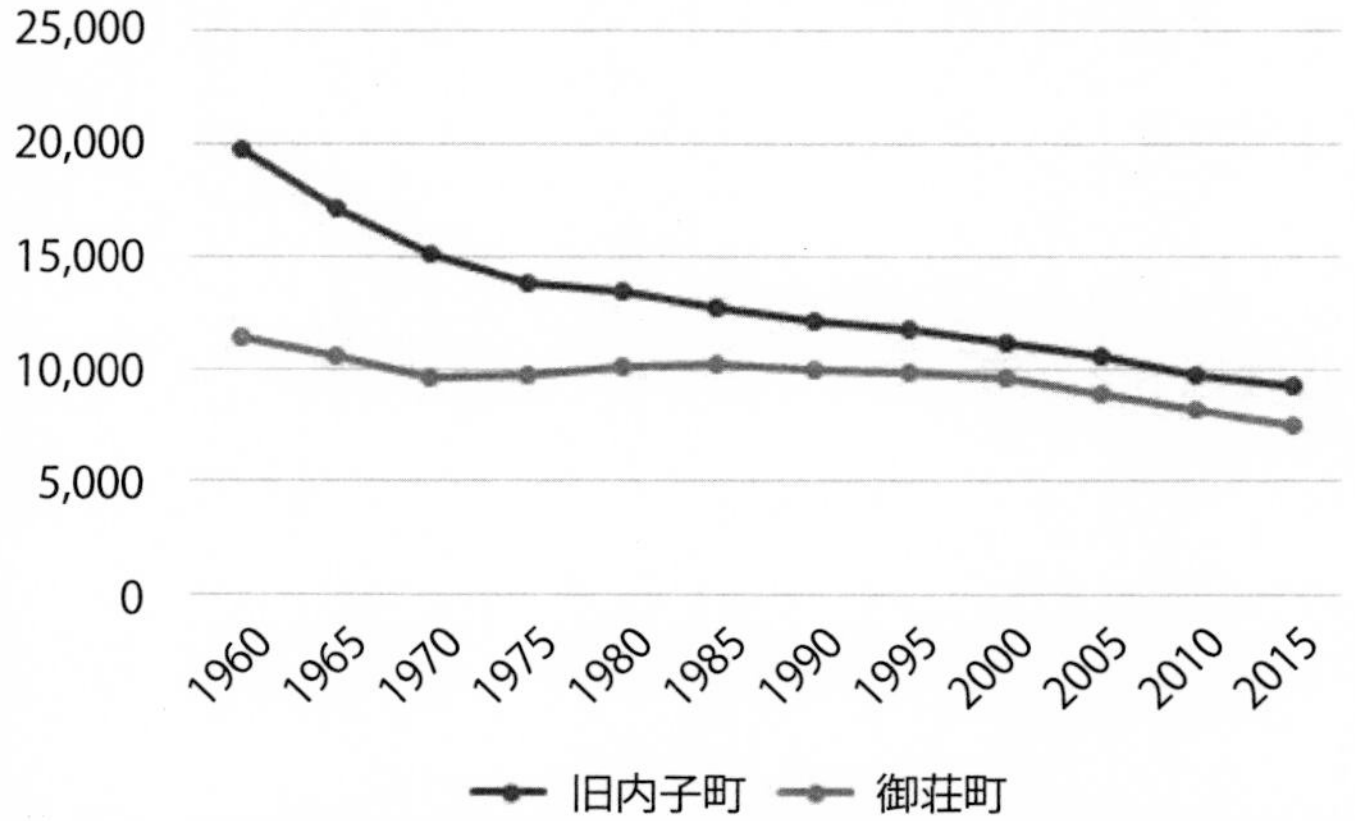

出所：愛媛県統計協会『統計からみた市町村のすがた』各年度版より作成。

山間地域における持続可能な発展の実例であり、一つの有力なモデルとして位置づけたい」（注1）と述べている。諸富氏は、地域固有の資源を活用した地域振興を「内子町モデル」と呼び、絶賛に近い高評価を与えている。

図表４－11は、その内子町と愛媛県最南端の御荘町（現在は愛南町の一部）の人口の推移である。御荘町は、リアス式海岸沿いに形成された海辺の町で、鉄道も高速道路も通っていない不便な地域である。見ての通り、まちづくりの成功事例として高い評価を受けてきた内子町は、実は人口減少に歯止めがかからない状態で、今日に至っている。１９６０年に１９，７９０人と２万人近くいた人口が、２０１０年には１万人を割り込み、２０１５年には９，２７２人まで減少している。１９６０年からの半世紀あまりで人口が半減しているのである。今後も下げ止まる気配はなく、とても「持続可能な発

展の実例」とは言えない状況にある。たしかに、内子町のまちづくりへの取り組みとその成果は、見習うべき点が多いといえよう。にもかかわらず人口が減少し続けていることにこそ、着目せねばなるまい。

一方、御荘町は、戦後になって減少してきた人口が、1970年に底を打つ。その後は、むしろ人口増加に転じているのである。そして1980年代には人口1万人台を回復するに至っている。この背景には何があったのであろうか。御荘町では、1970年代に御荘湾におけるハマチなどの水産養殖業が創始されている。1970年にわずか3億円弱であった水産業生産額は、1985年には69億円へと急伸している。その結果、養殖業とその関連産業（稚魚・飼料供給、資材供給、水産物運搬など）の雇用が拡大したのである。要は、辺鄙なところでも雇用があれば、人は定住するのである。

4 地方移住の鍵は

逆に、観光振興、集客イベント、直販所、B級グルメ等々は、いかに成功しているようにみえても小手先のことで、地域の屋台骨を支えるような雇用を生み出しはしない。同様に移住というと、マスコミで紹介されるのは、こだわりのカフェ、古民家レストラン、手打ちそば店等の開業であり、陶芸や和紙等の伝統産業に取り組む人であったりする。物語性があり、人々の興味関心をひくからであろう。しかし、地方移住が進むには、第1次産業も含めて、ふつうの人が経済基盤を築けるような安定した雇用が多くあることが肝要だと思われる。「個性的な人の独自の人生」も可としよう。だが、数として移住者を増やすには、雇用である。移住者支援政策の前に、産業振興策が必要とされているのだと思う。都市生活者の意識が変化した機会を捉えて、効果的な施策を打つべきであろう。

※内子町・御荘町に関する記述は、拙稿「総合戦略策定という無駄」の一部を加筆修正したものである。

【注】

（1） 諸富徹『地域再生の新戦略』166頁。

参考文献

市川虎彦（2011）「新興工業都市の政治―西条市―」『保守優位県の都市政治』晃洋書房。

市川虎彦（2017）「総合戦略策定という無駄」『現代の理論』12号。

田舎暮らしの本（2020）「2020年版 住みたい田舎ベストランキング」2020年2月号、宝島社。

諸富徹（2010）『地域再生の新戦略』中央公論新社。

第4節

"The Great Lockdown"からの経済の立て直し
ーグローバル視点とローカル視点からー

明治大学客員研究員／一般社団法人Pine Grace事務局長　本田知之

1　はじめに

新型コロナウイルス感染症によるパンデミックに伴うロックダウン（都市封鎖）や国・地域間のヒト・モノ・カネの往来の停滞に伴い、経済活動の停滞・縮小が発生している。ＩＭＦ（国際通貨基金）は、コロナウイルス感染症の流行に伴う一連の景気後退を"The Great Lockdown"と表現しており、ここではこれに倣いたいと思う。The Great Lockdownの影響により、株式市場は、２０２０年2月21日からの約1ヶ月の間に、日本においては日経平均株価が約28％、米国においてはダウ・ジョーンズ工業株30種平均株価が約36％の下落を見せた。あまりの急速な株式市場の下落であったため、大量の追証金発生に伴う現金の不足が原因と見られる基軸通貨であるドルの需要の拡大が見られ、日経平均株価指数が下落しているにも関わらず、ドル円相場は円安に傾くという異例の事態も発生した（歴史的には、日経平均株価指数とドル円相場は同じ方向で連動する傾向にある）。日経平均株価、ダウ・ジョーンズ工業株30種平均株価ともに3月下旬に反発し、２０２０年4月23日現在、1ヶ月間ほどの安定状態を保っているが、さらなる下落の懸念は消えていない状況にある。一方、コモディティについても価格の下落が見られ、とくに、原油価格については、1月下旬より急激な下落が続いており、主要産油国から成るＯＰＥＣプラスが２０２０年4月12日の緊急仮想会合において、5月1日から日量９７０万バレルという過去最大級の減産合意を行ったにも関わらず、その日以降も原油価格の下落は止まらず、４月20日には期近である原油先物５限月がマイナス価格に下落するという、史上初の事態が発生した。

また、コロナウイルスの感染については拡大傾向が続いており、4月14日に全世界で感染者が２００万人を突破したほか、日本においても感染者数は増加を続けており、4月7日には東京などの7都府県に対して、新型インフルエンザ等対策特別措置法に基づく「緊急事態宣言」が発令されたほか、４月17日にはその対象が全都道府県に拡大された。

このような先行きの不透明な状況下でどのようにして経済を立て直していくべきか。まずは、今後の経済の見通しについて、ＩＭＦの「世界経済見通し（World Economic Outlook 2020 April）」を主な材料として考察するとともに、経済の立て直しに向けたご提案を行いたい。

図表４−12　実質GDPの成長率（年間変化）の推移

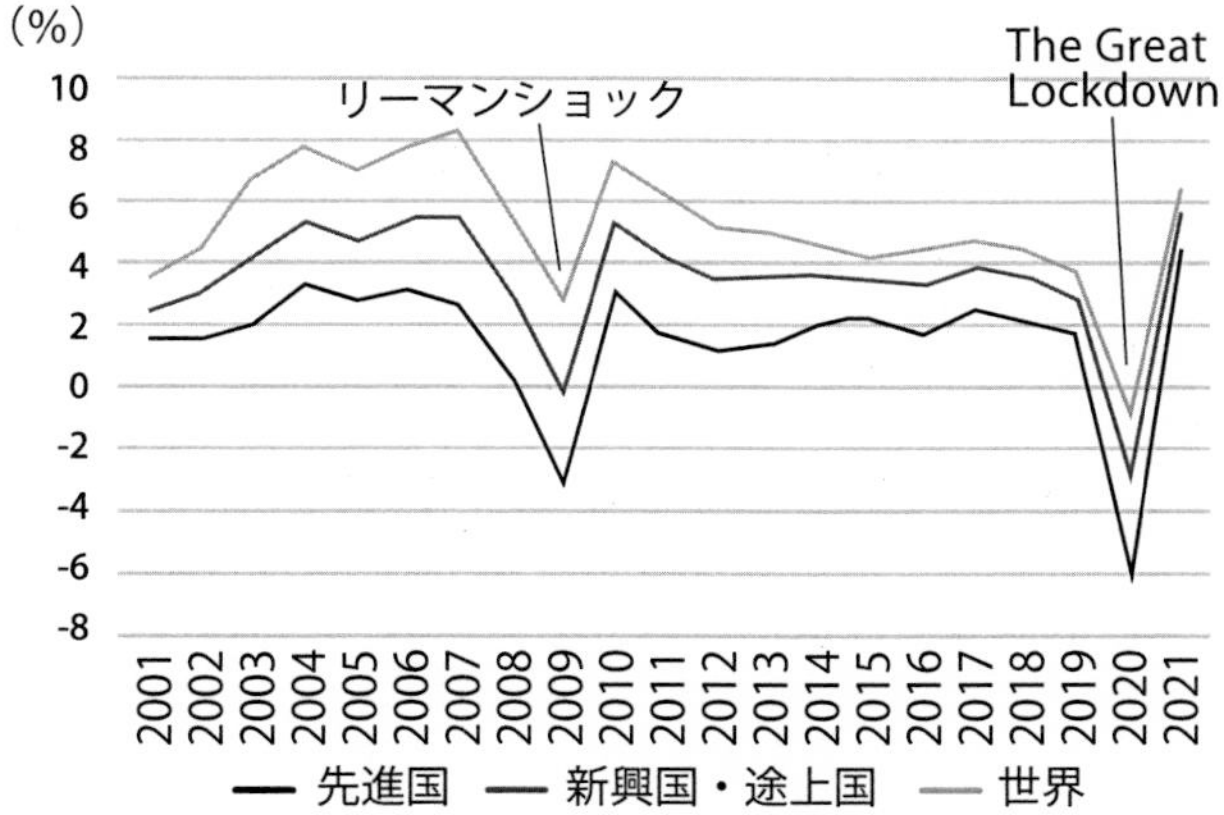

※IMF WED 2020 Aprilより作成。
※2001 〜 2019年は実績値。2020年〜 2021 年は予測値。

２　今後の経済の見通しについて

ＩＭＦが２０２０年４月14日に公表した「世界経済見通し」においては、The Great Lockdownの特徴として不確実性が指摘されており、予測上のシナリオについてもそれを補完すべく、ベースラインの他に３つのシナリオによる予測が示されているが、ここではそのうちベースラインのシナリオによる予測について言及したい。なお、ベースラインシナリオでは、パンデミックは２０２０年の後半に収束するものとされている。このベースシナリオに基づく２０２０年および２０２１年の予測を加えた世界経済の成長率の推移を図表４−12に示す。

２０２０年の世界ＧＤＰ（実質ＧＤＰ）はマイナス３％成長になると予測されている。

図表4－13　IMF世界経済見通し（WEO 2020 April）による成長率予測

	実績	予測	
（実質 GDP 年間の増加率，（%））	2019	2020	2021
世界 GDP	2.9	-3.0	5.8
先進国	1.7	-6.1	4.5
アメリカ	2.3	-5.9	4.7
ユーロ圏	1.2	-7.5	4.7
ドイツ	0.6	-7.0	5.2
フランス	1.3	-7.2	4.5
イタリア	0.3	-9.1	4.8
スペイン	2.0	-8.0	4.3
日本	0.7	-5.2	3.0
イギリス	1.4	-6.5	4.0
カナダ	1.6	-6.2	4.2
その他の先進国・地域	1.7	-4.6	4.5
新興市場国と発展途上国	3.7	-1.0	6.6
アジアの新興市場国と発展途上国	5.5	1.0	8.5
中国	6.1	1.2	9.2
インド	4.2	1.9	7.4
ASEAN 原加盟国 5 ヵ国	4.8	-0.6	7.8
ヨーロッパの新興市場国と発展途上国	2.1	-5.2	4.2
ロシア	1.3	-5.5	3.5
ラテンアメリカ・カリブ諸国	0.1	-5.2	3.4
ブラジル	1.1	-5.3	2.9
メキシコ	-0.1	-6.6	3.0
中東・中央アジア	1.2	-2.8	4.0
サウジアラビア	0.3	-2.3	2.9
サブサハラアフリカ	3.1	-1.6	4.1
ナイジェリア	2.2	-3.4	2.4
南アフリカ	0.2	-5.8	4.0
低所得途上国	5.1	0.4	5.6

※IMF WED 2020 Aprilより（一部改変）。

この数字は、リーマンショックによる景気後退が発生した2009年の成長率（マイナス0・4％）と比較しても大きなものとなっている。内訳を見ると、先進国がマイナス6・1％、新興国・途上国がマイナス1％成長となっている。また、The Great Lockdownにおいては、先進国における縮小幅が大きいこともさることながら、リーマンショックの際には3・1％のプラス成長を続けた新興国・途上国がマイナス成長となることが、世界GDPの縮小の予測をより大きなものにしていることが見て取れる。なお、新興国・途上国の双方の成長率がマイナス成長となることはIMFが統計を公表している1980年以来一度も起きていない。

一方、続く2021年については、世界は5・8％、先進国は4・5％、新興国・途上国は6・6％と、直近のトレンドを上回る成長率を示すことが予測されている。これは非常に低いレベルからの経済活動の正常化を反映するものであり、リーマンショック後の2010年の世界の成長率が2009年のマイナス0・1％から一気に5・4％に回復したという歴史的事実とも整合するものである。

次に、国別の経済成長の見通しについて見ていきたい。図表4－13にIMFによる主要な国の成長率予測を示す。これによると、2020年については、南欧を中心とした欧州や新大陸での経済規模の縮小が顕著であることがわかる。また、日本も欧米諸国に比べればマイルドであるがマイナス5・2％と大きな縮小が予測されている。

一方、アジアの新興・途上国についても、2020年においても、中国1・2％をはじめとしてプラス成長が予測される国もあり、全体としても1・0％のプラス成長が予測されている。これは、これらの国々のもともとの成長率が高いことに加え、中国で感染者の増加に歯止めがかかり、移動制限が解除されるなど、2020年の残りの期間でのリバウンドが期待できる状況などが要因として挙げられる。さらに、2021年については、リバウンドによる10％近い高い経済成長が予測されている。

3 The Great Lockdownからの復興に向けた提言

1と2において、The Great Lockdownの2020年4月中旬における現状と2020、2021年の経済見通しを示した。これらの状況を踏まえ、我が国において復興に向け実施すべき施策としては、まずは、新型コロナウイルスの蔓延の封じ込めを早期に達成することであることは言を俟たないであろう。封じ込めが遅れた場合、経済への悪影響は2で示したものよりさらに悪化するからだ。そして、蔓延の封じ込めの完了後には、早急に経済を正常化させることが重要である。この際に、着目すべき視点として、グローバルなものとローカルなものの2つを提言したい。

グローバルな視点からのものとしては、成長を続ける見込が高い（期待値が高い）市場を選び、ターゲットとすべきであるということである。先述の通り、日本を含む先進国の経済が大きく後退することが見込まれている一方、経済のプラス成長の継続および2021年に

図表４－14　全産業の有効求人倍率と林業新規就業者の推移

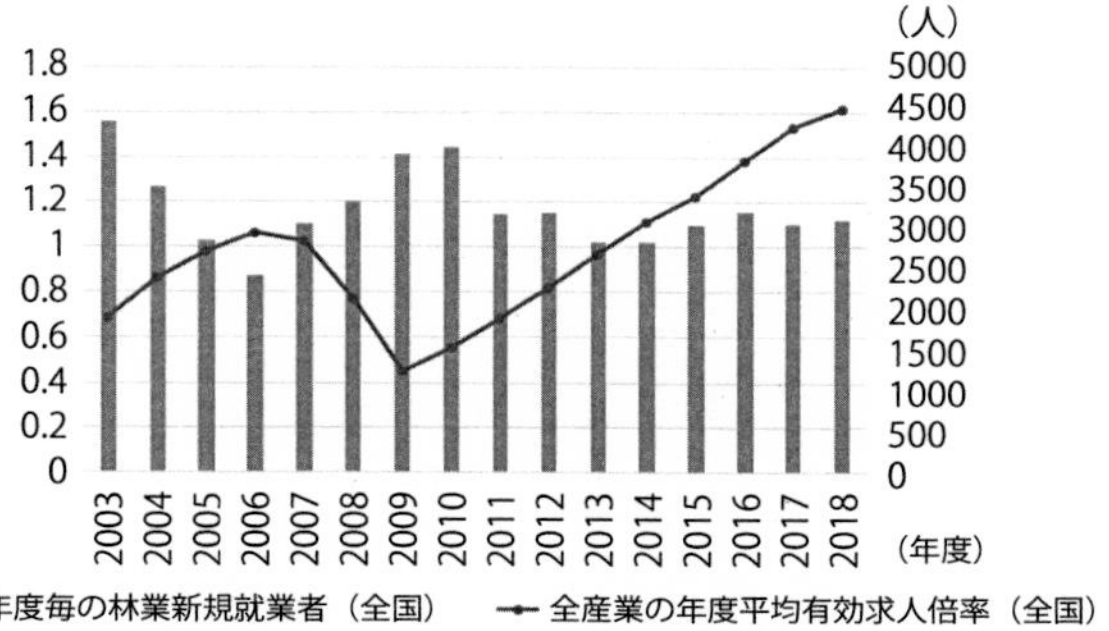

※有効求人倍率は厚生労働省一般職業紹介状況（職業安定業務統計）より
※林業新規就業者数は，林野庁「林業労働力の動向」
（https://www.rinya.maff.go.jp/j/routai/koyou/01.html）より
※左軸が有効求人倍率と対応しており，右軸は林業新規就業者数と対応

おける成長加速が見込まれる国々がアジアを中心に存在している。とくに、我々日本人が着目すべきは、隣国かつＧＤＰ規模世界第２位である中国の市場であろう。中国経済の実際の動きを見てみると、中国国家統計局が２０２０年４月17日に発表した２０２０第１四半期（１～３月）の同国ＧＤＰは前年同期比でマイナス６・８％と大きく落ち込んだが、３月の製造業購買担当者指数（ＰＭＩ）は52・０と過去最低だった２月の35・７から大きく持ち直しており、足下では回復が進み、今のところＩＭＦのシナリオと一定程度整合した動きとなっていると言えよう。このシナリオの下においては、後退する市場に固執することなく、経済成長の継続が見込まれる市場にアクセスすることが好ましい。そのためには、市場の見極めと、見極めた市場をターゲットとした輸出や投資等のエフォートを高めることが必要であり、日本国政府としてもそういった中小企業も含めた企業の取

図表4－15　主な産業の新規就業者数と全産業の有効求人倍率の相関関係

	相関関係	P値	対象期間
林　業	-0.57	0.022	2003～2018年
農　業	-0.14	0.618	2007～2018年
漁　業	0.20	0.455	2009～2017年
建設業	0.66	0.005	2003～2018年
製造業	0.47	0.066	2003～2018年

※有効求人倍率は厚生労働省「一般職業紹介状況（職業安定業務統計）」より
※林業新規就業者数は，林野庁「林業労働力の動向」
（https://www.rinya.maff.go.jp/j/routai/koyou/01.html）より
※農業新規就農者数は，農林水産省「平成30年新規就農者調査」より
※漁業新規就業者数は，水産庁「平成30年年度水産白書」P54 図2-2-2より
※建設業，製造業については新規就業者数のデータがないため，それぞれ有効求人数を準用（厚生労働省「一般職業紹介状況（職業安定業務統計）」より）
※P<0.05の場合，相関を有するものとする。

り組みを支援していくべきであろう。

一方、ローカル視点においては、景気後退が予測される日本の国内市場において、雇用の維持・創出を確保することが非常に重要である。とくに、もともとの求人が相対的に少ない地方においては、雇用の確保が地域の人口の維持にも直結する大きな課題となるが、図表4－14にその対策の1つのヒントとなる事例を示そう。これは、全産業の有効求人倍率と林業の新規就業者数の年度ごとの推移を示したものである。ご覧の通り、これらは連動しておらず、逆に負の相関（R＝マイナス0・57）を示す。こういった現象は林業に特異的であり、図表4－15に示す通り、同じ一次産業である農業（相関なし）、漁業（相関なし）や地方の雇用対策の際に注目される場合が多い建設業（正の相関、R＝0・65）においては、有効求人倍率との負の相関は見受けられない。このため、林業は、

とくに「不況下において就業者数が増加する産業」であると言えよう。

では、なぜ林業は、不況下において就業者数を伸ばすことができるのか。この要因としては、木を植え育てるという林業が平時より公的投資の対象とされていることが影響していると考えられる。林業では、造林や間伐等の施業のほとんどが政府投資により実施されており、国有林・公有林においてはすべての施業が公的資金で賄われているほか、民有林においても公的な補助や融資を受けて実施される施業は約98％（注1）にも及ぶ。これは、建設業における政府投資額が約34％（注2）であることを考慮しても非常に大きな数字である。これらのことから、林業の施業量とそれに必要な従事者数は、公的投資によるコントロールが行いやすいと言える。そのため、過去の景気の後退期においても、国や地方自治体によって積極的な公的投資がなされることにより、地方、とくに山村地域において雇用のセーフティーネットとして機能してきた。

森林の中で人と人の距離を保ちながら実施される林業は、新型コロナウイルスの蔓延の再発防止の観点からも推奨できるものである。また、他の産業とは異なり、林業は投資から回収まで50年以上もの超長期のサイクルを有しており、2〜3年程度の短期的なスパンにおいては、造林や路網整備など木材というプロダクトの生産を伴わない作業のみを実施することができる。このため、縮小が予想される市場への過剰供給を抑えながら雇用を創出することも可能である。これらのことから、今回のThe Great Lockdownにおいても、林業は山村地域における雇用のセーフティーネットとしての機能が発揮されることが期待できる。

【注】

（1）平成30年度の実績値（林野庁「森林環境保全整備事業実績定期報告集計（平成30年度全国実績）」より事業費ベースで推計）。

（2）平成30年度の見込み額（国土交通省（２０１９）「令和元年度建設投資見通し」より）。

参考文献

厚生労働省（２０２０）「一般職業紹介状況（職業安定業務統計）（3月31日時点）」厚生労働省。

国土交通省（２０１９）「令和元年度建設投資見通し」国土交通省。

水産庁（２０１９）「平成30年度　水産白書」水産庁。

農林水産省（２０１９）「平成30年新規就農者調査」農林水産省。

林野庁（２０１９）「森林環境保全整備事業実績定期報告集計（平成30年度全国実績）」林野庁。

林野庁「林業労働力の動向」林野庁 https://www.rinya.maff.go.jp/（閲覧日：２０２０年４月17日）

IMF（2020）WORLD ECONOMIC OUTLOOK, April 2020.

JOHN HOPKINS UNIVERSITY　https://coronavirus.jhu.edu/（閲覧日：２０２０年４月17日）

第5節 新型コロナを水産業の転換点にするための施策を

専修大学准教授　小川　健

1　日本の水産業は新型コロナの影響と不漁頻発でダブルパンチ

新型コロナ（COVID-19）の世界的流行とそれに伴う自粛要請で痛みを伴っている業界はさまざまあるが、忘れられがちな産業に水産業・漁業の分野がある。本来は料亭やパーティ等に並ぶはずだった高級魚など（キンメダイや車エビ、のどぐろ、ウニなど）は軒並み新型コロナによる宴会・懇親会自粛に伴い、一部は獲るのを諦めるぐらいに値崩れを起こしている。自粛は外食産業に留まらず、日本最大の水産市場になった豊洲市場でさえ人気だった一般客の見学も不可となっていて、スーパーや量販店での販売に注力するようになっている。

ところで、ここ数年、色々な魚種で不漁が起きるようになっている。本来的には「『魚が獲れていない』時は『市場への供給量が減る』ので、当然、単価が上がる」はずであったが、今は新型コロナ（COVID-19）のために需要減が大きく影響しているので、「獲れていないのにアホほど安い」状況になっている。一部の賢明な漁師は「わざわざ値崩れしている魚を獲るのではなく、『魚は泳がせておくことも大切』」と判断できるが、そうした動きができる漁師ばかりではない。日本では漁業の多くが斜陽産業化している状況があり、単価が安い状況でも出さざるを得ない事案が少なくない。

2　日本の水産業が抱える資源量問題

もともと日本の水産業はこの新型コロナ（COVID-19）が起きる前には次の背景を抱えていた。日本の漁業は伝統的に（科学的な水準に基づいた手法ではなく経験に基づく）自主的漁業管理を重視してきた。その関係で、うまく行ってきたときは良いが、うまく行かなくなって資源量が減ってきた場合の転換が充分にできたとは言い難い。それは日本固有の魚種に留まらず、近隣国との共有資源でも言えていて、日本でも人気の高い共有資源である太平洋クロマグロやニホンウナギが国際的には絶滅が危惧されるレッドリストに掲載されているところからもわかる。長崎県の壱岐では初夏の（他の時期より品質は悪いが獲ってしまうと子孫に繋がらない）子持ち鮪に対する自主禁漁の動きが出ているが、この背景にはもともと初夏にはそうした獲るには問題のある子持ち鮪以外に獲るものがなかった地区が少なくない点が挙げられる。

日本は一説には世界6位のＥＥＺ（排他的経済水域）を有している（領海を含む）ので（注1）、本来的には豊かな海を抱えていたはずである。しかし、科学的管理を活用した漁獲量制限を国全体（ＴＡＣ）・個別（ＩＶＱ）の両方で行うことで資源量が絶滅寸前から回復したノルウェーなどと比べれば、豊かな海を抱えていたはずの日本で漁業は若者の就きたがる産業とは言い難い。日本は伝統的に漁業については大漁旗に象徴されるように大漁が望ましいという考え方があったが、資源の持続可能性とレントの確保の両立を考えれば、国全体（ないし世界全体）で漁獲量を絞って価格を吊り上げ、その価値がわかる者に焦点を絞って販売し、後は資源量の保全に努めた方が望ましく、大漁が望ましい訳ではない。（ウナギ味のナマズの開発者の言葉を咀嚼して）象徴的に言うなら、うな重が1箱5，000円になっても食べる価値があると判断する人の分は確保するにしても、1箱3桁にならないと手を出さない人にまでわざわざ資源量を危機にさらして食べさせる必要は無いのである。

世界の水揚げ量が天然は頭打ちでも養殖で伸び続けているのに対し、日本の水揚げ量は1980年代のピークを最後に減少傾向にある。ようやく日本も漁業法が変更となり、科学的管理を応用する要であるTAC導入魚種はそれまでの8魚種から大幅に増えることになっているが、「巻き網漁業などの大規模な漁業による漁獲が、高い割合を占めて」（注2）いて、小規模漁業を多く抱える沿岸漁業の団体からは懸念の声ももともと上がるなど課題も残っている。

資源量に関する明るい兆しもある。消費者が資源保護に配慮していることを確認できる認証の1つとしてあったMELが、日本初の認証として国際的な水準を満たしたことを示すGSSI承認を受けたことである。これまで日本では資源保護に配慮した獲り方をしていると消費者が選択する手段は、日本国内には数えるほどしかなかったMSC・ASCしか無かった（現在も着実に増えてはいる）が、日本の魚種に対する認証数の多いMELが国際的な水準を満たしているなら、MELのマークを基に資源保護への配慮の観点で日本の魚種を選ぶことがしやすくなる。

3　新型コロナを転換期にするための提言

さて、以上の背景を抱えた日本の漁業に直撃したこの新型コロナ（COVID-19）について、2つの観点での転換期と捉える必要がある。

まずは大漁至上主義から国全体の科学的管理への転換である。日本の漁業が不漁乱発の状況になった背景には、資源量枯渇に繋がる乱獲を結局は抑えられなかった背景がある。しかしそうした科学的管理の導入にはどうしても初期的に所得補償をして、資源の回復を待つ必要があった。通常、水産資源は再生可能資源なので、獲らなければ回復する傾向にあるし、実際に東日本大震災後の福島で漁業が禁止になったときは3年でかなりの資源量回復を遂げたが、当時もそのままの操業再開には懸念の声もあった。こうした資源回復は必ず起きる訳ではなくあくまで傾向に過ぎないが、このためには一時の禁漁が必要な魚種があり、その分の所得補償は平時だと「漁業だけ優遇して」という、資源量に対する理解のない側からの声によってかき消されやすかった。

しかしここで、新型コロナ（COVID-19）での所得減が出ていることを使えば、禁漁を行うべき魚種への所得補償を新型コロナ（COVID-19）の名のもとに行い、資源量の回復に努めることができる。それを好機として国全体の漁獲量制限であるTAC、そして個別の漁獲量制限である個別割り当てへの導入の契機とすることが大事である。個別の漁獲量割り当ての形になれば、小魚・幼魚を取るのは制限の観点から無駄であり、「大きくなってから獲る」という選択が取れるようになる。これは「アフターコロナ」の観点からも重要である。

次に、流通を任せっきりの漁業からの転換である。今回の新型コロナ（COVID–19）による高級魚の値崩れの多くは、食べる「人」ではなく「仲買人」に任せた流通を想定した。そして、料亭やパーティなどの宴会・外食を利用した魚の利用が崩れたこの新型コロナ（COVID–19）では、大きく値崩れしてスーパーや量販店など へ大衆魚同然の卸し方をする形になった。スーパーや量販店では量と形・大きさの確保つまり安定供給が求められるが、（イオンやイケア・生協など資源保護に対する認証の商品にこの騒動の前から取り組んできた一部を除く）スーパー・量販店の多くが求める「安定供給」は長期的な安定供給ではなく、短期的な「同じ形・大きさの魚に対する量の確保」である。そして大量に買うことによる値引き交渉である。これでは値崩れは本質的に解消しないし、資源量は枯渇に向かうだけである。そうではなくて、真に魚の価値をわかる者へのピンポイントの販売を重視する形態に切り替える支援をすること、それが大事になる。つまり少量直販に対する税の軽減（あるいは補助金）を行うのである。仲買などを通した大口の販売に比べて「少量の直販」には税金を減らす策を行うことで、大口販売という選択からの転換が可能になる。

幸いなことに、昔と違って現在はインターネットとスマホ、そしてSNSが充実している。大量に獲ってとりあえず仲買人に任せるのではなく、欲しがるものを欲しがる分だけ確保し、ネット直販する。こうすることで少量でもちゃんと価値を認める人の所に届くし、それだけの金額を出してもらえるようになる。この巣ごもり消費の時代においても、（かつてのプチ贅沢同様に）通販でおいしいお魚を欲しいと思う人はいる。アフターコロナでも、この直販を外食産業が求めることにより、仲買人に任せるのではなく真に価値があると思うものを直接、漁業者から買い付ける形にできる。

新たな動きも起きている。天然漁業の資源保護への配慮を判断していた認証の中で世界的に有名なMSCに勧めていて、そこから独立した鈴木充さんらによる「日本サステナブルシーフード協会（β版）」は、「魚が大きくなるまで待ってから獲る。消費者も、大きく育った魚を選んで買うようにする。そうすれば資源にもやさしく、海の豊かさを保つことができます。」としてこの新型コロナ（COVID-19）の真っ只中に立ち上がったが、真っ先に行ったのが「お魚のシェア」そして「漁師さんの直販サイトの紹介」であった。これらを見ても、選んでの直販がいかに大事かわかる。

4 ＜追記＞物流も対処が必要に

締めるにあたり、物流の重要性も指摘の必要がある。経済学に限らず最適化の知見として、最もネックになる部分の容量によって最適解は大きく左右される。現在の日本で最もネックとなる部分は物流である。特にラスト1マイルと呼ばれる各地配達の部分は決して盤石とはいえない。そもそもこの新型コロナ（COVID-19）が起きる前から、e-コマースの名のもとに（Amazonや楽天などを中心として）通販が拡充し、物流がひっ迫する要因となった。宅配ボックスの急増などはその再配達を少しでも減らすための苦肉の策でもある。この新型コロナ（COVID-19）の影響で、ラスト1マイルの需要はますます高まっている。

一方で、物流を担う運送業者や郵便局などの負担は増すばかりであり、局員などの感染が確認されればポストを含めて1週間閉鎖などの事例もある。他方で、タクシーなど、この新型コロナ（COVID-19）の影響で仕事にならない業界も少なくない。現状、特例措置となっているタクシーでの配達という項目に関して、規制緩和をさらに進めてラスト1マイルを担えるドライバーを（タクシーに限らず）より多く確保できる形を目指す必要がある。

【注】

（1）より最新の資料は存在するが、順位や論旨に大きな影響はないと判断し、旧資料を参照した。以下同様である。

（2）WWF Japan（2018）の記載を一部引用。JCFU（全国沿岸漁民連絡協議会）などでも聞かれる。

参考文献

海洋政策研究財団（2015）「海洋白書2015」https://www.spf.org/（閲覧日：2020年5月10日）

勝川俊雄（2014）「魚が増える福島が学ぶべき〝東シナ海の悲劇〟」Wedge REPORT https://wedge.ismedia.jp/（閲覧日：2020年5月10日）

神奈川新聞（2020）「郵便局停止、23万通未配達…〝アベノマスク〟は？」https://www.kanaloco.jp/（閲覧日：2020年5月10日）

川本大吾（2020）「コロナで活気が失われた豊洲市場・高級魚が手軽に家庭で味わえるチャンス」nippon.com https://www.nippon.com/（閲覧日：2020年5月10日）
京都新聞（2020）「車エビやウニ…コロナ禍で値崩れ、高級魚を格安販売　京都市中央卸売市場が旬の7品セットで」https://www.kyoto-np.co.jp/（閲覧日：2020年5月10日）
佐賀新聞LIVE（2020）「＜新型コロナ＞タイやウニ、高級魚たち行き場失う　飲食店休業で半値以下『採らないようにしている』」https://www.saga-s.co.jp/（閲覧日：2020年5月10日）
全国沿岸漁民連絡協議会HP　https://jcfu.jimdofree.com/（閲覧日：2020年5月10日）
WWF Japan（2018）「【解説】70年ぶりの「漁業法改正」をどう見るか」https://www.wwf.or.jp/（閲覧日：2020年5月10日）
テレ朝ニュース（2020）「特例の〝宅配タクシー〟9月30日までに期間延長」https://news.tv-asahi.co.jp/（閲覧日：2020年5月10日）
独立行政法人 国際協力機構（2017）「知っておきたい！水産をめぐる世界の現状」JICA https://www.jica.go.jp/（閲覧日：2020年5月10日）
中里将太（2020）「『魚は獲らない』―ある漁師の選択　コロナ禍で価格暴落」nippon.com https://www.nippon.com/（閲覧日：2020年5月10日）
中村稔（2016）「マグロ禁漁は苦渋の決断」日経ビジネス https://business.nikkei.com/（閲覧日：2020年5月10日）
日本サステナブルシーフード協会（β版）（2020）「初出航」https://note.com/（閲覧日、2020年5月10日）
MEL Japan HP https://www.melj.jp/（閲覧日：2020年5月10日）
マルハニチロ（2019）「海といのちの未来をつくる　漁獲量が減ってしまっているのは万国共通？」https://umito.maruha-nichiro.co.jp/（閲覧日：2020年5月10日）

第5章　過去からの教訓

第１節　新型コロナウイルスと過去のパンデミックの経済学的観点からの比較および省察

流通科学大学准教授　川合宏之

１　はじめに

本節においては、新型コロナウイルス騒動からどう立ち直ればよいかについて、経済学的な視点から分析・提案するものとしたい。また、その前提として医学的・保健衛生学的な観点での考察はここでは対象としない。

まず本テーマについて論ずる上で、この新型コロナウイルスに関して封じ込めやワクチン開発といった直接的な対応策が２０２０年4月19日現在においても継続中であり、その収束時期についても今のところめどが立っていないことについては、少なからず留意する必要があると考えられる。というのは、上に挙げたような本テーマを取り巻く諸条件の変化で、それに対して施行する経済政策の前提条件が大きくくずれてしまうためである。考えられうるいくつかの動向の変化について予測するだけでも、このことは容易に証明可能である。日本国内の感染者数は緊急事態宣言の発令とロックダウンの徹底により減少していくと目下のところ考えられているものの（注1）、この予測が外れた場合、必然的にさらなる休業要請や厳しい都市封鎖のような措置を取らざるを得ず、108兆円の経済政策どころではなくなるだろう。仮に、万が一、国内での感染拡大の封じ込めが想定通り進んだとして、世界規模でのパンデミックの趨勢によっては、現行の政府発表の経済政策には海外に向けた消費喚起のためのプロモーションについても言及されており、対応に大きな変更を強いることになるであろう。ウイルス株の変異による強毒化などが起これば、問題はさらに一層大きくなることは言うまでもない。以上のことから、今現在の新型コロナウイルスを取り巻く状況が二転三転しうる不確定要素の多い現状においては、個別具体的な経済政策の策定自体が不安定なものとならざるを得ない。それゆえ、そうした具体的な経済政策を定めるとしても、新型コロナウイルス騒動の収束時期やワクチン開発の可否などに合わせて複数のバックアッププランを併せ持った包括的な、概観的な分析・提案とならざるを得ないと考える。

2　経済対策―過去から学ぶ―

上述の前提を踏まえたうえで、次に経済史上これまでに発生したパンデミック（ウイルス・細菌を問わず社会的・経済的な活動に大きく影響を与えたもの）と経済の関係について述べた過去の研究に基づいて、本新型コロナウイルス騒動と経済政策について考える。既存のパンデミックと経済政策に関する研究において、発生した事象の影響範囲やモデル化分析、あるいはそこから導き出された予防策について論じたものは散見される一方、パンデミック発生に伴う経済的なダメージへの個別具体的な対処方法について論じられたものは意外にもそれほど多くはない。歴史的な視点でパンデミックについて俯瞰した場合、最も記録的な社会的・経済的影響を及ぼしたものとしては、黒死病とスペイン風邪（H1N1型インフルエンザ）が、その代表的なものとして挙げられるだろう。この2つのパンデミックにおける最終的な経済的影響を振り返ることで、本新型コロナウイルス騒動への経済政策面の対応について考える上で有意義な知見が得られるのではないかと考える。

いわゆる黒死病（ペスト）の大流行は歴史的には複数回発生しているが、その中でも最も広範囲に経済的に傷跡を深く残したのは、14世紀前後に起こったヨーロッパでの三度目の流行の際であり、ユーラシア大陸全土にわたって感染が拡大、一説にはヨーロッパ全体で25％の人口喪失を生じさせたとさえ言われている（注2）。当然のことながら、今回の新型コロナウイルス（COVID-19）と黒死病（ペスト）とでは、単純に比較対象とすることは極めて難しい。記録から高い感染力と死亡率を誇ったことが判明している黒死病（ペスト）と、現時点で具体的な感染力や罹患者の死亡率自体があやふやな本新型コロナウイルスとでは経済的なダメージを与える力に量的・質的差が表れてくるであろうし、何よりパンデミック発生当時の社会情勢についても、一方は原始的な農業と手工業に基づく封建制社会、もう一方は技術発展と工業生産力の増大を前提とした後期資本主義社会と、大幅に異なっている。そうした点を差し引いたとしても、他の判断材料に欠ける現状では示唆的と言える知見が得られないわけでは無いだろう。

黒死病（ペスト）がヨーロッパ全体で相当の規模の人口減少を引き起こしたのはすでに述べている通りであるが、その経済的な影響はヨーロッパ内に限っても地域によって異なる結果を招いている。一例を挙げると、当時としては海洋貿易で諸都市の発展が進んでいたイタリアにおいては、かなりの規模の死者を出しながらも経済活動の再開は早かったが、急激な人口減少による税収減を恐れたため、間接税の引き上げや富裕層に対する公債の強制的な割り当てなどが実施されていた。この時は農村部生活者の貧困の加速、小麦等食糧価格の上昇、ひいては農村を含む人口の漸次的・長期的な減少が同時に発生していたこともあり（注3）、こうした状況に対し地主側の小作農民の扱い方にも変化が生じた。瀬原義生（２００６）の同テーマに関する研究によれば、大黒死病による農民人口の激減、労働力の不足は、こうした状況を一変させた。小作農民を確保するために、小作料は減り、したがってまた永久地代売却の利率も５％へと引き下げられた。フォルコーレ修道院のいうところによれば、「疫病のため、修道院領が未耕のまま放置され、地代が小麦12staiaからその半分に減りはしないか」を怖れ、他の地主たちも同様であったからである。地主たちは、さらに耕作に出すに当たって、耕牛、農具、種子、肥料までも提供しなければならなかった。そして、地代は、収穫量に応じて、それを折半するという慣行となり、かくして新しい体制でのメッツァドリア制が成立し、これはトスカナ全体でも普及することになったといわれている（注4）。

イングランド等では状況が異なっていた。人口減とそれによる作付面積と穀物供給量が減少したにもかかわらず、その価格は漸次的に下落が続き、他方で労賃が上昇したことで実質購買力はかなり上昇したことがわかっている（注5）。

この同じパンデミックの被害を受けていたにもかかわらず、地方ごとにある程度異なる経済的な影響を生じた現象は、今回の新型コロナウイルスの事象に照らし合わせてみると示唆的である。現在、我が国の政府からも国民への一律の現金給付が発表され、税制の見直しに関する議論が紛糾する等しているが、分野を問わず国内産業全般に経済的なダメージが発生するのかという前提に関しては、それほど議論が進んでいないように見受けられる。実施時の簡素さを優先するばかりに、業界分野ごとにいかなる影響が生じるかの事前調査を怠ってしまえば、巨額の予算を投入して経済政策を進めても効率的な効果は望めないであろう。すでに感染拡大が長期化することが懸念されている以上、拙速な対応ばかり指向する意義も薄まりつつあるのではないか。

スペイン風邪（H1N1型インフルエンザ）の世界的流行は、大正時代の我が国においても多くの死者を出した。しかし当時の日本国内に限って言えば、スペイン風邪が我が国の実体経済に強い影響を残した痕跡はあまり見られない。第一次世界大戦の終結がヴェルサイユ条約の調印で確実なものとなったこともあり、株式や先物相場はこの時期、明確に上昇傾向となっていた（注6）。

市場経済の基本的な機構が現代と変わらず、社会的基盤に至っては現代より脆弱であったはずの20世紀初頭において、新型コロナウイルスよりはるかに強力だったスペイン風邪の影響が経済的には弱かったという点は興味深い。私たちが今この瞬間も行っている各種封じ込め対策や自粛要請といったものが本当に妥当と言えるか、今一度冷静になって再考する価値はあるのではないか。

【注】

（1）首相官邸（2020）「新型コロナウイルス感染症に関する安倍内閣総理大臣記者会見」首相官邸 https://www.kantei.go.jp/（閲覧日：2020年4月19日）
（2）瀬原義生（2006）「大黒死病とヨーロッパ社会変動」『立命館文學』3頁、立命館大学人文学会。
（3）瀬原義生（2006）「大黒死病とヨーロッパ社会変動」『立命館文學』5-6頁。
（4）瀬原義生（2006）「大黒死病とヨーロッパ社会変動」『立命館文學』6頁。
（5）瀬原義生（2006）「大黒死病とヨーロッパ社会変動」『立命館文學』7頁。
（6）望月和彦（2010）「大正9年1―2月期におけるバブル経済（I）（経済学部開設50周年記念号）」『桃山学院大学経済経営論集』315-317頁、桃山学院大学総合研究所。

第2節

新型コロナウイルスのもたらす日本経済への影響と回復・復興への視点

長崎県立大学教授　後藤正之

1　はじめに

２０２０年2月以降、新型コロナウイルス（以下、コロナ）感染防止のため、日本も含め世界各国において、程度の差こそあれ外出禁止や移動制限などのロックダウン（以下、ＬＤ）措置がとられている。このため多くの分野で売上や生産が急減するなど経済活動が大幅に停滞し、その影響の長期化が懸念されている。

本稿執筆時点（20年4月末）では、ＬＤ解除をはじめ収束への道筋は不透明であり、詳細な経済指標も入手できていない。このため以下では、コロナの日本経済に及ぼす影響を定性的に検討し、それを踏まえて今後の回復・復興に当たり留意すべき視点を考察したい。

図表５－１　総需要・総供給モデル（AD・ASモデル）

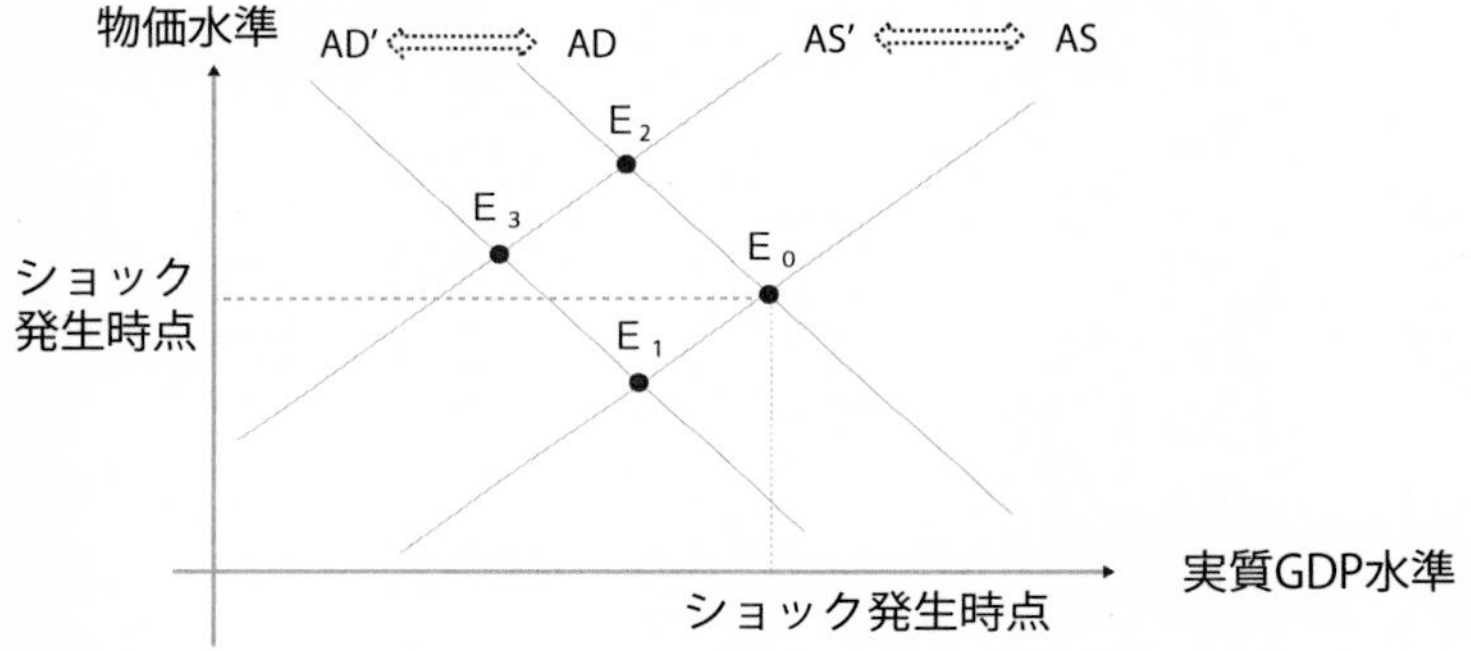

出所：奥野（2017）第15章に掲載されているモデルを筆者が簡易化した。

2　経済的影響分析のための枠組み

(1) 総需要曲線・総供給曲線のシフト

本節では、外的なショックがもたらす経済的影響を考察するために（注1）、奥野（2017）にならって、総需要（AD）曲線と総供給（AS）曲線を用いたモデルを考察する（図表５－１）。

図表５－１は、一国経済を巨視的に捉えたものである。横軸にその国の総生産を、縦軸に総合的な物価水準を取って、その国の需要面・供給面双方で、生産と物価との関係がどのようなものになるかを示している。総需要曲線は右下がりであるが、これは物価水準の低下が金利低下を通じて、企業投資など総需要を構成する項目を増加させる効果を想定している。他方、供給曲線は右下がりであるが、こちらは物価の低下が実質賃金上昇を通じて、企業の生産を抑制する効果を想定している（注2）。

初期時点で、一国経済は総需要曲線と総供給曲線が交わる点E_0で均衡状態にあるとする。ここで総需要面に負の影響を与えるような外的ショックが生じると、総需要曲線が左側にシフトして、以前よりは生産水準も物価水準も低下する状態になる（点E_1）。一方、総供給面に負の影響を与えるような外的ショックが生じた場合には、生産水準は低下するが、物価水準は上昇することになる（点E_2）。もしも外的ショックが総需要面・総供給面双方に影響を与える場合には、生産水準は必ず低下する。しかし物価水準に関しては、総需要曲線・総供給曲線の形状と両者の相対的なシフトの大きさによって、低下する場合も、逆に上昇する場合もある。なお図表5－1においては、上昇するようなケースについて描いている（点E_3）。

(2) リーマンショックと第1次石油危機の比較

次に、このモデルが現実の経済の動きをどの程度説明できるのか、検討してみよう。戦後の日本経済が大規模な外的ショックを受けた代表例としては、1973年の第1次石油危機と、2008年のリーマンショックが挙げられる。

第1次石油危機は、第4次中東戦争に際し、中東産油国が短期間に原油価格を4倍近くまで引き上げたことなどから発生したものであり、それまで低価格だった石油に依存していた先進国の産業構造に大きな打撃を与えた。このため、原油の利用可能性が低下して生産が制約されるという、供給面への外的ショックと捉えることができる。

他方でリーマンショックは、アメリカの投資銀行が破綻したことに起因して、世界規模で

図表5－2　大規模な外的ショックを受けた後の日本経済の軌道

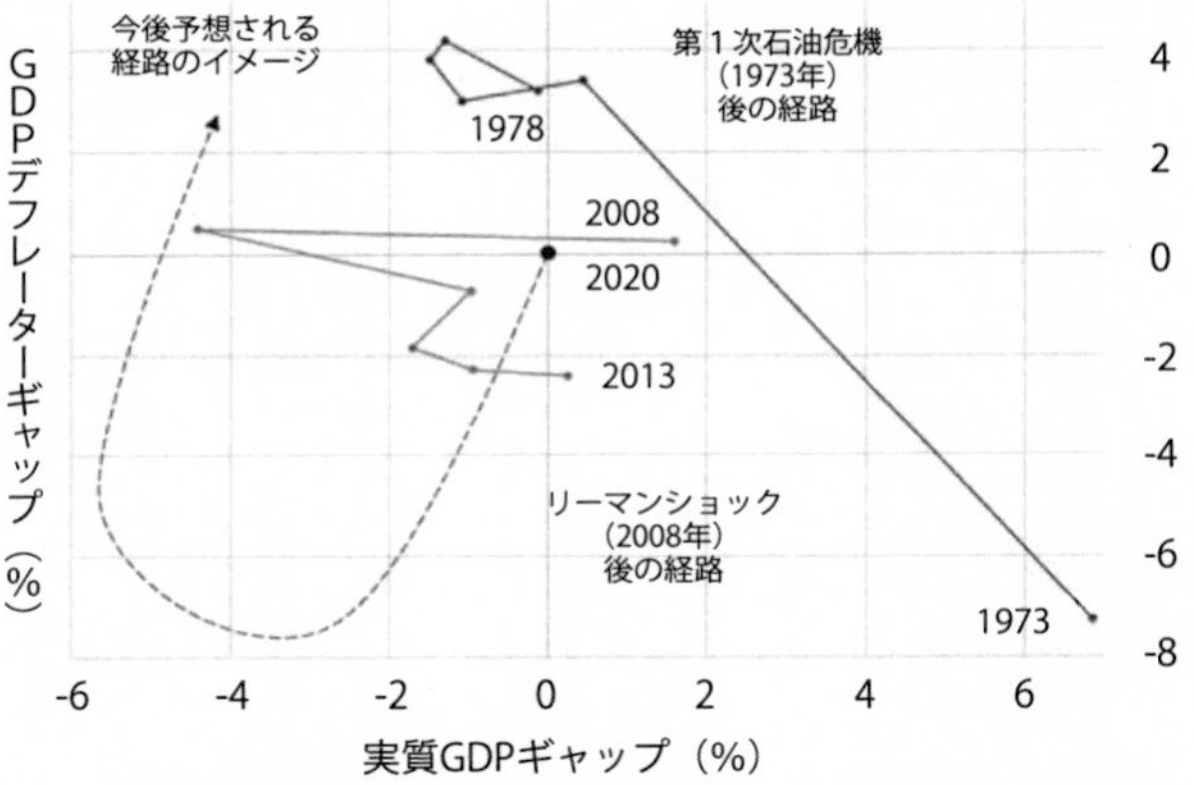

データ出所：内閣府「国民経済計算」および筆者の予想。

金融市場が機能不全に陥り、大規模な景気後退が生じたというものである。当時、日本の金融機関は欧米に比べて健全度が高かったことから、日本では1990年代のバブル崩壊後のような金融危機とはならなかった。しかし景気の先行き懸念から企業が設備投資を控えたり、世界的な貿易の収縮から輸出が急減したりした。このため、総需要に対する外的ショックと位置づけることができよう。

そこでこの2つの時期を取り上げ、ショックが生じた年からその後数年間の生産と物価の経路をプロットしたものが、図表5－2である。

なお一国の経済では、生産水準や物価水準は趨勢的な上昇（デフレ期の物価水準では下降）傾向を有している。図表5－2においてはその趨勢の影響を取り除くため、横軸では隔年の実質GDPの趨勢値からの乖離率、縦軸でも同様に一国の総合的な物価水準を表すGDPデフレーターの趨勢値から乖離率を用いている（注3）。

現実の経済では、外的ショックを受けた後、その影響を緩和するための財政金融政策が行われる。このため図表5－2で描かれたショック後の経路はそれらからの影響も含んでおり、純粋に外的ショックによる影響のみを取り出したものではない。しかしそうであったとしても、リーマンショック後は生産の減少と物価の下落という傾向が見られ、第1次石油危機後は生産の減少と物価の上昇という傾向が見てとれる（注4）。このことから、外的ショックの日本経済への影響を考える上で、図表5－1のモデルの枠組みはある程度有効であると考えられる。

3　コロナショックの影響と回復・復興への視点

（1）コロナショック後の日本経済の予想

それでは、コロナ禍が一段落した後に（それがいつ頃、どのような形になるのかまったく不確定であるけれども）、日本経済はどのような経路をたどるのだろうか。図表5－2には、筆者が予想する経路を点線で示している。なおこの経路では、自粛期間が長期化するようなことはなく、またコロナの第2波・第3波、さらには地震等の自然災害や大規模な国際紛争なども生じないと仮定している。またこの経路は、GDPや物価の具体的な予測値に基づくものではなく、あくまでも定性的なイメージとして描いている。

今回のコロナショックの特徴は、それが総需要・総供給双方に対して影響を及ぼすのみならず、その両者の影響が相互に反響し合うことにある、と考えられる。

すなわち初期には、ＬＤを余儀なくされることにより消費者や企業の購買行動が激減するという形で総需要へのショックが起こる。しばらくの間は在庫や輸入といったバッファーが存在するものの、時間が経つにつれて、企業の操業水準が低下したり国際的なサプライチェーンも寸断されたりすることから生産が大幅に減少するという、総供給へのショックが顕在化する。この生産の減少は、雇用者報酬や企業利潤の減少による購買力の低下という形で、やがて総需要に新たなマイナスの影響を与えることになる。

コロナの感染が一段落するとともに、政府の経済対策（国民への現金給付・企業への補助金・大規模金融緩和等）が効果を発揮するようになれば、やがて総需要は回復し総需要曲線が右側に回帰していく。しかし生産低下からの回復は、企業の生産方法等の根本的変更を含めかなりの時間を要するため、しばらくの間は総供給曲線が元の位置まで右方に回帰することは期待できないだろう。

以上を要約すると、日本経済はしばらくの間は、生産も物価も低下傾向を続けるものと考えられる。その後、供給制約が顕在化して生産が減少する中で物価の上昇が始まり、生産が回復しても物価の上昇傾向は残ることとなろう。これを図表５－１のモデルで見ると、E_0 → E_1 → E_3 → E_2 という経路となる。

（2）日本経済の回復・復興に向けた視点

今回のコロナショック後に、日本経済が回復・復興に歩み出すとしても、その目指す先はコロナ以前の姿への復元とはなり得ない。以下、今後念頭に置かれるべき視点を列挙する。

第一に、コロナはウイルスが変異を繰り返していくことで、長ければ数年にわたり猛威を振るうものと予想される。この間は国民の生命維持が最大の課題であり、医療品や食料品など生存に不可欠な物資は、市場メカニズムを超えて国が生産や分配に関与してでも、必要量（＋αとして多めの備蓄分）を確保する必要があろう。さらには医学部の定員見直しも含め、中期的な円滑な医療体制の維持も求められる。

また企業の資金繰りや保険支払いなどの問題から、地方銀行や保険会社をはじめ金融機関にかなりの負荷がかかることが予想されるため、金融システムの維持にも多大な配慮が必要となる。

第二に、コロナ自体は、戦争や地震・台風などの災害とは異なり、道路・港湾等のインフラや企業の生産設備を物理的には破壊していない。しかしソーシャルディスタンスの必要性に基づく個人の行動や企業での働き方の変化、国際的なサプライチェーンの見直し等に起因して、中期的にはこれらの物的資本の在り方が見直されると考えられる。具体的には、大都市への一極集中からリモートオフィスを前提とする分散居住に向けた地方都市整備、これに伴い通勤のピークロード対策よりも相対的に小口輸送の確保を念頭においた交通網の再編、大容量のデータを高速に処理できる通信網とそれを支える電力網の拡充、などに注力する必要があろう。

第三に、コロナの脅威が去って経済活動が本格回復するようになると、地球温暖化問題が改めて世界的な脅威として浮上してくることが予想される。地球温暖化を放置し続けると、ここ数年の豪雨や大型台風の頻発という気象問題にとどまらず、すでに顕在化している山火事・陸地浸食・害虫による食害、さらには新たな疫病の発生というように、より入り組んだ複合的被害を世界規模で発生させることになる。これに対処するため、コロナ後の復興費用を消費税ではなく炭素税で賄うなど、経済的インセンティブの導入が望まれる。さらには、ここ数年、世界に蔓延するポピュリズム的自国第一主義から脱却し、各国が地球規模の問題に連携して共同で対処していけるような、新たな国際秩序が構築されなければならない。

4 おわりに

コロナは人々の健康面や経済面への悪影響のみならず、国家間・地域間・個人間の信頼関係という、人間社会の存立基盤そのものを揺るがしている。将来の経済復興を確実なものとするためには、今現在、人々の信頼関係を再構築してより強固なものへとする努力こそが、何よりも求められている。

【注】

（1）ここで外的ショックとは、通常の経済の営みの中から生じたショックではなく、経済の自律的活動の外からもたらされたショックのことを言う。

（2）ミクロ経済学で用いる需要曲線・供給曲線と形状は似ているが、その導出根拠はまったく異なることに留意されたい。

（3）趨勢値としては、暦年データにHPフィルタを施した結果を用いた。

（4）1973年の位置は極端に右下に位置しているが、これには次の理由がある。第1に、その前年に誕生した田中内閣の列島改造によって土地バブルが発生し景気が過熱状態にあったことである。第2に、同年はすでに狂乱物価とも言われるインフレ状態にあったが、原油をはじめとした輸入価格の上昇率がさらに大きかったため、輸入を控除するというGDPの性質から、計算上GDPデフレーターの伸びは逆に抑えられた（言い換えれば、輸入価格上昇がまだ国内物価に充分に転嫁されていなかった）ことである。

参考文献

奥野正寛（2017）『経済学入門』日本評論社。

内閣府（2020）「国民経済計算（GDP統計）」内閣府 https://www.esri.cao.go.jp/（閲覧日：2020年4月25日）

第3節

新型コロナウイルス感染症から
複合災害対策を考える

特定非営利活動法人国際協力アカデミー代表理事　中浜慶和

1　日本はなぜ感染者、感染死亡者が少ないのか

２０１９年11月下旬に中国の武漢（湖北省武漢市）で発生したとされる新型コロナウイルス感染症（２０２０年２月11日、世界保健機関（ＷＨＯ）がCOVID-19（コビッド19）と命名）が世界を席巻しつつある。欧米、先進国において急激に拡散しており、とくに米国、ＥＵ５ヶ国（英、スペイン、伊、仏、独）はずらりと並んで、世界感染者数の51％、死者数では68％を上回っているのに、我が国は感染者１７、３２７人、死者８３８人（５月23日現在、５月24日朝日新聞）と少数に収まっている。ＷＨＯのテドロス事務局長は、政府が緊急事態宣言を発令していた東京など５都道府県を全面解除したことに対し、「日本は感染抑止に成功した」と発言した（５月26日）。ワクチン、予防薬の開発はまだこれからであり、国の施策や統制力、医療体制に際立った差異があるとは思えないから、今のところの日本成功の理由には、国・医・民の一体感、情報の徹底、国民の対応姿勢が挙げられ、全国民は国語の読

み書きができることも重要な理由に思える。

より注視するべきは国民の免疫力、つまり長年培われてきた日本の食生活や日常生活環境にヒントが含まれていると考える。我が国は主食は米穀で、副食には不飽和脂肪酸を多く含む魚介を好み、野菜も多めである。日々、味噌、醬油を使い、納豆、漬物など発酵食品が食卓に並ぶ。食物繊維が多い牛蒡や山芋、豆腐などは日本食にしか現れない。炊かれた熱い穀物食なので、家庭では個人ごとに決められた箸を使う。料理は個人ごとに小皿、椀に入れることが多く、大皿に盛るときは、添えられた箸で自分の小皿に分けて取る。衛生状況に長けている。さらに日本家屋に入る時は必ず靴を脱ぐ習慣があり、一日の終わりに風呂に入ることを好むのも身体の清潔保持に優れた習慣である。世界一の高齢社会だが、高齢者死亡率が際立っている新型コロナウイルス感染症の死亡者が少ないのは、現在の高齢者は幼少の時、学校でワクチンの予防接種を受けてきたことも注目するべきだろう。

2　日本における疫病と1つの逸話

古来から人類は疫病と闘ってきた。ＢＣ４３０年、アテネで疫病（病名不明）が流行、7・5～10万人が死亡した。我が国でも日本書紀に崇神天皇の即位5年目（紀元前93年）、「国内に疾疫（えのやまい）多くして、民死亡（まか）れる者有りて、且大半（なかばにす）ぎなむとす」、疫病が発生して民の過半数が亡くなったと記されている。中世では黒死病とし

図表５－３　明治以降の我が国における法定伝染病死者数の推移

年	コレラ	赤痢	腸チフス	痘瘡	発疹チフス	ジフテリア	ペスト
1876		76	108	145		29	
1880	618	1,305	4,177	1,731	360	1,019	
1885	9,329	10,690	6,672	3,329	365	1,440	
1890	35,227	8,706	8,464	25	67	1,438	
1895	40,154	12,959	8,401	268	49	3,025	
1900		10,538	5,544	7	2	6,010	122
1905	34	3,762	6,280	70	10	3,858	107
1910	1,656	9,877	8,046	15	1	5,415	22
1915	63	8,679	8,166	4	75	4,983	8
1920	3,417	8,148	12,073	729	3	3,801	14
1925	363	7,514	10,468	69		3,595	
1930	2	13,041	8,340	4	1	4,069	
1935		15,915	7,088	16	1	4,432	
1940	5	22,025	7,106	60	3	4,728	
1945		20,107	7,999	319	260	7,826	
1950		11,968	630	2	68	1,182	
1955		6,042	105			913	
1960		2,043	39			497	
1965		270	9			39	
1970		51	3			6	

出所：酒井シヅ編『疫病の時代』付録，大修館書店。

て恐れられたペストが14世紀にヨーロッパ全土に広がり1億人以上が死亡したという。

図表5－3にあるように、我が国では明治に入ってからも幾多の疫病が流行してきたが、これらに関して、1つの逸話がある。東日本大震災でトルコのNPOである緊急救助隊GEAと支援活動を行った際に、気仙沼の鹿折中学校から国際支援をテーマにした講話の依頼を受けた。そこで国会図書館で明治時代の新聞のアーカイブスを調べていたところ、1879（明治12）年から1925（大正14）年頃までコレラが猛威を振るっていたことがわかった。現代なら決して来航はしなかったであろうが、コレラ流行の中をトルコ（オスマン帝国）から明治天皇への親書を奉呈するため、656人もの使節団を乗せたフリゲート艦エルトゥールル号が1890（明治23）年6月、横浜港に来航した。エルトゥールル号といえば、帰路の矢先、同年9月18日深夜に和歌山県串本沖で折しも接近した台風で遭難、生存者はわずか69人という大海難事件で有名であるが、横浜停泊中のトルコ軍艦から7月にコレラ感染者が発生したという事件記事が突然目に飛び込んできた。内務省衛生局（東京衛生試験所所長兼任）に勤めていた4等技師（医師）が政府の任命を受けて、エルトゥールル号に乗り込み、艦内消毒を3回施し、疾病者治療、健康者の保全に専念したとあり、その医師が、私の祖父の1人である中浜東一郎であったと読んだときは心底驚いた。東一郎は曾祖父であるジョン万次郎の長男である。森鴎外、北里柴三郎らと東京大学医学部同期生で、共にプロイセン王国（ドイツ）に留学して衛生学を学んでいる。我が国は公衆衛生の普及と国民啓発に邁進していた時代で、東一郎はエルトゥールル号対処に最適な人物であったのだろう。コレラ感染

は25名の感染者と7人の死者に留まり、入念な消毒と治療により、8月20日には出帆に支障がないこととなった。もしコレラ対応に失敗して多数の死者を生じていれば、国際親善使節であっただけに、国際的に大きな問題となったであろう。せっかく、少人数のコレラ被害に留められ、9月15日横浜を出帆、帰国の途に就いたが台風海難となり、艦長を含め500人近い生命が失われたことは誠に無念である。

3　記憶から消えたスペイン風邪

コレラが収まりかけていた1918（大正7）年から19年にかけて世界の総人口の20―25%に当たる5億人が感染し、2,000万人（一説では4,000万人）が死亡したというスペイン風邪が猛威を振るった。このスペイン風邪は日本にも伝わり、1918年から21年にかけて2,380万人が感染し、死亡者数は39万人に上っている。当時の人口は5,500万人であったから、ほぼ2人のうち1人が感染した強烈な流行率だった。これほどの疫病がなぜ後世に語り継がれてこなかったのだろうか。

当時のメディアはラジオもなく新聞に限られていたし、普及も4世帯に1部という程度であった。第一次世界大戦最中で、パンデミックな危機を国民に広く知らしめることは望ましくないとして記事の扱いが抑えられたこともある。これは大東亜戦争最中、1944年に発生した昭和東南海地震（M7・9）が国民の不安を煽り戦意高揚に影響すると報道をわずかに留めさせられたことと同じである。しかし、スペイン風邪の場合は、ようやく下火になった1923（大正12）年9月1日に発生した関東地震が人々の頭からスペイン風邪を急速に失わしめたと考える。広域大地震は、瞬時に大災害をもたらす。朝の挨拶を交わした家族、学校や仕事仲間が正午直前に命を落とし、建物財産の崩壊と焼失の憂き目にあわされたからである。1、170万人の関東在住者が大揺れを体験し、69万世帯が全半壊・全半焼で住む場所を失った。10万5、000人を超える命が奪われた。首都直下大地震で日本全国が大きな衝撃を受けた。新聞は連日、被災状況を詳細に報道し、雑誌では折り重なる死体の写真や被災者の体験談の特集、生々しい写真の絵葉書までが巷に流れた。数の上でははるかに勝ったが、地震のような生々しさが写し出されないスペイン風邪は語り継がれなくなった。1995年1月17日に発生した兵庫県南部地震の場合も、2ヶ月後に新興宗教が策謀、国中を震撼させた地下鉄サリン事件で、震災報道が一気に姿を消し、阪神大震災を忘れるなど叫ばれたことが記憶に留まっている。

4　世界に貢献する我が国の防災対策

我が国は世界で発生するM6以上の地震の十数%が起こっている世界一の地震大国である。したがって、我が国は地震の調査研究と共に発災前後を含めた防災対策を積み重ねているが、今日では日本の防災対策は世界に最も貢献している。阪神・淡路大震災を契機に、私は防災の研究と共に海外での大地震被災支援と防災対策の啓発普及に取り組んできた。１９９９年のトルコ、マルマラ地震以来30回近くトルコを訪れ、ネパールには２０１５年の地震から6回、現地に赴き活動を続けている。ＮＰＯ活動を通して世界に伝えていることは、我が国には「防災文化」が社会生活の中に根づいているということである。我が国は災害発生時の避難から復旧・復興まで、国、自治体、企業に諸施策が整えられ、国民も平時から防災、避難の手立てや安否確認など備えているために、頭のどこかに「防災」の二文字が意識されている。こどもから高齢者まで、目や耳で普段から確認できるさまざまな仕組みが備わっている。

概ね60ｍ～２００ｍ間隔で設置されている街頭消火器、家族の安否確認に欠かせない災害伝言ダイヤル、気象庁からの緊急地震速報、津波避難ビルの指定などは日本だけに備わっている防災システムであるし、交通規制道路のなまず絵や避難所への案内標識、津波高や浸水想定区域の表示板、海抜ゼロメートル地域のビル施設や地下街階段の止水板、住民所有の井戸、湧水の提供標識なども日々目につくものである。毎年実施される地域ごと、企業や学校の防災訓練、国や自治体、ＮＰＯ等が開催する防災セミナー、講演会、消防署が運営する防災館・防災センターでの防災研修、世帯全戸と事業所に配布される避難所マップやハザードマップ、企業や自治体、重要医療機関等が備えるＢＣＰや防災計画、首相をトップとした中央防災会議、専門委員会等が定期的に開催され、国や自治体の防災指針や防災体制の向上に努めている。列挙にいとまがない。被災者が給水や支援物資の配布に隊列をなして順番を待っている光景は世界を感服せしめている。東日本大震災では、トモダチ作戦で被災者にヘリコプターで支援物資を輸送した米兵が、離陸するヘリに向かって被災者たちが笑顔で手を振ってくれたと感動を持って報告している。「防災文化」を持てばこその、被災した時の落ち着いた、礼節をわきまえた日本人の行動である。

5　自然災害と感染症の「複合災害」

今回の新型コロナウイルス感染症を契機に世界の専門家が、年間44億人もの人（2018年）が国内外を飛び交うグローバル時代だから、感染症は常に新型となって瞬く間に世界に拡散するリスクが高まったと警告している。しかも感染症は自然災害よりも分散多発化し、長期間にわたるため、その間に自然災害が発生して複合被害をもたらす懸念が高まったことになる。

そこで、先進的な自然災害対策を有する我が国が、今後懸念される複合災害発生に対する事前対応、発生時から終息、復旧・復興に至る両面対策の構築を目指すことは国際貢献を果たす上で重大な使命である。

グローバル新型感染症の恐ろしさは、その正体が確認できず、ワクチンや予防薬がないため、パンデミックを引き起こし、国内外移動の自粛や禁止、国際間の人的交流と物資輸送の長期停止によるモラルハザードや社会的経済的減退を伴うところにある。

自然災害は、目に見えるものであり、崩壊建物からの生命救助、相互扶助や支援を被災者自らあるいはボランティアの力で担うことができるが、感染症対策の基本は、感染拡大の防止であり、いわゆる三密の防止がすべてに優先、支援救助といえども迂闊に手を出すことが差し止められる。感染症対策は医療領域に限定され、専門的な医療専門家の手に担われ、一般市民、ボランティアの救急支援参画はできない。感染者のそばにいて世話ができるのは、その家族と医療関係者に限られる。感染症のクラスターが多数発生して、ロックダウンに至っているような中で、大地震、火山噴火、大洪水といった災害が複合発生すれば、避難体制は困難を極める。大都会では学校や地域体育館など一時避難施設には、立錐の余地もないほどに被災者が押し寄せることが明白である。発生確率が高まっている関東直下地震では、東京都内の一時避難場所に指定されている大公園といえども、一人当たり1㎡以下になることが想定されている。感染者を想定して、三密防止を図るには、一人当たり4㎡は最低でも必要となる。それだけの避難所の確保は現実的ではないだろう。複合災害であるから避難者は大幅に増加して、避難所施設への避難者受け入れは余裕がないことになり、これまでの学校の行動、体育館の活用に留まらず、こどもの教育再開の遅延をもたらす教室開放まで手をつけざるを得ないことになる。

6 「複合災害」対策のポイント

感染症者を抱えた被災家族は避難場所への入所を拒否されることで、かつてない諍い・軋轢が多発するだろう。それを回避するには、災害避難の削減が必須であり、「在宅避難」が要請されることになる。複合災害時には、避難所への避難勧告ではなく、「自宅待機」「在宅避難」が要請されることになる。「自宅待機」を核とする自助努力が前提の「公助」「共助」が複合災害では求められるだろう。

「複合災害」での自助努力とは何か。阪神・淡路大震災の体験者である私が事前対策として最重要視して訴えてきたのは、自分と家族のいのちを守り、建物崩壊で将来の生活再建を不可能に追い込ませないための建物の耐震診断と補強である。健康な家族であれ、感染者を抱えた家族であれ、なんとか避難所に向かわずに、自宅に崩壊を免れる居室空間を確保しなければならない。備蓄品の確保は重要だが、命あっての備蓄品である。複合災害では建物の耐震性確保が一層重要課題となる。三密状態の避難所で感染することを避けるには、安心、安全が確保される「自宅避難」を可能とする建物の耐震化が必須となるゆえんである。

なお、備蓄品でとくに強調したいことにトイレ対策がある。阪神・淡路大震災時には、トイレの実態の凄まじさがほとんど報道されなかった。トイレの重要性は、その後の大地震体験を通して徐々に認知されるようになってきたが、未だ「口に入れるもの」の備蓄は関心度が高いが、「下から出るもの」に対する関心度は低い。我が国には、排便排尿の臭いを吸収するだけでなく、殺菌までしてしまう防災トイレが1社のみ生産販売されている（Excelsior エクセルシア社）。殺菌までするため、一般ごみとして扱うことができるので、災害時の行政負担軽減と衛生面からの二次災害防止につながる。

次いで重要なのは地域での共助体制であるが、平時から町内でさまざまな形での交流を図ることが肝要である。現代社会では、居住建物のエレベータの中での挨拶も交わされないところが多いが、高級な高層マンションであっても、これではいざという時の相互扶助は決して生まれない。ましてや複合災害時は感染の危機を防ぎながら、近隣の困難者を支援するのであるから、平時からそれこそ濃密な（親密な）交流を積み重ねておくことだ。同時に身障者を擁している家族の存在確認は、いざという時に親身な支援を可能とする前提要件となる。個人情報保護をひたすら固守するうちは、複合災害時の「共助」体制は画餅に過ぎない。町内会は居住者の現状把握ができていれば支援活動は円滑に展開でき、安全・安心な町内と評価されることにつながる。「向こう三軒両隣」の再構築を図るべきである。遠隔の親族、友人よりも近隣の他人こそ頼りになるものである。地域社会における複合災害対策の「自助」「共助」が目指すところは街づくりでもある。「在宅避難」を促進補完するものとして、日頃から「火の用心」のような町内巡回も有効であり、平時から地域医療機関と「感染介護」や「トリアージ」対応、身障者対応など協議しておく課題は多々ある。

そもそも首都圏は人口の4分の1相当の住民が国土わずか6％の中で居住している、超三密状態にある。今回のコロナ対策で外出自粛、自宅待機が要請されたのは、自宅こそが一番安全、安心できるところだからである。複合災害では、なによりも「自助努力」強化が重要課題であることを認識して、自らの命、家族の命を最優先に防災対策に改めて取り組んでほしいと願うものである。そして我が国の複合災害対策が世界の防災対策にこれからも貢献できるように取り組んでいく所存である。

第4節

新型コロナウイルス感染拡大とその後の世界について

大阪経済大学非常勤講師　南谷雄司

1　感染症拡大とその影響

世界経済にも激震が走り、第二次大戦以来の危機と言われ、グローバル経済に変化が起きている。人の動きが停滞、経済活動も抑制、株価は急激な下落後、予断を許さない状況が続く。「不確実性」「複雑性」の時代の到来、資本主義の抱える本源的な不安定性、価値観の転換が起こりそうである。複雑な関係性が織り成すネットワーク型の社会の論理と、巨大な高層ビルに象徴されるタワーの上層階での閉鎖的な意志決定とが衝突、混乱を生じている。

新型コロナウイルスの感染拡大の影響の第1段階は、外出自粛の影響で、飲食業や観光業等のサービス業を中心とする世界規模の需要の落ちこみにより、連鎖倒産の恐れが発生し、雇用減少と所得減少が起こり社会が負の連鎖に巻き込まれる。

しかし、第1段階でウイルス感染のピークが見え、ワクチン開発ができていれば、V字回復も不可能ではない。また、生産者が海外だけでなく生産拠点を分散し国内でも生産し、短期利益の発想ではなく長期的展望にたって、経営することが今後必要となる。例えば医療施設の充実やマスクや医療器具の設置等である。しかし、ワクチン開発はできる可能性は高いが、未だにできていないワクチンもある。

2　感染症拡大とその影響

世界全体が感染防止のため停止し、入国拒否が継続され交流がなくなり、将来的に世界的な新産業チェーンが再編され、反グローバルが新たな国際秩序の特徴となる。国際貿易が減少し国内での産業が主となり、複雑系産業が重要視される。

世界経済が日本化する。欧米は経済衰退を阻止するため金をばらまくが、日本が経験したような失われた20年を経験し、国の債務が増加して最終的に長期の低迷に陥る。

世界全体が停止し、人や資本が国をまたいで流れることがなくなり、それぞれが生き延びることが時代の主流となる。大政府が主流となり、戦時基準で厳格に新型コロナの感染をコントロールする全体主義的な現象となるか、世界的連帯による民主的協調体制の再構築を選択することになる。

しかし、世界的分断が継続されれば、移民の減少による労働者不足の影響で収穫ができない事態が発生し、食糧危機が発生する恐れが生じる。それを克服するためには、新たな検査態勢やワクチンによる免疫体制を構築し、自由な経済活動や人の移動を再生し、失業者と人手不足のマッチングをする必要がある。

3　ポピュリズム台頭

ポピュリズムが台頭し、新型コロナは多くの国における両極化をより深刻なものとし、感染拡大阻止のため、多くの国が旅館やホテル・飛行機・観光バス・飲食店等のサービス業を停止したが、大量の低収入労働者が失業すれば貧富の差がさらに大きくなり暴動が発生する新興国も出てくる。また、国の財政支援が巨額となり、巨額の財政赤字に悩む時代が到来する。貧富の差を縮小するため累進課税の増額による不均衡是正対策に目がいき、世界的な累進課税の協調が議論される時代がくるかもしれない。

4　ジャック・アタリの「コロナと世界」観について

フランスの経済学者・思想家のジャック・アタリ氏は、「コロナと世界」について、次のように述べている（注1）。

(1)　新型コロナは 経済をどう変える

① 世界危機によって、命を守る分野（健康・食品・衛生・物流…等々）の経済価値の高さが示された。

② 経済価値の高い分野を犠牲にするような企業には、救済策を講ずべきではない。

(2) 世界経済立て直しに必要なこと

① 新型コロナウイルスに対するワクチンと治療薬の開発資金。

(3) 新型コロナの人類史的意味

① 15世紀ペストの発生を機に権力は教会から治安当局へと移り、治安当局が感染者を隔離する権力を持った。

② その後の感染症流行では科学が問題を解決するようになり、権力は治安当局から医学へと移転した。

③ 新型コロナの対策からは、テクノロジーが力を持つようになる。

④ 今後の問題は、テクノロジーを全体主義の道具とするか、利他的に他者と共感する手段(明日の民主主義)とするかである。

(4) 中国の経済活動の再開をどう観るか

① 中国は技術を持つ国としての存在感は高まるが、内政で大きな問題を抱える。

② 米国内では分断が継続するであろう。

③ 欧州は、中国によるアフリカなどへのコロナ対策支援を黙認するであろう。

④ 欧・米での上記「失敗」が起こらなければ、中国が世界の中心にのし上がることはなく、世界は中国という国の「透明性の無さ」に不信の目を向けるであろう。

(5) コロナはポピュリズムの勢いを増すか

① 当初、ドイツ・オランダ・チェコなどで国境封鎖といった自国優先の動きがあったが、今は金融・産業で欧州の結束が強まっており、悲観視していない。

(6) 日本の立ち位置

① 日本は、危機対応に必要な、「国の結束力・知力・技術力・慎重さ」を持っている。
② 日本は島国であり、出入国を管理しやすく、他国に比べその対応が容易である。
③ 危機が終わったとき、日本は国力を高めているであろう。

5 生きぬくためのSDGsの視点に基づくテクノロジー開発が世界を救う

現在の世界は、熱帯雨林地域の開発等がすすみ、野生動物の生息地が狭まり、より野生動物と接触する機会が増え、野生動物を食べる習慣の国もあり、感染症に遭遇する機会が増している。ウイルスは、変異が起こりやすいため、感染症のリスクが増しつつある中、医療体制の強化が必要となる。とくに、新型コロナウイルス感染症の終息には、ワクチン・新薬の開発により、全世界の人が抗体を持ったとき終息となることから、医療体制の充実が世界の繁栄に不可欠と言える。

健康・食品・衛生・物流等、人間が命を守る分野の活動はとくに重要と言える。この取組の背景にはSDGsの考え方に基づいた社会貢献活動をしている企業を応援することが重要となるが、消費者教育をすすめ、よりよい社会を目指す企業の商品を購入する目を養う必要がある。

日本においては、少子高齢化が進み、労働人口が減少する中、外国人労働者の協力も必要であるが、AI・ロボット等の研究開発や新技術の導入が必要である。また、医療・農業・介護等、感染症に影響されない労働者不足を補う分野としてテクノロジーの進歩が必須となる。

ケインズは、週3日労働の時代を予測したが、人間の労働者が少子高齢化の影響で減少する中、外国人労働者だけに頼らない経済運営が必要である。

AI・ロボットの普及により、仕事が奪われる時代が予想されるが、AI・ロボット・IT技術を駆使し企業や個人所有ロボットに課税して、税収を安定化させ、働き方改革をする中で、遠隔授業やネットビジネス・在宅勤務、訪問販売や僻地ドローン配送等が普及し、新たなビジネスを出現させる中で、ベーシックインカムを導入して、テクノロジーについていけない人の生活の安定化を図れば、短い労働時間の中で、学習や研究開発・文化等を重要視する社会が到来すると予測する。また、貧富の差を克服するため、時間がかかると考えられるが世界統一基準で世界が一斉に導入する高水準累進課税を実施することが重要である。

ICT教育を充実させ、パソコンの所持率を増大させ、学生に1人1台を実現し、テレワークや遠隔診療、遠隔会議を普及させ、都市一極集中をさけ、地方分散型のゆとりのある生活が実現できる。

抗菌空気清浄エアコン、抗菌マスク・抗菌服、抗菌手袋等を研究開発し、安くて丈夫な、感染拡大防止に必要な技術開発を行い、短期利益志向から長期利益志向に転換させ、近視眼的な投資を変化させる近江商人の「三方良し」の精神に基づく企業経営・社会作りが重要である。

【注】

（1）ジャック・アタリの「コロナと世界」観について　令和2年4月9日の日経朝刊。

参考文献

加谷珪一（2020）「歴史から読み解く「コロナショック」経済の行方」東洋経済オンライン https://toyokeizai.net/（閲覧日：2020年4月28日）

佐久間浩司（2020）「新型コロナウイルス鎮静化後のシナリオ」https://www.iima.or.jp/（閲覧日：2020年4月28日）

ジャック・アタリの「コロナと世界」観について　令和2年4月9日の日経朝刊 https://plaza.rakuten.co.jp/rakumeitei/diary/202004100000

JCCテレビすべて（2020）「グローバル経済・複雑性への挑戦　前編・後編」https://jcc.jp/（閲覧日：2020年4月28日）

ニコニコニュース（2020）「新型コロナ終息後の世界に起こる10大変化とは？」韓国紙・朝鮮日報2020年4月21日　https://news.nicovideo.jp/（閲覧日：2020年4月28日）

マッキンゼー・アンド・カンパニー（1997）「不確実性のもとでの経営戦略（Strategy under Uncertainty）」『ハーバード・ビジネス・レビュー』　https://www.businessinsider.jp/（閲覧日：2020年4月28日）

第6章 生活

第1節 「国民の絆」という日本の強靭化の基盤

九州大学教授 施 光恒

1 難局と国のかたち

2020年4月初旬、緊急事態宣言が東京など7都市に発令されたとき、諸外国から批判や疑問が数多く寄せられた（『時事通信』2020年4月7日付配信）。日本の緊急事態宣言は、罰則がなく甘いのではないかといったものだ。

確かにそうかもしれない。欧米諸国では外出禁止違反などに罰金を科し、厳格に取り締まった（『朝日新聞デジタル』2020年4月6日付）。例えば、イタリアでは外出禁止に違反すれば罰金約35万円だった。アジア諸国ではさらに厳しかった。マレーシアなど、政府の行動制限措置に違反すれば、罰金どころか禁固刑を科されたり殴打されたりする国もあったようだ（飯山（2020））。

また、デジタル技術を駆使し、個人情報に踏み込み、人々の行動を監視・統制することも行われた。例えば、中国政府は、主要都市の閉鎖後、スマートフォンのアプリを導入し、各個人に自身の行動の許容範囲を知らせると同時に、彼らの行動を監視・統制した。外出可の者のスマートフォンには緑色、自宅で数日間隔離されねばならない者には黄色、14日間にわたる自宅隔離措置が求められる者には赤色のバーコードが送られた（ライト（２０２０）27－28頁）。このアプリは各個人の動きを追跡・監視し、リスク要因が増えれば、ステータスは緑色から黄色ないし赤色に変わったという。

脳神経学者のニコラス・ライト氏（２０１８）は、中国政府が、近年、築き上げてきたIT技術を駆使し、プライバシーなどの個人権を認めず国民生活を監視・統制するシステムを「デジタル権威主義」とコロナ以前から称してきた。ライト氏は、今回のコロナ禍に際して、中国では「デジタル権威主義」的手法がいかんなく発揮されたと見る（２０２０、26－27頁）。加えて、中国までとはいかなくても、韓国や台湾、香港、シンガポールなどの東アジアの国や地域でも、多かれ少なかれ「デジタル権威主義」的手法がとられたと論じる。例えば、韓国政府は、クレジットカード取引、監視カメラ映像、その他のデータを利用し、感染者をプライバシーに踏み込んで探索した。

2　穏健な手法を活用した日本

以上のような事例をみれば、日本に対して「甘すぎる」という批判が諸外国から寄せられたことは理解できる。だが、日本が諸外国のように厳しい政策を取れたかといえば、憲法上の制約や国民の合意を取り付けることの困難さ、政府の強硬な姿勢を嫌う国民感情などから、不可能だったと言わざるを得ないし、今後もほぼ不可能だろう。

日本政府は、結局、緊急事態宣言を出しつつも、罰則は設けず要請と指示のみという穏健な方法をとった。だが統計的に見れば日本の成果は優秀である。感染者や死亡者の割合は世界最低レベルだといえる。

日本の好成績の要因は諸説あろうが、国民の規範意識の高さとそこから生じる自発的協調行動が大きな要因であることは間違いない（注1）。また、高い衛生意識なども一因だろう。

外出自粛や商店の休業など、政府や自治体の要請は概ね守られた。人と人との接触機会も、政府目標の8割削減が達成できたかはともかく各地でそれに近い大幅減少に至った。5月連休中の新幹線の乗車率は軒並み10％以下で0％の便もあった（『東京新聞』２０２０年４月27日付朝刊）。街を歩けば、ほぼ全員がマスク着用者だ。スーパー等に行けば、どの店にもレジ前には適切な対人距離を促す足跡の表示があり、店員と客の間を仕切るアクリル板やビニールカーテンが巧みに設けられている。こうした光景が全国的に見られた。

海外マスコミの評価も、日本の好成績を受けて変化した。例えば、米国の外交雑誌『フォーリン・ポリシー』や英国紙『ガーディアン』は、日本の成果を高く評価した（Sposato, 2020；McCurry, 2020）。両者は共通して、日本政府の対応の不十分さを指摘しつつ、そのうえで成功の理由を、やはり日本国民の規範意識の高さや自発的にとられた協調行為、優れた衛生意識、そこから導かれる生活習慣等に、つまりいわば文化的要因に求める。

私は、こういう論調を目にすると、比較法学を専門とする王雲海氏の議論を思い起こさざるを得ない。王氏は、日本と中国の社会を比較しつつ、日本の安定した秩序の根底にあるのは「文化」だと述べた（２００６、24‐39頁）。ここで「文化」とは、何ら高尚な意味を含むものではなく、伝統や慣習、常識などの非法律主義的で非権力的なものである。他方、王氏は、中国の秩序を形作っているのは、政治権力そのものだと指摘する。

王氏は、日本は、大陸国家である中国と異なり、民族の移動や侵略がほとんどなく、土地に根差した定住型の社会を長く作り、それが保たれてきたため「文化」に基づく秩序形成が発達したと解釈する。定住型の日本社会では、他者との軋轢を避け、互いに気を配りあい、長期的な信頼を大切にする規範意識が発達した。対照的に中国は、人々の流動性が高く、上記の意味での「文化」が秩序形成力を持たず、政治権力で社会を統合しているとみる。また、王氏は、欧米は、日中の中間的な性格を有し、法と権力による統治が支配的だと捉える。

王氏の議論を念頭に置けば、今回、日本がとった手法はいかにも日本的である。評論家の中野剛志氏は、国力を「人々を動員し、協働させることによって、何かを創造し、成し遂げるためのネイションの社会的な能力（ソーシャル・キャパシティ）のこと」（２０１１、１４０頁）だと規定する。当然ながら国力を発揮する方法は各国によって異なる。

今回のコロナ禍に際しては、欧米は法と強力な罰則に、中国は強力な政府による国民生活の全面的な監視・管理に頼った。日本の場合は、人々の高い規範意識や協調性、それらから導かれる自発的・協調的な行動、優れた衛生意識などを活用した。

3　政策目標としての国民の紐帯の維持

この見方が正しいとすれば、コロナ禍の再来や類似の感染症、あるいは大規模な自然災害などの他の難局に直面した場合の今後の日本の政策のあり方を考えるうえで有用な観点が1つ得られる。人々の自発的・協調的行動を引き出し、結束して難局に対処できる条件をいかに整えるかというものである。これは緊急経済対策のような短期的・即応的なものについても、「ウィズコロナ」ないし「コロナ以後」の中長期的な政策方針を考えるうえでも重要である。

まず緊急経済対策について述べれば、政府の要請があったとしても、多くの人々が経済的困窮状態、あるいは不公平感を強く抱いている状態であれば、自発的な協調行動や結束を導き出すのは難しい。社会的統合を保ち、人々の協調行動や結束の条件を整えるという観点から経済対策を評価することが求められよう。

経済学者ブランコ・ミラノビッチ氏は、主に米国社会を念頭に置きつつ、コロナ下の経済対策について次のように述べる。「……現状における経済政策の主要な（そして、実質的に唯一の）目的は、社会的崩壊を阻止することでなければならない。……経済政策が果たしえるもっとも重要や役割は、ウイルスが作り出す異常な圧力のなかで、社会の絆を維持していくことでなければならない」（2020、9頁）。

国民の協調行為に頼らざるを得ない日本にとっては、この観点はことさら大切である。国民各層の声をうまく集約し、業種や地域などによる不公平感をなくすこと、疎外感を抱く者を減らすことなどに留意する必要がある。

4 レジリエンスの基盤

コロナを経験して以降の中長期的な政策方針について、各国共通の関心は、いかに国や社会の強靱さを増すかである。多くの論者が指摘するのは、新自由主義に基づく経済のグローバル化路線は見直さざるを得ないという点だ。例えば、エコノミストのモハメド・A・エラリアン氏は、サプライ・チェーンの拡大などグローバル化路線は見直しを迫られると指摘する（2020、13—15頁）。少なくとも、マスクなどの医薬品、最低限の食物などは、非常事態に備え、どの国でも国内自給の体制を一定程度整えるだろうと予測する。また、1990年代以降の新自由主義の流行により、各国は官民双方とも費用対効果と効率を第一に考えるようになったが、今後はリスク回避とレジリエンス（強靭さ）をより重視するようになると捉える。（多くの国で生じた「医療崩壊」は、病院の設備や人員の「効率化」が一因だったと見る向きが多い）。

日本でも、グローバル化や効率一辺倒の路線から、レジリエンス重視に転換する必要がある。その際、人々の自発的な協調行動や結束を導き出す条件を整えるという観点も求められる。日本のレジリエンスはそこから得られるからである。

エズラ・ヴォーゲル氏がかつて称賛した頃の日本の強みは、やはり国民全体のまとまりや自発的な協調行動に依拠するものだった。氏が強調したのは、これらは、日本民族の持つ神秘的な力といった何か非合理なものに由来するのでは決してなく、各世代の日本人が、人々の協調行動や結束、組織への愛着や各自の仕事への動機づけなどを導き出すために、社会の各制度の仕組みを試行錯誤的に工夫してきた結果だということだった（ヴォーゲル（1979）78頁）。例えば、国民各層の意見に広く耳を傾け、集約する政官財それぞれの意思決定システム、人々に経済的・社会的・心理的安定をもたらすと同時に仕事への意欲や忠誠心を引き出す企業組織のあり方などがその成果だった。こうした制度を作り出す工夫の重要性は、新自由主義に基づくグローバル化推進路線の中で忘れ去られてしまったようだ。

むろん私が主張したいのは、約40年前の「ジャパン・アズ・ナンバーワン」の時代に回帰せよということではない。そうではなく、日本の国力の第一の源泉であり、結局頼らざるを得ないものは、以前と変わらず人々の高い規範意識や自発的な協調行動、結束力といったものであることを改めて認識すべきだということだ。また、それらを高め、維持する制度的工夫の再開こそが、ウィズコロナないしコロナ以後の日本の国づくりで求められているということである。

【注】

（1） 日本人の規範意識や自律的協調行動の理解については拙著（施（2018）第二章）を参照願いたい。

参考文献

飯山辰之介（２０２０）「ルール破れば射殺に殴打、禁錮刑　「緊急事態」めぐるアジアの現実」『日経ビジネス』（２０２０年４月９日付）。

ヴォーゲル、Ｅ・Ｆ（１９７９）『ジャパン・アズ・ナンバーワン——アメリカへの教訓』（広中和歌子ほか訳）ＴＢＳブリタニカ、１９７９年。

エラリアン、Ｍ・Ａ（２０２０）「コロナウイルス・リセッション——経済は地図のない海へ」『フォーリン・アフェアーズ・リポート』２０２０年第４号、10－15頁。

王雲海（２００６）『「権力社会」中国と「文化社会」日本』集英社新書。

施光恒（２０１８）『本当に日本人は流されやすいのか』角川新書。

中野剛志（２０１１）『国力とは何か』講談社現代新書。

ミラノビッチ、Ｂ（２０２０）「パンデミックによる社会破綻——経済政策で社会崩壊を阻止するには」『フォーリン・アフェアーズ・リポート』２０２０年第４号、６—９頁。

ライト、Ｎ（２０１８）「人工知能とデジタル権威主義——民主主義は生き残れるか」『フォーリン・アフェアーズ・リポート』２０１８年第８号、16—24頁。

ライト、Ｎ（２０２０）「デジタル権威主義と民主的サーベイランス——ウイルスを東アジアはいかに封じ込めたか」『フォーリン・アフェアーズ・リポート』２０２０年第５号、22—29頁。

McCurry, Justin (2020) "From near Disaster to Success Story: How Japan Has Tackled Coronavirus," *The Guardian*, May 22.

Sposato, William (2020) "Japan's Halfhearted Coronavirus Measures Are Working Anyway," *Foreign Policy*, May 14.

第２節

＜若者向け規制緩和が鍵＞高齢者に限定した活動規制を

放送作家／ＰＲコンサルタント　知久哲也

１　はじめに

新型コロナウイルス感染症（COVID-19）の世界的な蔓延は止まることを知らない。さまざまな分析や研究が報告されているが、最悪のケースを想定したものの中には、２０２５年まで収束と言える状況にはならないというものさえある。少なくとも、２０２０年いっぱいは世界中で、生活の至る場面で制約と規制を余儀なくされることは想像に難くない。

世界的にも、大都市圏でのいわゆる「ロックダウン」が長期化しており、日本においても、２０２０年４月７日から５月６日として発動された「緊急事態宣言」が５月末日までに延期される事態となった。

外出規制に伴い経済活動の停滞は、世界経済に甚大な影響を及ぼしている。日本だけ見ても、緊急事態宣言の延長による経済的損失だけでも45兆円。世界全体でみれば、その経済的な損失は最大で４兆１、０００億ドルと予測されている。これは、世界全体のＧＤＰを最大4・8%下げることを意味しているというから、もはや「天文学的な損失」と言える状態だ。

このような状態になっている現状で、ポストコロナ時代を見越して、どのように改善させるかという方策は、もはや誰にもわからない。著名な経済学者、エコノミスト、グローバルな研究機関の多くがさまざまな予測や提言をしているが、そのようなものを信用するような人がどれほどいるのか。ワイドショーのコメンテーターたちの無責任な「私見」と大差はないだろう。

もちろん、筆者もそんな中の1人なのかもしれない。少なくとも経済学者ではない。しかし、放送作家、PRコンサルタントとして「市井の人たち」「何をすれば良いかわからず困惑している働き盛りの人たち」との接点も多いし、アドバイスを求められることは多い。

そこで、いまいちピンとこない経済学の難しい議論や提言ではなく、筆者自身の立ち位置から「ポストコロナ」ないし今からできる経済復興案について考えてみたい。

2 提案

結論から言うと、筆者が提起したいのは「若者向けの規制緩和策」である。つまり、「活動・自粛規制の対象を高齢層のみに絞り、若年層と中年層で経済を活性化させる」という方策だ。

図表6－1

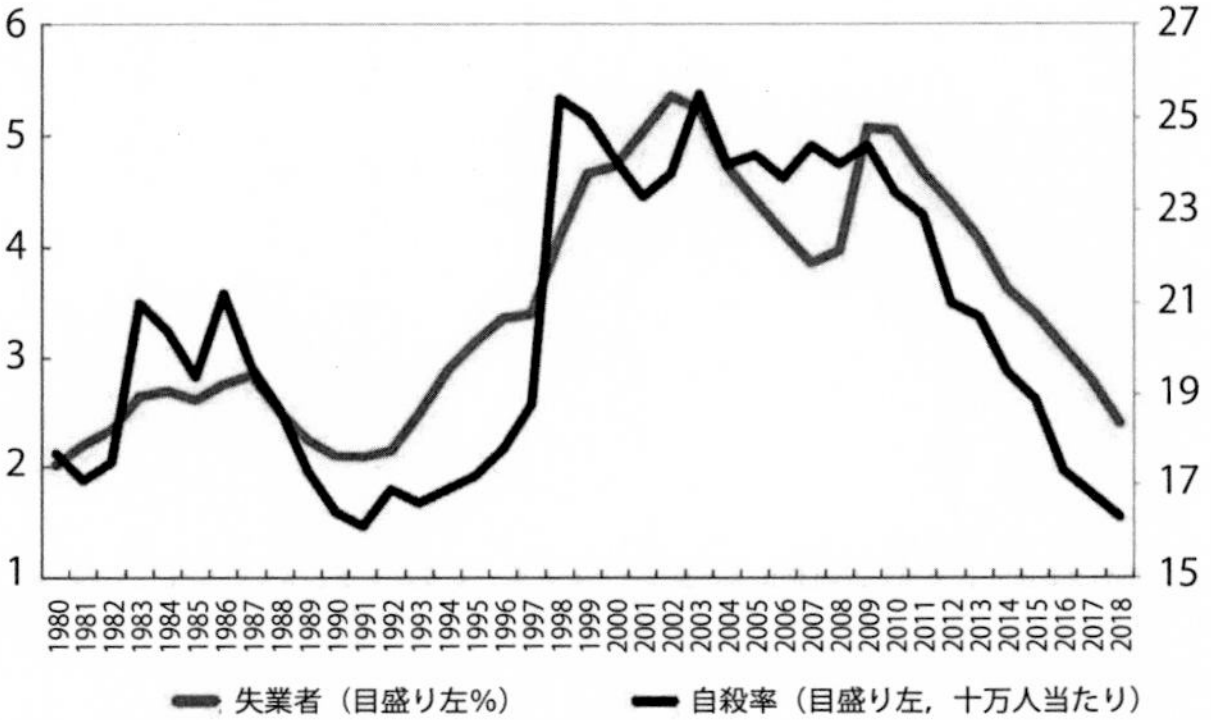

出所：厚生労働省「人口動態統計」，総務省「労働力調査」より作成。

3　調査と考察

ここで1つ興味深いデータを紹介したい。これは、厚労省「人口動態統計」と総務省「労働力調査」をもとに作成された日本においての失業率と自殺率を示したグラフ図だ（図表6－1）。

この図を見ると、失業率と自殺率が連動していることが容易にわかる。バブルが崩壊した1991年以降、景気の悪化に伴う失業率増加に比例して自殺率も急増。1998年はバブル崩壊後でとくに相次いだ国内の金融機関破綻があった年で、この年の年間自殺者数が31、755人（警察庁による人口動態統計）となり、統計のある1897年以降で初めて3万人を突破した。リーマンショック翌年には「失業」「生活苦」を動機とする自殺者は少なくとも2、802人（警察庁による自殺統計）に上ったこともわかっている。

今回のコロナショックが単なる金融危機ではなく、実体経済に直接影響を与えていることの深刻さを考えれば、コロナ感染による死亡者よりもコロナショックによる「失業」「生活苦」が原因の自殺者数が上回る可能性さえ十分に考えられる。新型コロナウイルスの感染者数とその死亡者数にしかフォーカスを当てず、今後起こり得る経済悪化による自殺率や犯罪件数の増加についてはほとんど触れないマスコミに対しての違和感はさておき、目先の死亡者だけでなく、長期的な人口動態を考えると、ある程度自粛を緩和させ、経済を活性化させることによって救われる命もあるということなのだ。

ここで、もう1つデータを紹介したい。これは、厚労省が公表した新型コロナウイルス感染症の国内発生動向を示したグラフだ（図表6－2）。このグラフから見て取れるのは、新型コロナウイルス

図表6－2　年齢階級別陽性者数

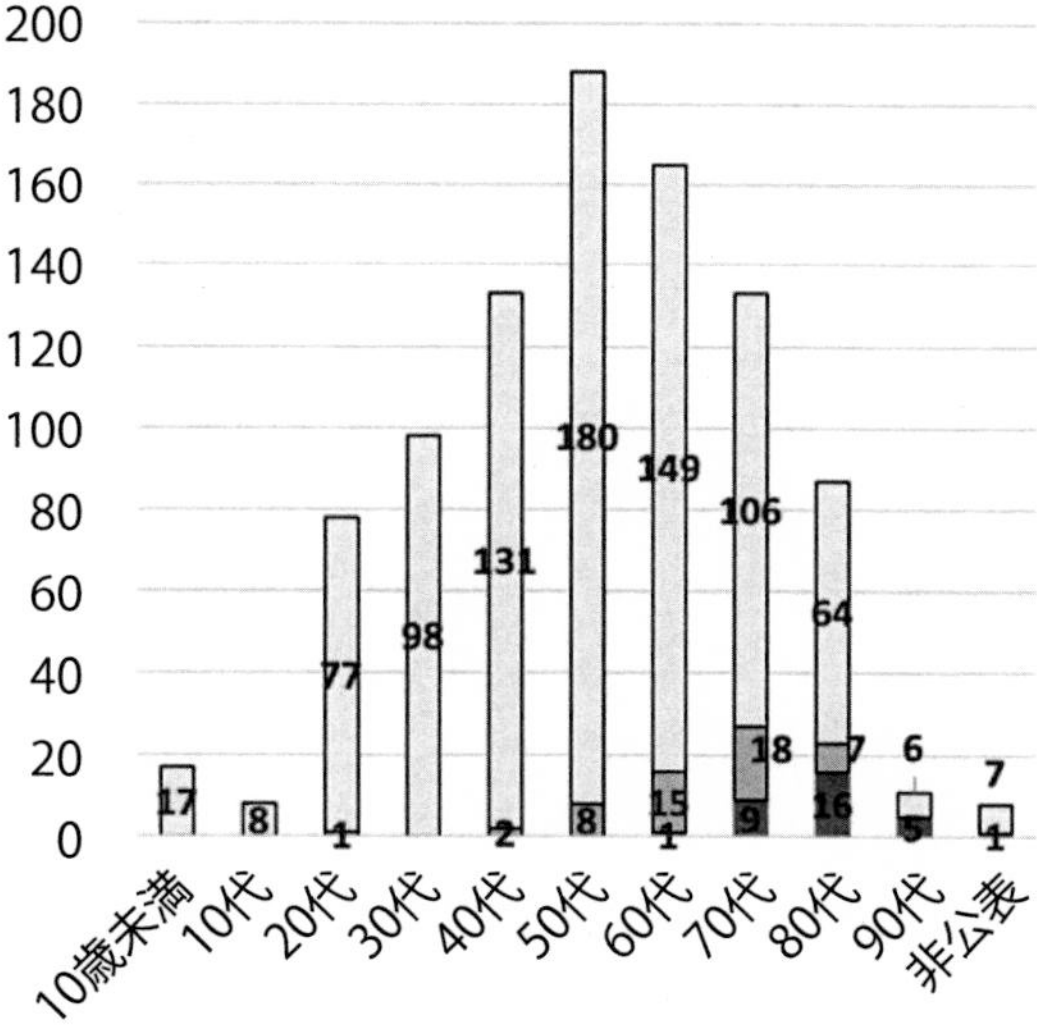

出所：厚生労働省「新型コロナウイルス感染症の国内発生動向」（令和２年３月19日18時時点）。

感染により死亡・重症化するのはほとんどが60代以上。50代未満に関しては感染しても多くの場合、死亡・重症化していないことがわかる。米国立アレルギー・感染症研究所（NIAID）の研究によると、80歳以上の死亡率こそ約7・8％と高い数値を記録しているが、40歳未満に関しては0・16％で著しく低い確率であるという研究結果も発表している。

「なぜ、高齢者の致死率が高いのか？」という医学的な見地はここでは避けるが、少なくともこの統計から見ても50代未満の新型コロナによる死亡率が低いことは言うまでもない。先に述べた「失業率増加による自殺者急増」と天秤にかけた時、若年層に対する行動規制は長期的に見ると「人命優先」の観点から言っても効果的ではないのだ。

4　従来方法と解決策

現状、政府は「不要不急な外出自粛要請」や「各業種に対する休業要請」などの政策で、国民に対して無差別に自粛を要請している。その結果、経済の悪化を助長させている側面もあることは否定できない。「日本は失業率と自殺率が連動する」「コロナによる致死率が高いのは高齢者のみ」、この2つのファクトから考えれば、自粛や規制の対象を感染により命を落とす危険性の高い高齢者に限定し、低中年齢層に対しては、ある程度規制を緩和させ、経済を回す役割を担ってもらうことが得策であると筆者は考えるのだ。「場所」や「活動」を制限する政策が存在するのであれば、「年齢」を制限する政策があっても不思議ではない。

多くの会社や組織、商品やサービスは人々の健康の上に成り立っている。そして、「大切な人の命を傷付けたくないから自粛をする」などの感情によって、我々の平和は維持されているものだ。だから、筆者は決してそれらの意見を否定することはしない。しかし、だからこそ目先の命だけではなく、今後、失業や生活苦によって断たれる可能性がある命も水際で救うために、長期的な経済と健康のバランスを保つ必要があるのだ。

5　おわりに

大恐慌以来、最悪の不景気に陥るという専門家の意見も多い中、先の見えないこの危機を乗り越え、一人でも多くの人たちが元の平和な生活を送ることができるようになることを筆者は心から願いたい。

第7章 企業経営・産業

第1節 コロナウイルスの中小企業・個人事業主への影響

会計事務所所属　井草　健

1 はじめに

私は会計事務所に勤務しており、主に顧問先（中小企業や個人事業主）の日々の取引（売上や仕入れ、給与の支払い等）を記帳し、月ごとの試算表を作成し（注1）、社長や経理担当者への月ごとの業績の説明や税務面でのサポートを主な仕事としている。職業柄、さまざまな業種の社長や経理担当者と会う機会も多く、また試算表を目にする機会も多いため、会計事務所に勤務している者の立場から、コロナウイルスの影響を中小企業や個人事業主がどの程度受けていて、また中小企業や個人事業主がこの危機をどう乗り越えればいいのか、税務面での提言をさせていただく。

2　コロナウイルスによる損失の程度

まずコロナウイルスの中小企業や個人事業主に対する影響について触れていきたいと思う。コロナウイルスが国内でも問題となり始めた1月の各顧問先の試算表をみると、前年同月や前月比で業績の変化はほとんどなく、2月中旬から飲食業とタクシー会社の業績が悪化し始めた。その後、3月からはコロナウイルスと関係がないと思われていたさまざまな業種（クリーニング屋、不動産賃貸業、パチンコ屋等）でも業績が悪化しはじめ、3月中旬からはほぼすべての業種で業績が悪化する流れとなってしまった。そして4月に入り、緊急事態宣言が発令されると、通勤・通学、買い物客等、街から人が消え、営業自粛を選択する顧問先も現れ始めた。

業績が悪化した顧問先の一例を紹介すると、（1）クリーニング屋では、テレワークの影響でワイシャツやスーツのクリーニング需要が減ってしまった、（2）不動産賃貸業では、借り手からの値下げ交渉が始まり、やむを得ず値下げに応じた、中にはしばらくの間、家賃を免除することとした等、一見するとコロナウイルスとはあまり関係のない業種にも影響が出ている。

次に、コロナウイルスの影響で私が担当している顧問先の業績がどの程度悪化したのか、業種別に本年4月と前年4月の売上金額をベースにみていく。まず（1）飲食業だが、酒類の提供を伴う飲食店では前年同月比で１００％～70％減、酒類の提供を伴わない飲食店で１００％～40％減、（２）タクシー会社では70％減、（３）クリーニング屋では30％減、（４）不動産賃貸業では40％～20％減、（５）パチンコ屋では80％減、他の業種でも60％～10％の売上減となっている。上記の売上金額の減少幅は営業自粛に伴う同月の売上金額が０円の会社も含まれるが、これほどまでの売上額の減少は私の経験上なく、他の先輩職員の顧問先も同様に業績が悪化しているようだ。

3　経費節減という企業努力

このような危機的な状況の中でも、私の顧問先の社長や個人事業主は、「倒産や廃業を選択すれば、従業員が職を失い、従業員やその家族が路頭に迷いかねない」と、使命感をもって営業を続けていく方針の方々がほとんどだ。では、このような状況下で少しでも経費を減らす方法を税務的な観点からお話しさせていただく。

コロナウイルスの影響により売上が大幅に減少している状況では、変動費は売上減に比例して減少するが（注２）、固定費は一定なので減少しない（注３）。例えば前年４月の売上が１００、変動費40、固定費40、利益20（100 − 40 − 40 = 20）の業績の会社が、今年４月の売上が前年比で50％減少したとする。この場合、利益も50％減って10（前年利益20×50％）となるのではなく、売上 50（前年売上１００×50％）、変動費20（前年変動費40×50％）、固定費50（前年と同額）となり、利益は△20（50－20－50＝△20）が今年4月の業績となってしまう。

会社を継続させるには利益を増やす（または損失を減らす）必要があるが、そのためには当然のことながら、（1）売上を増やすか、（2）経費を減らす以外に術はない。しかし、このような危機的な状況下で（1）のように売上を増やすことは、一企業や一個人事業主がどう企業努力をしても無理な話である。しかし、（2）の経費を減らすことは一企業、一個人事業主の企業努力で可能な場合もある。具体的には、法人税（個人事業主の場合は所得税）、消費税の中間申告により収める税金計算を仮決算により行い（注4）、本来固定費である税金の支払いを、変動費の性質に変え、売上の減少に応じ中間申告により収める法人税や消費税を減額する方法である。

具体的な数字を例にすると、前期の法人税が１００なら、当期の中間申告により収める法人税は前期の法人税１００の半分の50となる。しかし仮決算により中間申告（個人事業主の場合は減額承認申請）を行えば、当期の業績が悪かったり赤字が見込まれる場合には、中間申告により収める法人税は減額または0となる。消費税も同様に仮決算に基づき中間申告を行えば、当期の業績に応じ中間申告により収める消費税を減額することができる。

法人税や消費税等の税金が少し安くなっても「焼け石に水」と考える経営者の方々も多くいるのは事実。しかし、いつになればコロナウイルスが落ち着き、事態が好転するかわからないのも現状。今は少しでも経費を減らし、会社や事業を継続させるための努力をしなければばならない時期なのではないか。

【注】

（1） 日々の取引の勘定科目の集計結果を示す決算書類を作成する前段階のデータで、会社の資産や負債、利益を把握することができるデータである。

（2） 売上の増減に伴い増減する費用で、売上原価、商品仕入高、外注費、租税公課（税金）等が該当する。

（3） 売上の増減に左右されず、一定に発生する費用で、人件費、地代家賃、賃借料等が該当する。

（4） 法人税の場合、事業年度開始の日から6ヶ月間を1事業年度とみなして中間決算を行い、その中間決算の所得金額を基礎に中間申告を行う方法。

第２節

急激変動における企業の事業変革プロセス

明治大学客員研究員　庵原幸恵

１　はじめに

新型コロナウイルス感染症の影響により、外食、宿泊業、交通業界等さまざまな業界が９割を超える需要減と壊滅的な打撃を受けている（日本経済新聞・２０２０）。その一方でＥコマース、デリバリーサービス、オンライン教育等の分野はコロナ禍で盛り上がりを見せている。既存事業が大打撃を受けている場合、伸びている事業にシフトできるかどうかを企業は問う必要がある。長く経営をすればするほど、外的環境が要因で企業変革の必要に迫られることは、コロナウイルスだけでなくとも起こりうる。今回はトランジション理論とリーンスタートアップ手法を活かし、急激な変動下において企業はどう変革すべきかについて論じる。

２　コロナウイルス禍の環境分析

まずコロナウイルスの影響を整理する。Kotler（1998）が提唱したＰＥＳＴ分析を用い、

図表7－1　新型コロナウイルス感染症禍におけるPEST分析

Political（政治）	「新型コロナウイルス対策特別措置法」の制定により，緊急事態宣言発令。外出自粛の要請，休業要請へ（日本経済新聞，2020）。
Economic（経済）	世界規模で経済の急激な悪化。NYダウは過去最大の下げ幅を記録し，日経平均株価の下げ幅も数々の記録を更新。米国の失業率は大恐慌以来の水準である14.7%に（日本経済新聞，2020）。
Socio-cultural（社会文化）	世界的に人々の生活スタイルの変容。「Stay Home」の呼びかけのもと，家で過ごすことが基本に。人的接触を避け，対面ではなく遠隔に。
Technological（技術）	オンラインサービスや5G等のネットワークの技術革新により，遠隔コミュニケーションや遠隔医療等が発達。

マクロ環境をPolitical（政治）、Economic（経済）、Socio-cultural（社会文化）、Technological（技術）の側面から分析する。

図表7－1のPEST分析の通り、世界各地で国家的な動きが一気に起こり、1、2ヶ月といった短期的スパンでマクロレベルの巨大な変化が起こっている。この速度と規模は通常の不景気とは比較にならないほどのインパクトである。それに合わせ、事業の生き残りには大きな変革が必要であり、幸いなことにそれを可能にする技術面も揃っている状況である。差し迫った企業の変革にあたっては、Bridges（1991）の提唱したトランジション理論を用いて論じていく。

3　企業変革におけるトランジション理論の活用

Bridges（1991）はトランジション理論において、個人および組織の変化には三段階のプロセス

図表７－２　ブリッジズのトランジションモデル

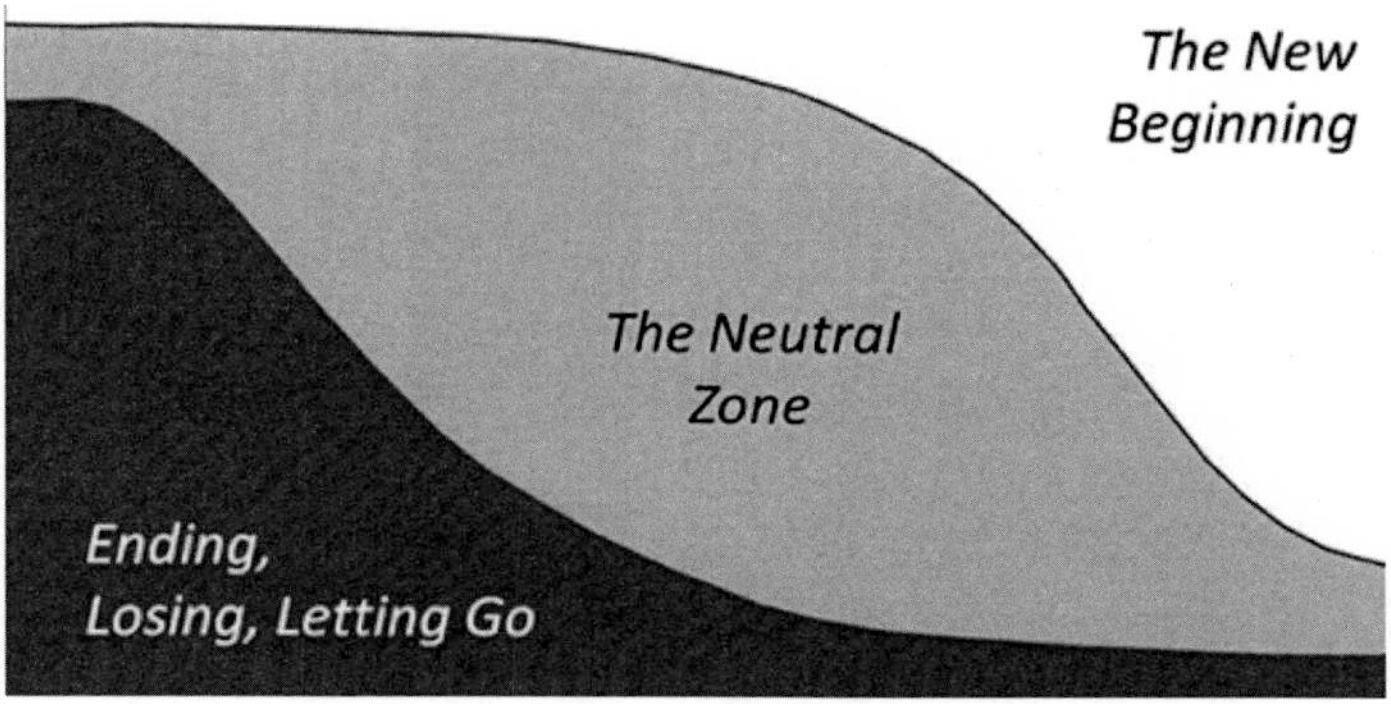

出所：William Bridges Associates（1988）.

があると述べている。第一段階：終わり（Ending, Loosing and Letting Go)」、第二段階：ニュートラルゾーン（The Neutral Zone）、第三段階：始まり（The New Beginning）である。この過渡期において、人々の感情はあぶり出される。その感情を理解することもまた重要である。Bridges（1991）はKübler（1969）の死の受容プロセスを応用し、三段階の感情をそれぞれ定義している。第一段階の「終わり」には、恐れ、否認、怒り、悲しみ、フラストレーション、喪失感といった感情が現れる。人はこれまでのやり方を終えても新しいことにすぐにとりかかれるわけではない。第二段階の「ニュートラルゾーン」では、問い続けるが答えが出ない模索期である。変化への不安や抵抗、生産性やモチベーション低下等が訪れる。ただしこれは無駄な時間ではない。この期間に状況を「受容」し、次の変化への力を蓄えるのである（Bridges & Mitchell, 2013）。第三段階の「始まり」では、リーダーは４Ｐｓとして、目的（Purpose）、絵（Picture）、計画（Plan）、役割（Part）を明らかにすることで、新しい始まりに対してのオープンなエネルギーとコミットメントを引き出すことができる。

新型コロナウイルスの状況下では、世界的に外出自粛が起き、非常に短期的に経営危機が起こる。そこでBridgesが提唱するこの三段階のフェーズをスピーディーに進めることが重要である。経営危機により、経営者および従業員の感情は大きく揺さぶられるであろう。しかし、その感情の変化が起こることを理解し、いち早く「受容」する。そして、新たなビジョンや目的を見いだし、計画をテンポよく実行することができれば、企業は「始まり」のフェーズに移行できる。「始まり」のフェーズにおいて、新たな方向性をスピーディーに事業化する上で役立つのが、Ries（2011）が提唱するリーンスタートアップである。

4　企業の事業変革におけるリーンスタートアップの活用

リーンスタートアップとは、「構築」「計測」「学習」の検証サイクルを繰り返すことで時間および金銭的無駄を減らし、精度を高める新規ビジネス開発手法である。市場速度も速まり、不確実性が増えた現代において、市場に出されることなく時間をかけた綿密な計画を元に開発する従来型のやり方では、スピード感が損なわれ、市場に出したタイミングで時代遅れになってしまう。その従来型のやり方の弊害を解消したのがリーンスタートアップである。「構築」のフェーズでは、仮説を元にアイディアを練り、「ＭＶＰ」と呼ばれる最小限の試作品を

図表7－3　リーンスタートアップ

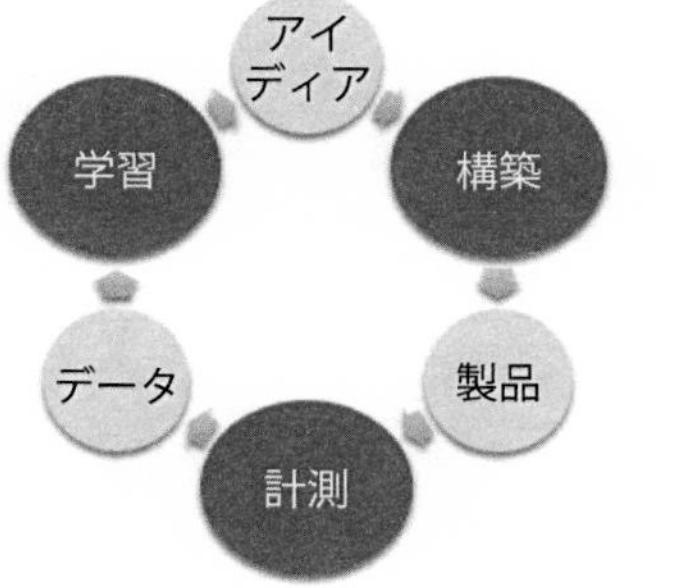

出所：Ries（2011）を参考に作成。

スピーディーに構築する。試作品を最小限にとどめることにより、ユーザーにいち早く提供することを可能にする。「計測」のフェーズでは、最小限の試作品をアーリーアダプターに試し、その結果を計測する。「学習」のフェーズでは、計測した内容をもとにMVPに反映改善させていく。この一連のプロセスを繰り返すことにより、スピーディーで精度の高い事業開発を実現する（Ries, 2011）。

リーンスタートアップの手法は、スタートアップや起業家だけでなく、既存事業を持つ企業の新規事業開発にも役立つ。コロナ禍における新事業シフトにおいて、最小限の試作品MVPはアーリーアダプターだけでなく、既存事業につくファンに利用してもらうことにより、新事業をいち早く試し、検証、改善するプロセスを短期間でまわすことができる。とくにこのような状況では、自社ファンおよび一般の人々も企業への応援姿勢を強めており、MVPを検証しやすい環境とも言える。それにより新事業をスピーディーに発展させることも可能にする。

5　変革が求められる社会における企業のあるべき姿

コロナ禍において経営危機を迎える企業には2つのリアクションがあると考える。状況を悲観し、何も行動を起こせないまま経営破綻する企業。一方は逆境を前向きに捉え、変革し、新たな活路を見いだす企業である。

変化には痛みがつきものである。それを理解せずに絶望から抜け出せずにいるのではなく、それを理解し適切に対処することで、スピーディーに新たな指針に向けて動き出すことができる。その一助となるのがトランジション理論であり、その新たな指針をスピーディーにビジネス化するのに役立つのがリーンスタートアップである。

災害の多い日本において、コロナウイルスのような急激な変化が強いられる状況は、定期的に起こる可能性がある。いかなる状況においても企業が変革し環境適応することができれば、企業は強くなる。コロナ禍のような状況においても、事業で新たな価値を創造し、この転機をさらなる飛躍の機会にする企業が増えることを強く望む。

参考文献

日本経済新聞（2020）「日本発着の国際旅客便9割減　コロナ拡大が打撃」日本経済新聞 https://www.nikkei.com/（閲覧日：2020年5月3日）
日本経済新聞（2020）「米国でレストラン業界苦境、外食需要ゼロに」日本経済新聞 https://www.nikkei.com/（閲覧日：2020年5月3日）
日本経済新聞（2020）「宿泊予約、最大9割減」日本経済新聞 https://www.nikkei.com/（閲覧日：2020年5月3日）
日本経済新聞（2020）「緊急事態宣言を発令　首相「接触を8割削減」」日本経済新聞 https://www.nikkei.

com/（閲覧日：２０２０年５月３日）
日本経済新聞（２０２０）「ＮＹダウ急落、過去最大の下げ幅　２、９９７ドル安」日本経済新聞 https://www.nikkei.com/（閲覧日：２０２０年５月３日）
日本経済新聞（２０２０）「日経平均、３月は記録ずくめ　新型コロナで変動大きく」日本経済新聞 https://www.nikkei.com/（閲覧日：２０２０年５月３日）
日本経済新聞（２０２０）「米雇用悪化、「大恐慌型」か「ボルカー型」か」日本経済新聞 https://www.nikkei.com/（閲覧日：２０２０年５月３日）
Bridges, W.（1991）*Managing transitions: Making the most of chang,* Da Capo Press.
Bridges, W. & Mitchell, S.（2013）*Leading Transition: A New Model for Change,* Eaton & Associates Ltd. http://www.crowe-associates.co.uk/wp-content/uploads/2013/08/WilliamBridgesTransitionandChangeModel.pdf（閲覧日：２０２０年５月３日）
Kotler, P.（1998）*Marketing management—Analysis, planning, implementation, and control*（9th ed.）, Englewood Cliffs: Prentice-Hall.
Kübler-Ross, E., & Byock, I.（1969）*On Death and Dying: What the Dying Have to Teach Doctors. Nurses,* Clergy and Their Own Families.
Ries, E.（2011）*The lean startup,* New York: Crown Business, 27.
Ries, E.（2011）*The lean startup: How today's entrepreneurs use continuous innovation to create radically successful businesses,* Currency.
William Bridges Associates（1988）“Bridges Transition Model” William Bridges Associates. https://wmbridges.com/（閲覧日：２０２０年５月３日）

第3節

「地域の稼ぐ力」再生の取り組み―地場産業の産業観光化―

長崎県立大学准教授　竹田英司

1　はじめに

本稿は、竹田英司・小林善輝（2020）「長崎県波佐見町の観光経済：農業と窯業の観光産業」『長崎県立大学論集（経営学部・地域創造学部）』54（1）1－15頁の一部を新型コロナウイルス感染症収束後の地域経済回復に向けて大幅に加筆・修正したものである。

2　地域の稼ぐ力と地方創生

日本経済は新型コロナウイルス（COVID–19）感染症拡大の影響によって、国難とも言うべき厳しい状況に置かれている。GDP（国内総生産）支出面のうち、個人消費（民間最終消費支出）が半数以上を占めている。その個人消費は、外出自粛による消費者マインドの影響を受け停滞している。くわえて、地場産業と呼ばれる日用品の生産地では、1990年ごろから安価な海外製品との競合や、ライフスタイルの変化によって、現在は生産量、生産額、事業所数がピーク時の半分から1／3程度までに落ち込んでいる。日本の国土7割を占める中山間地域（＝農業生産が不利な地域）では、江戸時代以来、地場産業（＝日用品の生産）が「地域の稼ぐ力」であったが、地場産業はかつての「稼ぐ力」を失っている。

新型コロナウイルス感染症拡大の影響によって事業所数が激減し、生き残る生産地と消えゆく生産地の差が顕著に表れるであろう。新型コロナウイルス感染症収束後の地域経済回復に向け、「地域の稼ぐ力」を上げる地方創生（＝地域経済活性化）を推進すべきである。観光経済から地方創生（＝地域経済活性化）を検討することは、新型コロナウイルス感染症収束後の「地域の稼ぐ力」を上げるための政策を考える上で、一定の貢献があると捉えている。

3 産業観光と地場産業

産業観光推進会議（2014）では、「観光立国推進基本計画」（国土交通省、2007）に基づき、図表7－4のように、ニュー・ツーリズムを整理している。その上で産業観光推進会議（2014）では、「産業観光は『見る』ことを中心とする従来型の観光に加えて、『学ぶ（知る）』『体験する』という三つの要素を同時に備える、新しいタイプの観光である」（31頁）と述べている。須田（2005）によれば、「産業観光とは歴史的・文化的価値のある産業文化財（古い機械器具、工場遺構などの産業遺産）、生産現場（工場、工房等）および産業製品を観光資源とし、それらを通じてものづくりの心にふれるとともに、人的交流を促進する活動をいう」

図表 7－4　ニュー・ツーリズムの特徴

観光タイプ	観光案内
エコ・ツーリズム	自然環境や歴史文化を対象とし，それらを損なうことなく，それを体験し，学ぶもの（ホエールウォッチングや植林ボランティアツアーなど）
グリーン・ツーリズム	農村漁村地域において自然，文化，人々との交流を楽しむ滞在型の余暇活動（農作業体験，農林漁家民泊，食育など）
文化観光	日本の歴史，伝統といった文化的な要素に対する知的欲求を満たすことを目的とするもの。
産業観光	歴史的・文化的価値のある工場等やその遺構，機械器具，最先端の技術を備えた工場・工房等を対象とした観光で，学びや体験を伴うもの
ヘルス・ツーリズム	自然豊かな地域を訪れ，そこにある自然，温泉や身体に優しい料理を味わい，心身ともに癒やされ，健康を回復・増進・保持するもの
スポーツ観光	プロ・アマスポーツ観戦等の「見るスポーツ」。マラソン，ウォーキング等の「するスポーツ」への参加を目的とする観光
医療観光	外国人が日本の医療機関等で治療，診療等を目的として訪日旅行し，併せて国内観光を行う
ファッション・食・映画・アニメ等×観光	日本のファッション・食を目的とした訪日旅行，ヒット映画のロケ地訪問，アニメ関連スポットの訪問等
その他	フラワーツーリズム，長期滞在型観光等

出所：産業観光推進会議（2014）44頁，図表1－4。

（8頁）。須田（2005）は、マス・ツーリズムが「団体仕様の画一的な発着型観光」であるのに対して、産業観光は個々人の多様な価値観を反映した「個人仕様の着地型観光」であると産業観光の特性を整理している。

公益財団法人日本交通公社（2007）では、「見る」「学ぶ（知る）」「体験する」のが産業観光であり、産業観光を①工場見学型、②産地振興型、③一般観光型、④モノ作り人材育成型、⑤リクルーティング型に分類している。須田（2015）は、「見る」「学ぶ（知る）」「体験する」ができる産業観光都市として、美濃焼の生産地である岐阜県多治見市・岐阜県土岐市・岐阜県瑞浪市、瀬戸焼の生産地である愛知県瀬戸市、万古焼の生産地である三重県四日市市、常滑焼の生産地である愛知県常滑市を挙げ、窯業都市と呼んでいる。産業観光の中でも、クラフト（＝手仕事）に焦点を当てた産業観光がクラフト・ツーリズムであり、長崎県波佐見町はクラフト・ツーリズムに舵を切っている。

図表 7－5　和食器＋洋食器の出荷額シェア

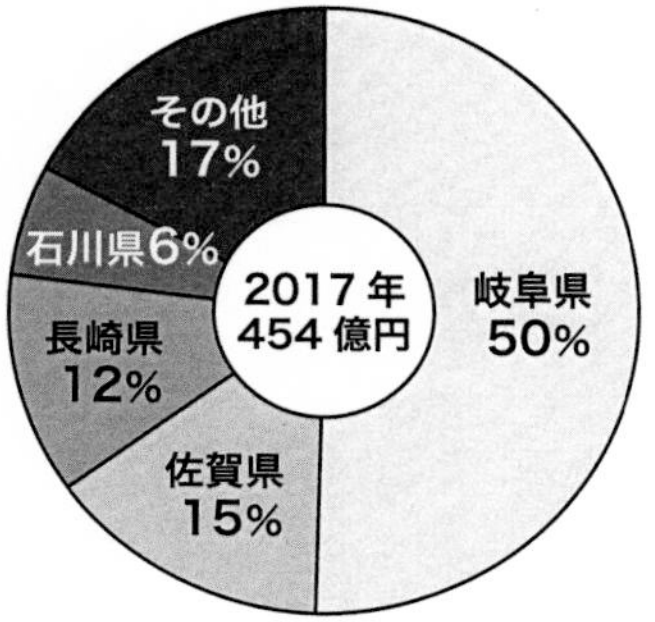

（注）従業員数４人以上の製造事業所。
出所：経済産業省（2019）「2018年工業統計調査表（2017年実績）：品目編」から筆者作成。

長崎県波佐見町の地場産業と観光経済

長崎県波佐見町をはじめ日本磁器誕生の地「肥前地域」（佐賀県の唐津市・伊万里市・

武雄市・嬉野市・有田町、長崎県の佐世保市・平戸市・波佐見町）は、２０１６年、日本遺産「日本磁器のふるさと肥前」に認定されている。２０１７年の食器（和食器＋洋食器）４５４億円の製造品出荷額シェアは、岐阜県50％、佐賀県15％、長崎県12％の順で高く、佐賀県と長崎県を合わせた「肥前地域」の食器製造品出荷額シェアは27％を占めている。

「波佐見焼」地場産業の製造品出荷額等は、１９９１年（２９２億円）から減少していたが、２０１３年（１３３億円）から回復傾向にあり、２０１６年は１５３億円であった。

長崎県観光振興課（１９８１；２０１９）によれば観光客数とは、地元・県内・県外の日帰り客と宿泊客の合計人数である。図表７－６左目盛りに示されたように、長崎県波佐見町の観光客数は、１９８０年（12万人）から２０１８年（１０４万人）まで増加傾向にある。長崎県観光振興課（１９８１；２０１９）によれば観光消費額とは、観光客が使った①宿泊費、②交通費、③飲食・娯楽費、④土産代の合計額である。図表７－６右目盛りに示されたように、波佐見町の観光消費額は、１９９７年（９億円）から２０１８年（46億円）まで増加傾向にある。

日本各地の地場産業を取り巻く環境は、人口減少や生活スタイル、嗜好（しこう）の多様化などにより規模が縮小している。新型コロナウイルス感染症収束後は、波佐見焼の製品出荷額等も、波佐見町の観光客数と観光消費額も激減するであろう。しかし地場産業を形づくった歴史や文化、そこから見い出された商品価値は日本にとってかけがえのない大きな財産である。地場産業の生産地は、歴史的価値や文化的価値を有し、日本の地場産業とその商品価

図表7－6　長崎県波佐見町の観光客数（左目盛り）と
観光消費額（右目盛り）

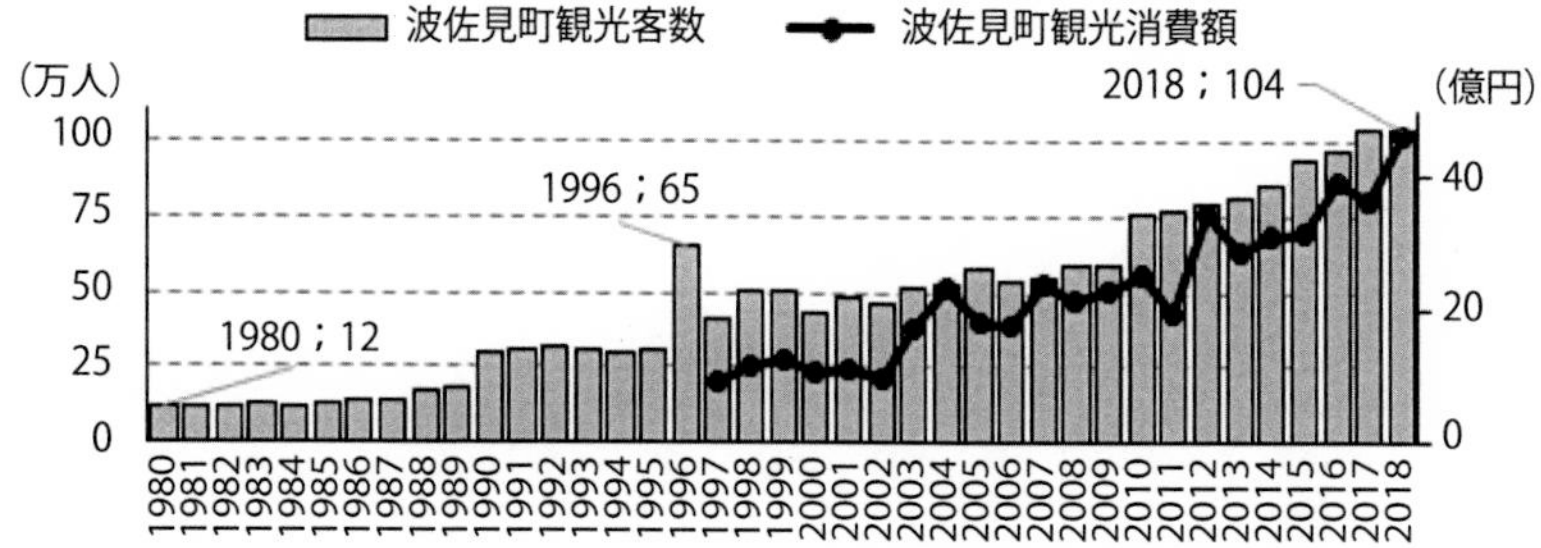

（注）図中の観光客は，地元・県内・県外の日帰り客と宿泊客の合計値である。
出所：長崎県観光振興課（1981；2019）『長崎県観光統計』各年から筆者作成。

値は世界が認めている。新型コロナウイルス感染症が収束したら、地場産業と産業観光を組み合わせて新しい商品価値を創発することで、地方創生（＝地域経済活性化）に辿り着けよう。

4　地場産業の産業観光化と地方創生

地方創生（＝地域経済活性化）とは、図表7－7に示されたように地方の平均所得を上げること（＝労働者の平均所得が上がること）である。地方の平均所得を上げるためには、「地域の稼ぐ力」を上げなければならない。新型コロナウイルス感染症収束後の地域経済回復に向け「地域の稼ぐ力」を上げるためには、画一的な団体観光ではなく、個人観光向けの多様なコト消費・モノ消費・トキ消費を合わせた地場産業の産業観光化が必要である。個人観光向けの多様なコト消費・モノ消費・トキ消費とは、消費者が当該地域で、①窯元民泊や絵付体験などサービス（＝無形商品）に価値

図表 7－7　地場産業の産業観光化と地方創生

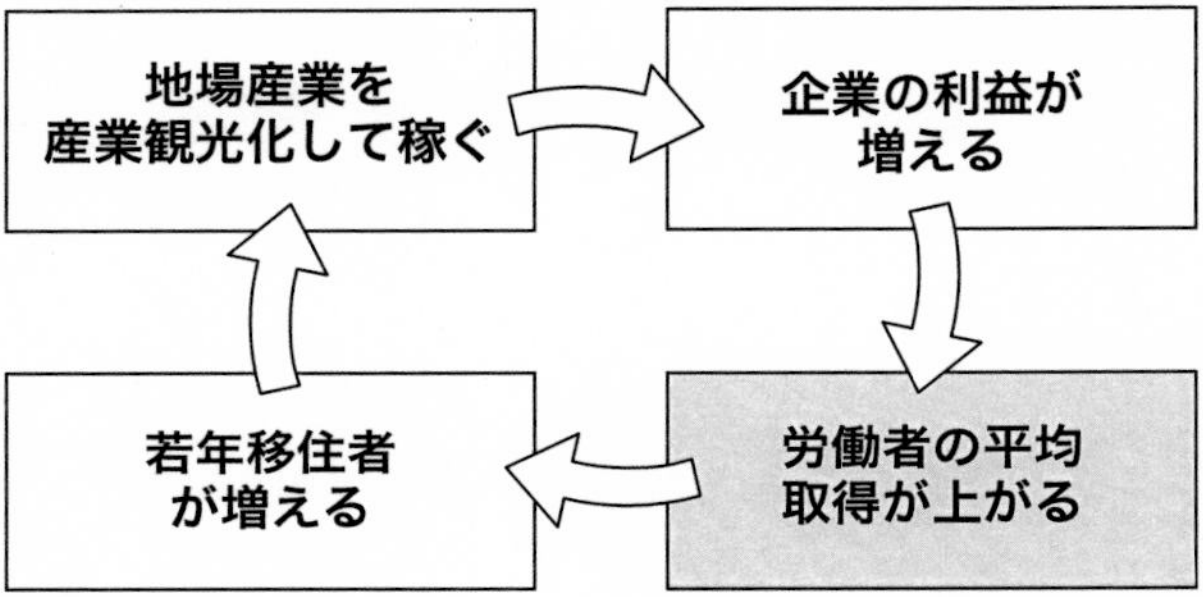
地場産業を
産業観光化して稼ぐ
企業の利益が
増える
労働者の平均
取得が上がる
若年移住者
が増える

を感じてお金を使う「コト消費」、②カジュアル・リッチを商品コンセプトにした波佐見焼などモノ（＝有形商品）に価値を感じてお金を使う「モノ消費」、③その時、その場でしか味わえないコトやモノに価値を感じてお金を使う「トキ消費」の3つの消費をいう。

新型コロナウイルス感染症が拡大する2020年2月ごろまで、日本では消費者である日本人観光客や訪日外国人観光客を特定地域へ呼び込むために、コト消費が注目を集めていた。しかし、「地域の稼ぐ力」を上げるためには、コト消費だけではなく、モノ消費とトキ消費も不可欠である。個人観光向けの多様なコト消費・モノ消費・トキ消費によって、「地域の稼ぐ力」を上げることが「地場産業の産業観光化」であり、新型コロナウイルス感染症収束後の地方創生（＝地域経済活性化）に対する1つの答えである。

参考文献

経済産業省（2019）『工業統計調査表（2017年実績）：品目

編』経済産業調査会。

公益財団法人日本交通公社編（2007）『産業観光への取り組み』131頁、日本交通公社。

国土交通省総合政策局観光政策課（2007）「観光立国推進基本計画」61頁。

産業観光推進会議（2014）『産業観光の手法：企業と地域をどう活性化するか』230頁、学芸出版社。

須田寛（2005）『産業観光読本』258頁、交通新聞社。

須田寛（2015）『産業観光：ものづくりの観光』237頁、交通新聞社。

竹田英司・小林善輝（2020）「長崎県波佐見町の観光経済：農業と窯業の産業観光化」『長崎県立大学論集（経営学部・地域創造学部）』54（1）1－15頁。

長崎県観光振興課（1981：2019）『長崎県観光統計』長崎県観光振興推進本部。

第4節

新型コロナウイルスの観光産業への影響と観光ニーズの多様化

椙山女学園大学准教授　水野英雄

1　はじめに

アジア諸国の経済成長を背景にインバウンド（訪日外国人旅行者）が急増し、２０１９年には3、１８８万人、消費額は4・8兆円と過去最高となり、観光は成長が期待される産業として関心を集め、観光振興のための取組が重視されてきた。政府は２０１６年3月に『明日の日本を支える観光ビジョン構想会議』において「明日の日本を支える観光ビジョン」を策定し、２０２０年までにインバウンドを4、０００万人、２０３０年までに6、０００万人、消費額を8兆円、15兆円とする目標を定め、その実現のために観光資源の発掘や磨き上げ、無料Ｗｉ－Ｆｉの整備やキャッシュレス化の推進等の施策が行われた。２０２０年の東京オリンピック・パラリンピックの開催により目標の達成は可能と考えられていたが、２０１９年末に新型コロナウイルス感染症が発症し、２０２０年に入って世界各国に広がり、人の移動が制限されたことで達成は困難となった。新型コロナウイルスによりさまざまな経済活動に支障が生じ、日本国内では海外からの旅行者が途絶えたことでインバウンドに依存した旅館やホテルの倒産が起こった。２０２０年4月に政府が緊急事態宣言を出したことで国内旅行についても自粛が続き、5月には解除されたがすぐに人々が以前のように旅行することは期待できないため、観光産業は期待される成長産業から一転して予断を許さない厳しい状況に置かれることとなった。

2　観光産業の深刻化

観光産業において新型コロナウイルスの影響が深刻化した理由として①インバウンドへの集中、②特定地域への集中という2つの観点からの集中が指摘できる。①インバウンドへの集中に関しては、急増するインバウンドの受け入れは容易であったことから日本人の旅行者よりも優先的に受け入れてきたために、インバウンドに依存する態勢になっていた。②特定地域への集中に関しては、インバウンドが東京や京都、大阪といったゴールデンルートに集中しており、交通渋滞や観光施設の混雑等の「観光公害」を引き起こし市民生活に影響していた。また、観光は宿泊、交通、飲食、土産等の関連する産業の裾野が広く経済波及効果が大きな産業であり、急増するインバウンドを地方に誘客することで地方創生を実現するために各地で積極的な取組が行われてきたことで、地方においてもインバウンドによる観光に依存した態勢になっていた。そのためインバウンド観光の振興に積極的に取り組んできた地域ほど深刻な状況に陥った。

新型コロナウイルスが終息したとしても、Ⓐクルーズ客船において新型コロナウイルスが蔓延したことによるクルーズ旅行への不安、Ⓑ新型コロナウイルスが海外で発症したことから海外旅行への不安、Ⓒ新型コロナウイルスによる自粛ムード、によって人々が以前のように積極的に観光を楽しむという考えにすぐに戻ることは期待できない。そのため新型コロナウイルス終息後に向けた観光振興が重要な課題となっている。

3 観光振興

2020年4月に成立した新型コロナウイルス対策の一般会計の補正予算は感染症の拡大防止や医療体制の整備だけでなく、経済対策として国民1人当たり10万円の給付や中小企業への支援策を盛り込んだ。厳しい状況に置かれることになった観光産業に関しても、新型コロナウイルスの感染拡大によって落ち込んだ観光消費の回復のための4つの事業、(1)国内に向けた観光需要喚起策、(2)誘客多角化等のための魅力的な滞在コンテンツ造成、(3)訪日外国人旅行者受入環境整備緊急対策事業、(4)訪日外国人旅行客の需要回復のためのプロモーション、が行われることとなった。新型コロナウイルスの終息の見通しが立たない時点で終息後に向けた事業を進めていることは、観光産業が受けた被害の甚大さとその回復が喫緊の課題であることを示している。

新型コロナウイルスによって顕在化した観光産業における①インバウンドへの集中と②特定地域への集中へのリスクヘッジとして、（a）インバウンドと国内旅行者の分散、（b）旅行目的や行き先の多様化が、指摘できる。（a）インバウンドと国内旅行者の分散に関しては、新型コロナウイルスにより海外からの移動が制限されたことで、インバウンドの増加に頼ってきたことのリスクが表面化した。インバウンドの早急な回復は見込めないことから、まずは国内旅行者の回復に努めなくてはならない。そのため補正予算においては（1）国内に向けた観光需要喚起策に多くの予算が割り当てられており、旅行商品の割引によって観光需要を創出し、観光地全体の消費を促進するために官民一体型の需要喚起のための「Go To トラベルキャンペーン」の実施や観光地での土産物店・飲食店・観光施設・交通機関等で幅広く使用できるクーポンの発行により、国内旅行者の回復を目指している。

（b）旅行目的や行き先の多様化に関しては、今後、新型コロナウイルスが終息したとしても、自粛ムードの中で国内旅行であっても積極的には行きにくい状況が続くと考えられる。そのため休暇中に旅先で仕事をするワーケーションのような新たな観光目的を提案し、これまでとは違った観光ニーズを作り出していくことで旅行しやすい環境を作り出していく。パソコンやスマートフォンの普及とインターネットの整備によって仕事の場所の制約がなくなり、さまざまな場所で仕事をするテレワーク・リモートワークが可能となり、政府が推進してきた働き方改革においてもテレワーク・リモートワークの積極的な導入が求められている。新型コロナウイルスにより多くの国で外出の禁止や自粛といった制限が行われたことで、テレワーク・リモートワークが広く取り入れられるようになり、人々の働き方が変化したことでワーケーションを推進するチャンスとなっている。欧米では長期の休暇が普及しているが、休暇期間中にまったく仕事をしないのではなく、必要な仕事をテレワーク・リモートワークにより行っているから長期の休暇の取得が可能なのである。日本においても長期の休暇を促進するのであれば、ワーケーションの導入は不可欠である。テレワーク・リモートワークは働き方改革を推進する企業で増えており、それをワーケーションにて実施することで個々人の厚生だけでなく国全体の生産性の向上や観光産業の振興につなげることができる。

ワーケーションとして長期に滞在できるような魅力づくりのために（2）誘客多角化等のための魅力的な滞在コンテンツ造成によって、地域の観光資源である城郭や寺社等の施設や祭り等のイベントを磨き上げていく。とくに、その地方でしかできない貴重な経験としての「四季の体感」「歴史・伝統文化体験」「日常生活体験」等の体験型のコンテンツを作り出していくことで付加価値の高い観光を推進し、リピーターを増やしていく。

国内旅行者の回復後にはインバウンドの増加に取り組まなくてはならない。そのために（3）訪日外国人旅行者受入環境整備緊急対策事業によって公共交通機関の多言語表記やキャッシュレス決済を促進して利便性を高め、（4）訪日外国人旅行客の需要回復のためのプロモーションによって、安心して日本に来ることができることを大規模な共同広告等によりアピールしていく。

新型コロナウイルスの影響で真っ先に倒産に追い込まれたのは、客単価の低いインバウンドに依存した旅館やホテルであった。これまでも観光産業の付加価値を高めることの重要性が指摘されており、「明日の日本を支える観光ビジョン」においてもインバウンドの数だけでなく、消費額についても目標を定めている。新型コロナウイルス終息後は、インバウンドには体験型、日本人にはワーケーションといった新たな価値を提供することで高付加価値の観光産業への転換を図り、体質を強化していくことが求められる。

参考文献

水野英雄（2020）「新型コロナウイルスと観光―ワーケーションによる新たな観光ニーズの創造―」『中部経済新聞』「オープンカレッジ」（2020年6月25日10面）

第5節 地方創生戦略の洗い直しと医療保健体制の社会との連携

京都大学名誉教授／摂南大学元学長　八木紀一郎

1　社会は存在しているか？

「There really is such a thing as society.「社会は実際に存在している。」これは3月末、今回の新型コロナウイルスに感染した英国のジョンソン首相が国民に向けたビデオで発したことばである。彼が「社会」と呼んだのは、NHS（National Health Service）を核とした医療保健体制に自発的に協力し、ボランティア活動も含め、連帯心を高めて対応した人々の動きであった。それは、「社会のようなものは存在しない」と断じたサッチャー夫人以来、NHSの解体あるいは「自由化」を推進してきた保守党の領袖として異例のことばであった。

その後、集中治療室から生還した彼のことばからは、「社会」の語は消えた。おそらく、根本的な思想的転換は不必要だと情勢を読み切ったのであろう。国民をつなぎとめるNHSへの賞賛は残され、手厚い看護を受けた看護婦たちに、その名前をあげて感謝を表明した。彼女たちは移民労働者であった。2016年に移民に対する反感を煽って英国をBREXITに導いたのは、ほかならぬジョンソン自身であった。天性のデマゴーグというべきだろう。

日本では「ソーシャル・ディスタンシング」以外に「社会」にかかわることばを聞くことがなかった。「緊急事態」を宣言することが首相や知事に求められ、その宣言後はそれに法的な強制力がないことを残念がることばが飛び交った。都市ロックダウンは行われなかったが、対人接触を自主的に8割削減することが目標としてかかげられた。商店・飲食店・遊興場の閉鎖が要請されると、営業しているとみられる商店を警察に通報したり、匿名の警告を貼り出す「自粛警察」が発動した。「社会防衛」の意識は、社会の活性化ではなく、「国策協力」のための「自粛」に直結したように思われる。

2　零細営業部門の機能維持

コロナ禍による経済活動の落ち込みは、パンデミック状態が「収束」すれば、その間の営業損失および所得消失に対する給付によって一応の回復状態に到達するであろう。需要構造の変化に対応する力を持っている企業は、新しい社会環境のもとでの経済復興の主力になるであろう。しかし、それでなくても疲弊が進んでいる零細営業部門は、今回のショックで、大きな崩落を見せるかもしれない。この部門では、「テイクアウト」型の業態を拡大し、中にはそれを地域福祉・保健医療の支援に結びつける業者も現れるなど、貴重なイニシアティヴも見られる。しかし、資金にも乏しく、また高齢化が進行している零細業者のかなりの割合が、閉業に追い込まれるだろう。それは、これまでそれらの零細営業によって支えられてきた人々の生活保障問題に直結しているだけでなく、地域の経済および社会生活に深刻な影響を与える。市町村レベルでの地方創生戦略の洗い直しが必要である。私は、零細営業セクターの一部を何らかの形で社会化してその人的能力を活用するとともに、社会的機能の維持をはかるべきではないかと思う。

3　医療保健部門の社会との結合

医療保健部門でも、社会化あるいは社会との結合が必要である。日本では地域別の医療資源のデータは詳細に登録されていて、それを経営組織をこえて地域共同のインフラとするための「地域医療構想」が議論されている。しかし、「新興感染症」に対応する医療提供の体制はその「医療計画」の中に含まれていなかった。パンデミックにおいてもっとも警戒すべきことが、「社会崩壊」の前にくる「医療崩壊」であることはもとから常識であったはずだが、今年の1月から3月のパンデミックへの移行期に医療体制の強化はどのように行われたのだろうか。この時期に、地域医療体制の強化が行われていれば、発症者の収容、感染者の隔離がよりスムースに行われ、ＰＣＲ検査のあい路も緩和されたのではないだろうか。本来、社会が備えるべきであったパンデミック対応体制、社会と医療体制の連携が欠けていたことが、「緊急事態宣言」発出の要求になってあらわれたと思われる。

日本学術会議は3月6日の幹事会声明で、政府・自治体の対策に協力するように呼びかけるとともに、政策決定・対策実施を事後検証し、将来のために提言を行うと述べている。ぜひ、総合的な視点からそれを行っていただきたい。

私は、医療保健体制は政治から独立し、社会と結合すべきだと思う、それは、中国型のプライバシー無視の国民監視を忌避するためだけではない。医療等の公共部門の赤字が政治争点化され短期的視点から削減されやすいこと、国際的協力が欠かせない領域に国際政治の要因が入り込むこと、また一般的にいって、政府の指令・禁止よりも、医療保健の専門家と市民との交流が社会の能力を引き上げると思うからである。ただし、「政治からの独立」といっても、公共政治にかかわる言論と政治家のリーダーシップを否定するものではない。

医療保健衛生の部門は代表的な公共経済部門である。その一部は行政に組み入れられているが、人的な構成としては医師、薬剤師、看護師、医療技術者、その他の専門的な職業従事者からなっていて、それぞれに社会的使命をもって働いている。予測されるパンデミックなどの異常事態への対応能力をそなえた医療保健衛生部門を備えることは社会防衛の基本条件である。政府統制と監視社会への道を避けながら、この部門を社会とより密接に結び付けることが現在の課題であると思う。

第8章　人材育成・スポーツ

第1節　日本の金融リテラシー教育の必要性
－コロナ・ショックの相場急落等から資産を守るために－

松山大学准教授　井草　剛

1　はじめに

日本の個人投資家は逆張りで、海外投資家とは逆の投資行動を行うのは有名な話である。2020年1月以降、中国を中心に、新型コロナウイルスの感染が広がる中、海外投資家は、高値で推移していた株を売りはじめ、キャッシュポジションを多くしていた。そして、2月下旬、新型コロナウイルスの影響が世界中に拡大、景気悪化懸念から株価が急落した。このような中、個人投資家と海外投資家はどのような投資行動を実際にとっていたのだろうか。そこで、コロナ・ショックの相場急落前後の東証一部における両者の投資売買状況を見てみる。

図表8－1　投資主体別売買状況（海外と個人）

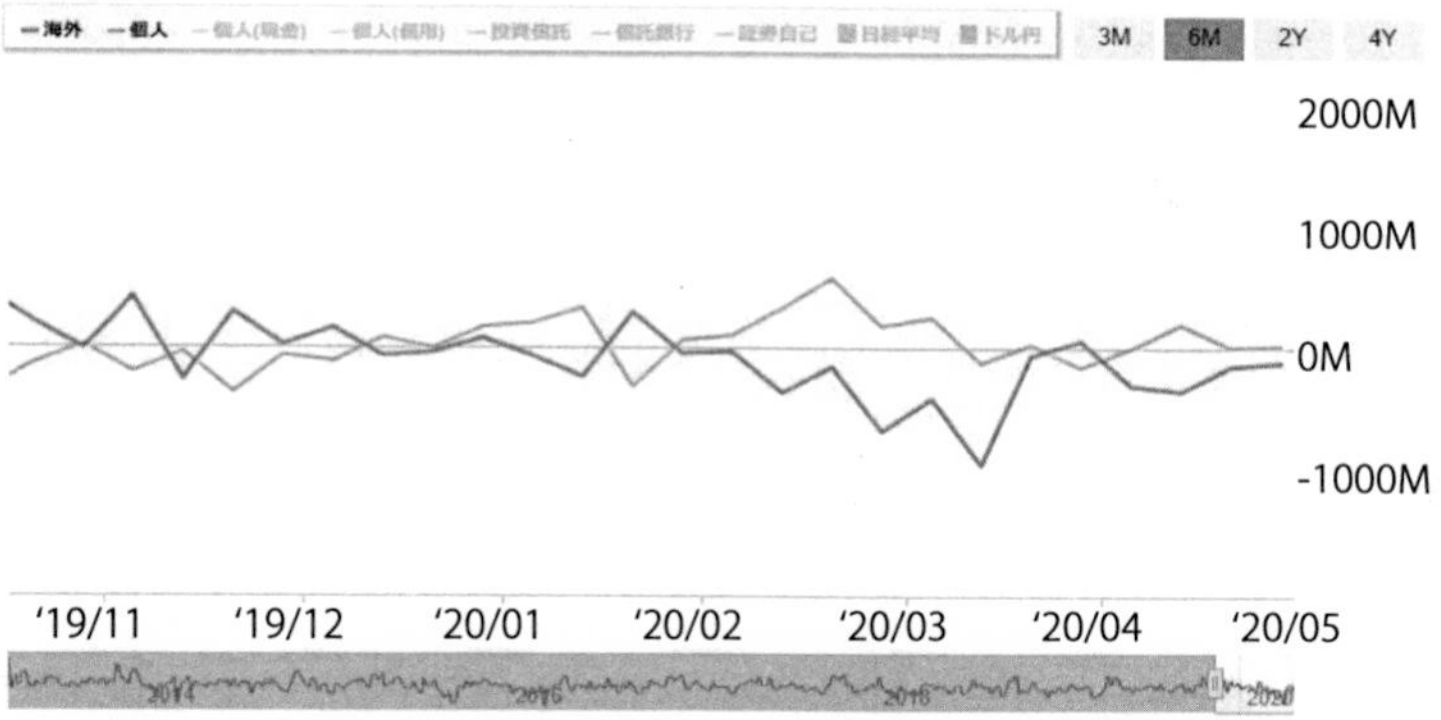

資料出所：株式会社ストックブレーン運営サイト「世界の株価と日経平均先物」。

上図のように見事に、個人投資家のスタンスは海外投資家と真逆となっている。半年間で見ても、両者が同じスタンスになるのが3週ほどしかないことはとても興味深い。しかし、上図だけでは両者の損益がつかめないので、日経平均を図表8－1に加えてみる。

図表8－2を見ると、コロナ・ショックの相場急落時に、逆張りから買い向かった個人投資家が投げ売りに突入したとき、ミラーリングをするように海外投資家の買いが膨らんでいる（20年3月中旬頃）。個人投資家は日経平均の下落に呼応するかのごとく買い越し額が増え、大きな被害が生まれてしまう。最大の売買シェアを握る海外投資家が多くの売りを行えば、相場全体が下落方向に傾いたり、相場をつくることも可能かもしれない。しかし、日本の個人投資家は、株価が少し下がると、何かセール品購入のごとく株を買ってしまい、株価急落等で大きな損失を被ってしまう。企業の

図表８－２　投資主体別売買状況（海外と個人，日経平均）

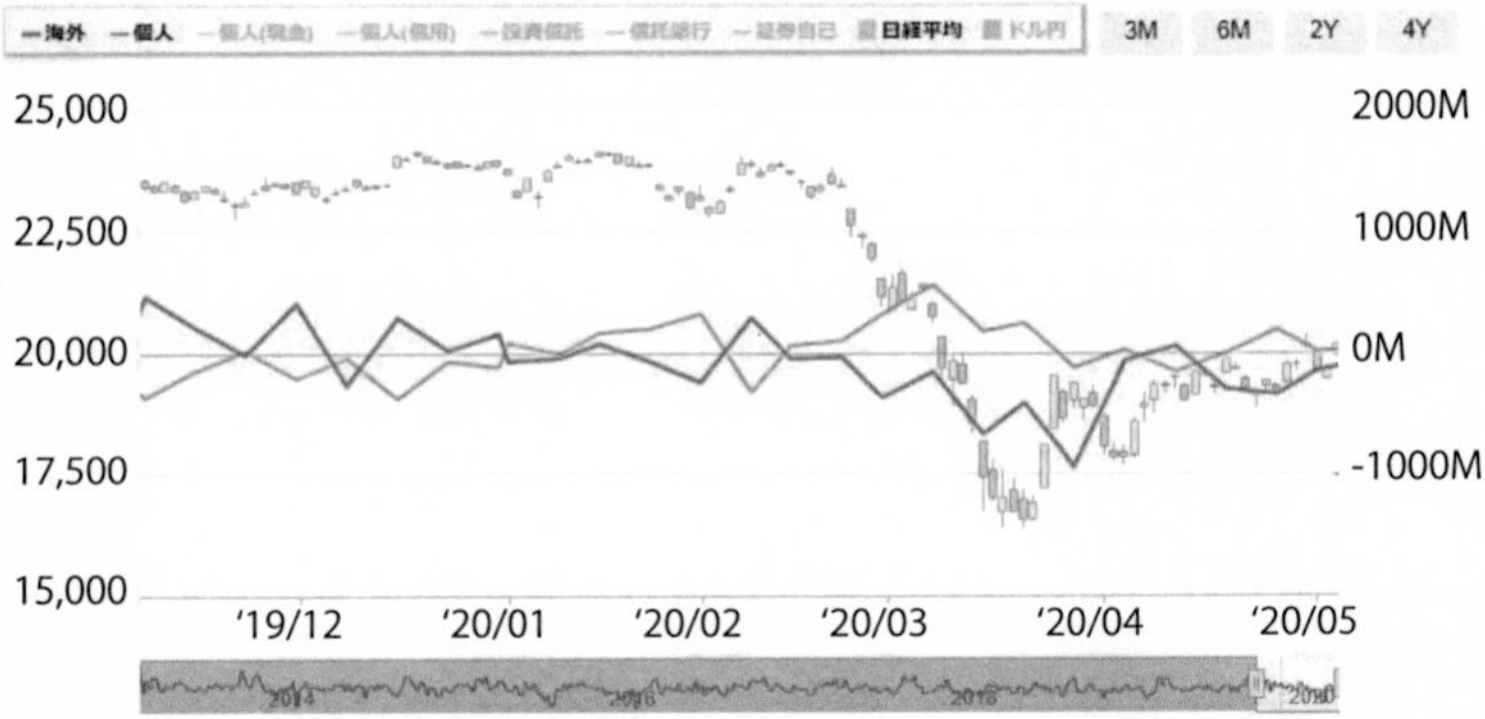

資料出所：株式会社ストックブレーン運営サイト「世界の株価と日経平均先物」。

本質を調べることもなくその価格だけに反応してしまう。テクニカル分析等も学ぶこともなく。

２　日本における金融教育の必要性

このような望ましくない投資行動の原因は、日本人の金融リテラシーが欧米に比べて低いことが一因ではないかと推測する。日本では「お金の教育」が一切行われていない。例えば、「投資とはどのようなことなのか？　金利とは何か？　為替とは何か？」などといった基本的な金融に関することを教わる機会がほとんどない。このようなことを示すものが、日銀の「金融リテラシー調査　２０１９年」である。この調査によると、日本人の金融・経済の基礎等に関する正答率は５割前後となっている。ＯＥＣＤ調査との比較でも、金融知識についての正答率は他の先進国が日本を上回っている。望ましい金融行動を選択した人の割合についても同様の結果となっている。

望ましい投資行動を行うためには、経済、政治、国際関係など、多くのことを調べ、自分の中で理解しなければならない。日本では、家族や学校でお金の話が出ることは滅多にない。それは、日本ではお金の話をすることをタブー視する傾向があったためである。しかし、欧米などでは、小学校でもお金に関する授業が行われており、金融に関する知識を早い段階で学んでいる。さらに、親が子どもに投資を実践させていることも珍しくない。投資行動の失敗には必ず原因がある。その原因を分析し、どうしたら同じミスを繰り返さないか学んでいく必要がある。日本人は金融リテラシーを高め、これからも続くであろうコロナ・ショックの相場下落から資産を守り、アフターコロナで傷んだ経済を回復するべく、消費につなげていきたいところである。

第２節

コロナ禍における力の育成

日本大学准教授　久井田直之

１　はじめに

２００８年のリーマンショックから12年たった２０２０年、世界がコロナショックに見舞われた。コロナウイルスのパンデミックにより、世界の各地でロックダウンが起きた。世界の経済が一気に悪化し、日本も他国のようなロックダウンはなかったものの、“Stay home”というスローガンのもと、ソーシャルディスタンス（人と人との距離をとること）や三密（換気の悪い密閉空間、多くの人が集まる密集場所と間近で会話や発声をする密接場面）を避けることなどの大きな行動変容をもたらした。そして、外出の自粛に伴い、飲食店などの営業自粛や企業のテレワークの実施などの生活様式も劇的に変化した。教育の面でも、学校や大学の休校で、ＩＣＴ教育に注目が集まった。今の教育にできることは何か。その問いの答えは、危機的な局面の中で、リスクを最小限にしながら、乗り切る知識や知恵を持ち、行動を起こすことができる経済人（社会人）の育成ではないだろうか。コロナ禍の中で培うべき力として、本稿では下記の２つを取り上げたい。

2　ファクトチェックを自らで実践する力

コロナウイルスの感染拡大の中で、オイルショック時、そして2011年の東日本大震災時に発生したトイレットペーパーの買い占めが起こった。きっかけはTwitter上でのデマによるものだったと言われている。ウイルスの感染の不安を抱えた中で、生活必需品不足の事態は避けたいという思いからとはいえ、情報過多の昨今で、情報の取捨と真偽のチェックの必要性を感じた出来事である。ファクトチェックのスキルは、メディア・リテラシーに含まれ、今後はこのメディア・リテラシーの育成が教育現場では求められるのではないだろうか。坂本（2018、221頁）は、「アメリカの教育専門サイトが紹介する実践には、メディア・リテラシー教育の一形態として取り組んでいるものもあれば、大学図書館や学校図書館が中心になって取り組んでいるものもある。「フェイクニュース」はグローバルな課題であるにも関わらず、日本ではこうした実践例の報告はいまだ見当たらず、教育と「フェイクニュース」問題に対する議論すら十分にされていないのが現状である」と述べている。4月に放送されたNHKの番組の中でも、2020年のアメリカ大統領選挙の民主党の予備選でのフェイクニュースの実例についてアメリカの学生たちがファクトチェックを行い、ディスカッションを行う姿が放送された。日本でも同様の取り組みが行われていれば、コロナ禍のデマに惑わされる人も少なくなったのではないだろうか。SNSなどで手軽に情報が得られる世の中なだけに、多角的な視点での物事の捉え方が必要で、他者の意見を鵜呑みにすることなく、自らで考えることに時間を惜しまないように心がけたい。日本では、ファクトチェック・イニシアティブが2017年6月に任意団体として設立された（注1）。最近はコロナウイルスのファクトチェックに精力的に取り組んでいる。今後のメディア・リテラシーの育成に期待したい。

3　情報と知識を結びつけ、未来を切り開こうとする力

2020年3月、オンライン経済学コンテンツCORE-EconからCOVID-19と経済学を結びつけた教材のオンラインアップロードの連絡が届いた。英米のCOVID-19からの復活のための経済政策の提言や医療関係の最新のデータのURLと共に、それらのデータを分析し、どのような経済政策が有効かを検討し提言するようなアクティビティを学生用に用意していた。得られた情報から、今まで学んだ経済学の知識を基に、今、目の前で起こっている問題の解決策を発案・提案する力はこれからの日本人には欠かせない力ではないだろうか。先に述べた、ファクトチェックと同様に、信頼性のある情報源を見つけ、得た情報を基に、未来を予測する力を育むチャンスとなるのが、経済教育ではないかと思う。読売新聞では2019年8月の［経済学×現代］に続き、4月に［経済学×現代］コロナ〈1－5〉で、ジョン・メイナード・ケインズ（4／23）、ミルトン・フリードマン（4／25）、ジョン・スチュ

アート・ミル（4／28）、アダム・スミス（4／29）とアルフレッド・マーシャル（4／30）を特集した。コロナ禍の中での経済学の役割を示した紙面に、経済教育の可能性を感じた。

【注】

（1）ファクトチェック・イニシアティブ https://fij.info/

参考文献

坂本旬（2018）「メディア情報リテラシー教育におけるファクトチェック実践の可能性」『法政大学キャリアデザイン学部紀要』15、221-253頁、法政大学キャリアデザイン学部。

CORE-Econ https://www.core-econ.org/（閲覧日：2020年5月15日）

第3節

経済復興策の基盤づくり ―太陽と土と人の架け橋づくり―

三浦初声高等学校総括教諭　金子幹夫

1　はじめに

本稿は、次の2つのメッセージを発信することを目的としている。

第一は、100万人の人々に食糧生産をすすめようということである。

第二は、その100万人の人々と、市民の底力について深く考えてみようということである。

2　目的の背景

筆者は高等学校「公民科」教師である。よって政策を直接語るのではなく、高校生に経済的な見方・考え方を教える立場にある。本稿は経済復興策の基盤づくりの1つとして、このようなことも考えられるのではないかというメッセージを発信してみたい。

「はじめに」で示した100万人は、毎年、高等学校を卒業する生徒の数を表している（注1）。本稿は高校生の学習内容に2つのことを加えることで経済復興策の基盤を形成する100万人の若者を毎年育ててみてはどうだろうか、ということを提案するものである。

図表８－３　農産物の輸出額－輸入額の比較（2012年）（注2）

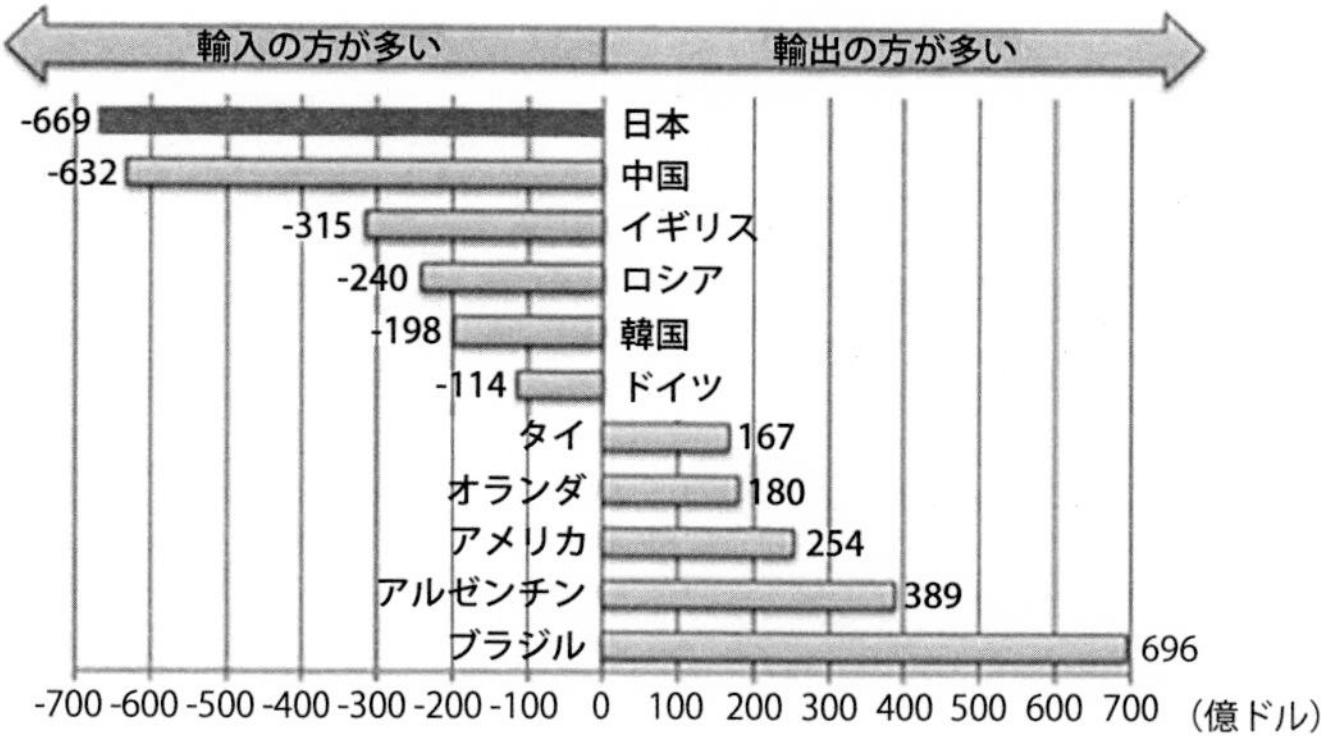

（注）中国は香港，マカオ等を除く値。
資料：FAOSTAT-Tradeを基に農林水産省で作成。

3　内容　その1　100万人の食糧生産

臨時休業で生徒が誰も来ない教室を眺めていたら、もしかしたら一年間をとおして食べ物をつくる経験をすることなく卒業していく高校生が毎年100万人もいるのではないかという問いが頭に浮かんできた。

図表8－3から、日本は、世界でトップクラスの農産物純輸入国ということを読み取ることができる。街から人が消えた2020年春、いつか食糧品が手に入らなくなってしまうのではないかという不安が頭をよぎった。立ち往生している場合ではない。何か工夫できることはないのか。その1つの答えとして高等学校在学中に一度でも〝食べ物の作り方実習〟を体験しておくことが重要だと考えた。高校生は学校に通

うことで文字は読めるようになるし書けるようにもなる。計算もできる。科学的な思考法の練習もする。世の中のしくみも仲間とふれあいながら協力することも学んでいる。体も動かして心身共に健康だ。しかし、肝心の食べ物については、どこかで誰かが作ってくれたものをいただいている。これからの長い人生においても食糧は買ってくるものなのであろう。そのような中、マスクが市場から消えた。ティッシュペーパーの類いも一時期消えた。カップラーメンや乾麺も品薄だ。タイミングの悪いことに突然、家中のスマートフォンから緊急地震速報が流れる。雷を伴う雨の数日後に夜空に浮かぶいつもより大きい満月・・。不安は高まる一方である。

そこで経済復興策の基盤づくりの第一番目として、高等学校のカリキュラムの視点で考えてはどうだろうかというメッセージを発信したい。高等学校は3年間以上在籍して、必修科目を履修し、74単位以上修得すると卒業できる。多くの高校生は2年生までに必要な科目を修得してしまい、3年生の時間割は選択科目で構成されることが多い。そこに〝食べ物の作り方実習〟を入れ込んではどうだろう。具体的なイメージは次の通りである。①週に1~2コマの授業、②太陽の光が当たりプランターを置く場所があれば育てることができる野菜を学ぶ、③一年間とおして収穫できるような野菜を組み合わせて学ぶというものだ。県立高校で農業科の教員免許を持っている教師に取材したところ瞬時に答えが返ってきた。「二十日大根」は20日で収穫できる大根で一年中育てることができるそうだ。小松菜は春から秋にかけて育てることができ、収穫まで1・5ヶ月と短く初心者向けである。モロヘイヤは失敗することがあまりなく育てることができ、約5ヶ月間繰り返し収穫できるそうだ。ほうれん草は寒さに強く日照時間が少なくても育つとのこと。1・5ヶ月で収穫できてサラダでもよいし、冷凍保存して料理にも使える便利な作物である。にんじんも3ヶ月でできる。横浜中華街で人気の料理に空心菜の炒め物がある。この空心菜は水につけておくと根が生えるそうで、その根を土に植えると芽が出てくるそうだ。食べるために購入した野菜の一部を利用して栽培もできてしまうのだ。一年中収穫できるものにはパセリもある。

プランターの入手が難しい場合もある。そのようなときに「バケツ稲」とインターネットで検索するとたくさんの商品が画面に映し出される。多くの場合、種もみ10〜15粒、栽培説明書、肥料のセットになっている。バケツと土を用意して米を作るという企画である。

園芸用土とプランター（バケツ）を用意して、たくさんある太陽の当たる場所をみつけると、誰でも食糧をつくることができる。活字を中心とした学習を3年間行うことに加えて、生きていくために必要な食糧生産の入り口を体験的に学ぶというカリキュラムは、危機的状況をむかえた社会を支える基盤づくりに貢献できると考える。このカリキュラムが実現すると、野菜等を自分の力で生産した経験を持つ者が毎年100万人誕生することになる。もちろんこれで危機的状況に陥った社会で飢えをしのげると主張するのではない。ただ、毎年100万の食糧生産を経験した若者を育てることができる。この若者がどのような社会を創り出すことができるのかを次に考える。

4　内容　その2
100万人の人々と市民の底力について深く考える

高等学校「公民科」の学習内容に登場する非営利組織について、その扱いの量を増やし、具体的な事例を学べるようにすべきだというのが二番目のメッセージである。

特定非営利活動促進法が誕生したきっかけは、1995年に発生した阪神・淡路大震災であった。当時「ボランティアに対する関心は、阪神大震災を契機に高まり、ピーク時には国民の79%が『ボランティアを経験してみたい』と回答」したという（注3）。ほぼ同時に全国に市民活動サポートセンターが設立された。ボランティアをしたいという人々と、ボランティアを求めているという人々の出会いを調整する機関が重要な役割を果たしている。このセンターは市民活動団体が存続するために必要な「事務所」「資金」「スタッフ」についての支援を続けている。社会が大きな危機に直面しているときに非営利組織が大活躍するのだ。

一方で約100万人の高校三年生は、非営利組織は「利益を追求することなく、社会に有用なサービスを提供する民間の組織のこと。大規模災害時の支援活動、社会福祉の分野での活動など多岐にわたっている」という知識を学んでいる（注4）。よく試験に出題される部分なので、これは覚えておかなければいけない用語だと認識している生徒もいそうだ。問いの設定もなく知識として認識するような経験をしていた場合、適切な態度・行動につなげることは難しい。

ところがアメリカでは状況が異なるようだ。優秀な学生が競い合ってNPO法人に就職しようとしているという声も聞こえる。「ホプキンス大学の報告書（2003年度）によると、アメリカの雇用者総数に占めるNPOスタッフの割合は、9・8%で、そのうち約6割が有給正職員として勤務している」という（注5）。社会全体が危機的状況に陥る可能性がある2020年春以降、「政府が失敗するときに、NPOがこれに代わって公共財を提供しうる」ということの重要性を毎年100万人の高校生に具体的に学んでもらうことが有効だと考える（注6）。「公民科」は行動できる生徒を育てなければならない。「企業は財とサービスを供給する。政府はコントロールする。企業は、顧客が買い、払い、顧客のニーズが満たされたとき役割を果たす。政府は、自らの政策が意図した成果をもたらしたとき役割を果たす。非営利組織は、人を変えたとき役割を果たす。非営利組織が生み出すものは、治癒した患者、学ぶ生徒、自立した成人、すなわち変革された人の人生である」（注7）。多くの若者が知識として獲得したものを行動にうつすことができるような手立てを含んだカリキュラム構築が必要である。

5　メッセージの架け橋

ここまで本稿は2つのメッセージを発信した。第一のメッセージは100万人の高校生が食糧を自分で作る経験をした上で卒業してもらいたいということであり、第二のメッセージは政府・企業とは異なる非営利組織について、100万人の高校生にこれまでよりも具体的に広く深く理解してもらいたいということであった。

この2つのメッセージが直接つながるほど社会は単純ではない。100万人の食糧生産経験者と社会貢献の在り方を知った若者が毎年育つということである。高校生に「なぜ人は働くのか」と問うと「生きるため、お金のためだ」と言う。それはそれで適切である。この考え方に、自主的に社会貢献をするために働くという精神を加えることで自分の在り方・生き方に奥行きが出てくるのではないかと考える。その在り方・生き方の足もとを見つめるために食糧（命）をつくる経験は有効だ。自立した若者が変わっていくとしたならば、そのきっかけを教育課程に組み込んでおくべきである。

やがて100万人のプレーヤーが新しいチャンネルでの分業と交換を始めるかもしれない。新しい再分配の仕組みや新しい協力と工夫、新しい公正らしさを追究してくれるかもしれない。その基盤を学校が提供することはできないだろうか。

6 おわりに

繰り返すが、筆者のフィールドは教育現場である。ここでは、これから社会に出て活躍する若者が難局を乗り越えるだけの力を身につけていく。鉄やプラスチックは食べられないが、周囲には食糧がある。自主的に社会貢献をするという人もいる。その上で経済復興に向けて動くのだ。

学校現場に向けての課題も大きい。なぜ食糧をつくるという教育が必要なのか。なぜ非営利組織の活動が大切だということを生徒と共有しなければいけないのかを考察しなければならない。教師も未来を考えながら行動できる力が求められている。教育現場の底力が試される２０２０年代がはじまった。

【注】

（１）農業高校を卒業する約2万7千人の生徒は除いて考えることにする。

（２）農林水産省（２０１５）「知ってる?日本の食料事情～日本の食料自給率・食料自給力と食料安全保障～」https://www.maff.go.jp/（閲覧日：２０２０年5月9日）

（３）田中弥生（１９９９）『「ＮＰＯ」幻想と現実』64頁、同友館。

（４）政治・経済教育研究会（２０１４）『政治・経済用語集』１０１頁、山川出版社。

（５）独立行政法人労働政策研究・研修機構ホームページ　https://www.jil.go.jp/（閲覧日：２０２０年5月9日）

（６）山内直人（１９９９）『ＮＰＯ入門』64頁、日本経済新聞社。

（７）Ｐ・Ｆ・ドラッカー著、上田惇生訳（２００７）『非営利組織の経営』Ⅷ頁、ダイヤモンド社。

第4節

スポーツによる経済活動と効果に対する考察

スポーツジャーナリスト／元日本柔道連盟強化選手　鈴木雅典

1　はじめに

コロナウイルスにより疲弊した経済に対し、スポーツはどのような貢献ができるか。

現在、ほとんどの部活動やスポーツ教室、プロ競技を含む社会人スポーツは自粛（活動中止）となっている。それにより中体連、インターハイ、甲子園など国内における主要大会の中止も決まった。北海道においては、緊急事態宣言中に開催された空手のスポーツイベントにおいて集団感染が起こり、イベント主催側や参加者に強い批判が寄せられた。ネット上では殺人未遂、常識のない人たちという意見すら見られた（なお、筆者の家族（小樽市在住）が札幌で開催された同イベントに参加し感染している）。各競技の活動自粛を意識させるきっかけとなり、観光、飲食業と共に経済活動を停止している。

2　ほとんどの人間は長時間自宅にいると憂鬱になる

人間は体を動かしたい生物である。とくに緊急事態宣言により「休まなければならない」状態においては、普段まったく運動をしない人も、体が鈍っていくような錯覚に陥る。実際、普段オフィスワークをしている人は、自粛状態でも一日の消費カロリーはほとんど差がない。しかし『家にいなければならない』という意識がストレスを生み出し、外出欲求や運動欲求を増加させる。とくにプロ競技のスポーツ選手には強く影響が現れた。

3　活動自粛によるスポーツ選手のストレスケース

ニュースにも取り上げられたが、顕著にストレス影響が出たのはサッカーと考える。もともとサッカー選手は鬱に陥りやすい環境とされる。選手全体の約35％が将来的な不安や、経営陣がビジネス優先で過密スケジュールに陥っていると国際プロサッカー選手会が警鐘を鳴らしてきた。

そこに今回のコロナショックが重なった。収入に直結するイベントや試合の中止は大きな不安をもたらす。また普段、体を動かすのが仕事のスポーツ選手にとって、技術や体力低下、オリンピック延期や代表権利の有無もストレスになったと思われる。鬱状態を告白したイニエスタ選手は記憶に新しいところだろう。

4　スポーツがもたらす経済利益とその弊害

しかし、人は生きている限り体を動かし、発汗する。今回の緊急事態宣言により普段、運動をしない人も、散歩やウォーキングを意識する傾向が見られた。スポーツ用品で言えば、ダンベルの売り上げが急速に伸びた。これは運動をしようとする意識が現れた結果であり、体を動かしてストレス発散をしたいと思う人が多くいるという結果である。しかし、体を動かしたいという意識の中にいくつかの弊害が生まれ、それもストレスになる場合がある。その理由を以下に区分する。

（1）道具や用品を購入したが、正しい使用方法がわからない。

（2）一人で行う運動は強い意識とストレスが伴う。

（3）体力的に継続して行うのがツライ。

3日坊主という言葉があるように、運動は継続が難しく、ましてや一人だとストレスになる場合もある。しかし、このコロナの状況だからこそ各分野のスポーツ選手の出番であると考える。まず（1）と（2）について、これはトレーナーや知識があるパートナーがいれば解決できる。しかし、このコロナの状況ではなかなか難しい。だが、テレワークやオンラインが充実した今だからこそ、家庭でできるトレーニングトレーナーに需要があると考える。

実際に技術指導をオンラインで開設する動きがあるが、まだ定期的な開催には至っておらず、選手も「自身の競技技術は、実際に現場では指導しないことには体得できない」と認識している。一般的に、専門技術よりもこの選手がやっている補助的なトレーニングの方に需要があるのに、選手はそこに着目しないことも問題である。過去には「ビリーズブートキャンプ」のように映像の中ではあるが、トレーナーがおり、リズミカルな種目を大人数で行い、達成時の激励があるというのはとても良い反響があった。

世間が今求めているものは選手の試合結果ではなく、共有できて楽しくできる運動だと考える。単純な話になるが、楽しく運動し発汗することでストレスは減り、達成にあたり激励があると人は満足が得られる。そこに報酬を払ってもいいという感情になる場合もある。またストレスの緩和は睡眠や食事、人としての思いやりや人徳につながる場合が多いのも事実である。これは他業界への経済補助のキッカケになることも予想される。

5　スポーツ選手の意識変化の重要性と今できること

オンラインや動画によるトレーニング指導、競技別技術指導は需要がある。しかし、定期開催に至らない理由としては、オンライン講習のやり方がわからない、恥ずかしい・面倒である・コロナが収まったら競技再開されるので待機、という内容を多く聞く。ここに選手と一般社会に大きな溝があると考える。大変失礼な言葉ではあるが、スポーツ選手は他人が支えてくれて成り立つ要因が大きく、一人では圧倒的無力である。簡単にいうと、スポーツ選手自体は何も生産性は無いのである。スポンサーやサポーターの支えがあり、競技として成り立つ。経営陣は選手が有名になれば企業名が売れ、自社需要が増えることを期待している。そこにチケット代やグッズ販売が付属するのである。つまり、競技ができない今こそ人徳や思いやりによる行動や、選手個人が「今何ができるか」を考える時なのである。

そこにファンやサポーターが共感し、スポーツ業界の経済が回るからである。しかし、残念ながら現在そのような選手は少ないと感じるのは、選手自身が「自分は一流選手であり、上の立場」という認識があるからにほかならない。これはスポンサー制度による一時的な高額報酬によるものと、引退後に再就職や生活に困るスポーツ選手が多いことが立証している。大きな結果を残し芸能人として活躍する者もいるが、大半は社会一般に戻り、初めて自分の無力さを感じるのである。

実業団やプロになるほどの一流選手であれば、社会が求める礼儀作法や人徳を示すのが今後のスポーツ業界の課題と感じる。すでに失笑されるような話ではあるが、教え子の強化費をピンハネしたり経費横領したりする話題を世間は求めていない。成績だけでなく、人として一流を目指し、子供たちにつないでいくのが選手として最重要なのではないだろうか。

参考文献

Footballista（2020）「サッカー選手の38％がうつ、不安障害。　数字が示すストレスと心の病の関係」https://www.footballista.jp/（閲覧日：2020年5月15日）

編集後記

経済を優先するか、健康を優先するかで世論は揺れている。２０２０年４月７日に７都府県を中心に始まった緊急事態宣言は、区域の変更や期間の延長を経て同年5月25日に解除された。緊急事態宣言が出る直前直後はまさにCOVID-19の恐怖を煽る情報が執拗に流れ、解除の直前直後には、経済の重要性を再認識させるニュースが世間を賑わせた。

そして、現在、多くの人が予測する一方で、多くの人が予測できなかった感染拡大の波が再来している。感染の勢いは第１波を凌駕しているが、経済活動の必要性が再認識された現在、人々の胸中も複雑であろう。

本書の中に、世代間で発症リスクに差があることに触れ、それを加味した規制を求める提案がある。もちろん、このような規制は多くの事情を検討しなければならないため現実的でないという意見もあろう。だが、そのような非現実と思われていた提案に挑戦しなければならない事態に直面している。

この約４ヶ月間のコロナ禍を通じて、諸外国と比較して、日本の良し悪しが明るみになった。まず、日本の良い面として、文化や風習がある。料理を小皿で取り分ける文化や家屋に上がるときに靴を脱ぐ風習は、日本人感染者が少ない理由に少なからず起因している。政府の外出自粛の求めに対して、国民は自発的に協調した。緊急事態宣言が出されて以降、新規の感染者数が日に日に減少したことがその表れであろう。一方、過度な協調性から来る決断の遅さは、日本の欠点とも言える。もっと早く緊急事態宣言を発動していれば、また、もっと早くに経済支援策を決断していれば、より早く自粛に協力し、感染拡大を抑制できたかもしれない。ただし、長所と短所は表裏一体である。この間における対コロナ禍の日本の国民性は及第点を得られるのではないだろうか。少なくとも最悪の事態に陥っているとは思われない。しかし、まだ判断を下すのは尚早であり、今後、どのような対策が講じられ、どのように国民が反応するかが肝要である。

人類の歴史は感染症や疫病の歴史でもあり、それらを克服して今の我々がいる。私の師である本書編著者は「ピンチの陰にチャンスがある」と口癖のように言うが、まさしくその通りであると考える。人類がピンチをピンチのまま終わらせてきたのであれば、おそらく今我々は存在しないであろう。必ずや乗り越えられる。

当面、技術進歩に注力すべきはワクチン開発であろう。ここで得られるワクチン開発技術は、今回の対処のみに止まらず、次の危機的事態にも応用できる。また、テレワークの普及を起点に、ネットワーク技術も一層推進されるであろう。経済理論においても現代貨幣理論（MMT）が試されている。この新理論は経済界を大きく変革させるかもしれない。

本書はコロナ禍を乗り越えるにあたりさまざまな専門的視点からの提案を概括している。既存の枠にとらわれない、新たな挑戦への礎として活用いただけたら幸甚である。

明治大学兼任講師　土居拓務

《編著者紹介》

水野勝之（みずの・かつし）

明治大学商学部教授，博士（商学）。
早稲田大学大学院経済学研究科博士後期課程単位取得満期退学。

主要著書

『ディビジア指数』創成社，1991年。
『新テキスト経済数学』中央経済社，2017年（共編著）。
『余剰分析の経済学』中央経済社，2018年（共編著）。
『林業の計量経済分析』五弦舎，2019年（共編著）。
『防衛の計量経済分析』五弦舎，2020年（共編著）その他多数。

（検印省略）

2020年8月30日　初版発行　　略称 ― 経済復興

コロナ時代の経済復興
― 専門家40人からの明日への緊急提案 ―

編著者　水野勝之
発行者　塚田尚寛

発行所　東京都文京区春日2－13－1　株式会社 創成社

電　話　03（3868）3867　ＦＡＸ　03（5802）6802
出版部　03（3868）3857　ＦＡＸ　03（5802）6801
http://www.books-sosei.com　振　替　00150-9-191261

定価はカバーに表示してあります。

ISBN978-4-7944-3211-7 C3033
Printed in Japan

組版：スリーエス　印刷・製本：

落丁・乱丁本はお取り替えいたします。